Weinberg on Writing
The Fieldstone Method

와인버그에게 배우는
차곡차곡 글쓰기

WEINBERG ON WRITING by Gerald M. Weinberg
Copyright ⓒ 2011 by Gerald M. Weinberg

Korean translation copyright ⓒ 2025 Insight Press Co., Ltd.
This Korean edition was published by arrangement with DORSET HOUSE PUBLISHING
CO., INC.(www.dorsethouse.com) through Agency-One, Seoul.

이 책의 한국어판 저작권은 에이전시 원을 통해 저작권자와의 독점 계약으로
㈜도서출판인사이트에 있습니다. 저작권법에 의해 한국 내에서 보호를 받는
저작물이므로 무단전재와 무단복제를 금합니다.

와인버그에게 배우는 차곡차곡 글쓰기:
거친 글감을 짜임새 있는 글로 탈바꿈하는 실용적 기법

초판 1쇄 발행 2025년 1월 17일 **지은이** 제럴드 M. 와인버그 **옮긴이** 송재하·정희종 **펴낸이** 한기성 **펴낸곳**
㈜도서출판인사이트 **편집** 송우일 **영업마케팅** 김진불 **제작·관리** 이유현 **용지** 유피에스 **출력·인쇄** 예림인
쇄 **제본** 예림원색 **등록번호** 제2002-000049호 **등록일자** 2002년 2월 19일 **주소** 서울시 마포구 연남로5길
19-5 **전화** 02-322-5143 **팩스** 02-3143-5579 **이메일** insight@insightbook.co.kr **ISBN** 978-89-6626-
466-7 책값은 뒤표지에 있습니다. 잘못 만들어진 책은 바꾸어 드립니다. 이 책의 정오표는 https://blog.
insightbook.co.kr에서 확인하실 수 있습니다.

일러두기

단행본은 《 》로, 시·노래·영화 제목 등은 〈 〉로, 단행본 이외의 신문·잡지·논문집 등은 『 』로, 기사·논문 제목
은 「 」로 나타냈다.

와인버그에게 배우는
차곡차곡 글쓰기

제럴드 M. 와인버그 지음 | 송재하·정희종 옮김

거친 글감을 짜임새 있는 글로
탈바꿈하는 실용적 기법

인사이트

차례

1장   글쓰기, 무엇이 중요할까   1
     첫 번째 글쓰기 교훈 …………………………………………… 6

2장   자연석 기법이란   13
     주어진 주제에 관심을 쏟는 법 ………………………………… 16
     학교에서 배운 것은 별 소용이 없다 …………………………… 17
     자연석 기법은 유용하다 ………………………………………… 19

3장   막힌 글발을 뚫는 방법   23
     창작 체계와 표현 체계의 차이점 ……………………………… 25
     글발 막힘과 골디락스의 질문 …………………………………… 26
     자연석 기법 작가의 일상 ………………………………………… 29

4장   수집의 중요성   33
     글쓰기 대 글로 쓰기 …………………………………………… 35
     나는 왜 스콧 애덤스만큼 부자도 아니고 유명하지도 않을까 … 35
     에너지 원칙 ……………………………………………………… 37
     내 몫까지 돌이 남아 있을까? ………………………………… 40
     하지만 내 돌은 볼품없다고요! ………………………………… 41
     모든 작가에게 가장 소중한 책 ………………………………… 42
     다른 사람과 대화 중에 돌 모으기 …………………………… 44

5장 기존 작품에서 주워 담기 49

비소설이나 에세이에서 모으기 51
난해한 고전에서 주워 담기 53
소설에서 주워 담기 56

6장 표절 없이 수집하기 59

표절과 창작의 갈림길 61
낱말 훔치기 63
구절 훔치기 65
문장 훔치기 66
전문 절도범으로 나서기 67

7장 다양한 수집 도구 73

컴퓨터 76
수첩과 펜 76
형광펜과 접착식 메모지 76
타자 기술 77
그 밖의 기술적 도움 79
인터넷 80
참조 달기 81

8장 기억에서 수집하기 87

기억 89
촉발 기제 91
기억력 검사 95
기억력 자극하기 96

9장 어울리지 않는 글 솎아 내기   101

- 뗏목 이고 다니기 104
- 신중히 첫발 내딛기 105
- 원칙과 습관 107
- 완전무결의 원칙 108
- 귀중한 것을 잃어버리면 어쩌지? 110

10장 글을 솎아 내는 기준   113

- 청각 검사 115
- 시각 검사 117
- 촉각 검사 117
- 미각 검사 118
- 인생 검사 119
- 무기력 검사 119
- 품질은 저마다 제각각이다 121
- 의미 문제 124
- 낱말 놀이 126

11장 가지치기로 더 간결하게   129

- 신출내기의 가지치기 131
- 대니의 가지치기 적용 사례 133
- 솜사탕 벽돌 쌓기 138

12장 본격적으로 구성 작업에 들어가기   141

- 죽어라 연습하기 143
- 첫째도 수집, 둘째도 수집 144
- 구성 원칙 사용하기 145
- 구성 도구 활용하기 146
- 재배열의 위력 활용하기 150

13장   솔리테어 기법으로 글 개요 잡기 — 155

- 솔리테어 기법 활용하기 — 157
- 개요 도구 활용하기 — 157
- 모든 돌을 역동적으로 만들기 — 158
- 안에서부터 써 나가기 또는 밖에서부터 써 들어가기 — 160
- 맞지 않는 돌 빼내기 — 163
- 참고 기다리기 — 164

14장   작업 공간 구성 — 167

- 자기만의 환경 꾸미기 — 172
- 음악 들으며 글쓰기 — 173
- 글쓰기 중간 점검 — 175

15장   충분히 될 때까지 계속 밀고 나가기 — 177

- 구성 과정 중간 점검 — 180
- 막힐 때에는 '중심 찾기-입신-전환'을 활용하자 — 181
- 집중-진입-전환 수순의 적용 사례 — 185
- 구성 과정 중간 점검 — 186

16장   잠재의식 활용하기 — 189

- 빠진 부분 찾기 — 191
- 인용문 활용하기 — 194
- 솔리테어 게임을 하는 즐거움 — 196
- 조합의 힘 활용하기 — 199
- 상상하기 — 201
- 구성 과정 중간 점검 — 202

17장　다듬어서 쓰자　　205

- 인상적인 글쓰기 — 207
- 단순하면서도 구체적으로 쓰기 — 210
- 공감을 불러일으키는 글쓰기 — 212
- 인용문 다듬기 — 214
- 구성 과정 중간 점검 — 217

18장　틈새 메우기　　219

- 이어 쌓기 — 222
- 낱말로 틈 메우기 — 224
- 기본 구상 위에 쌓아 올리기 — 227
- 구성 과정 중간 점검 — 229

19장　제때 마무리하기　　231

- 빙고 카드 현상 — 233
- 완벽하고 싶은 욕심 — 237
- 사랑받고 싶은 욕심 — 239
- 다 마무리된 지 어찌 아나? — 241
- 마지막 돌 몇 개 — 243
- 최종 결과물 — 245

20장　마감 후의 삶　　247

- 출판하기 — 249
- 저작권 대리인 — 251
- 출판 이후 삶에서 벌어지는 마태오의 복음서 현상 — 254
- 세상이 마냥 달콤하고 따사롭지만은 않다 — 257

참고 문헌 259

기본 ··· 261
문장력 ··· 263
도구 ··· 264
훈련 ··· 266
감정 문제 ·· 267
실용문 ··· 268
소설 ··· 269
출간 ··· 270
작가의 삶 ·· 272

옮긴이의 말 ····································· 273
찾아보기 ·· 276

Weinberg on Writing

1장

글쓰기, 무엇이 중요할까

The Most Important Writing Lesson

쓰고 싶은 글과 관심 있는 주제가 있다면, 뭐가 됐든 자신만의 개성을 살려서 쓰면 된다. 같은 동네에서 같은 재료로 두 사람이 만든 독특한 우편함 2개를 감상해 보라!(사진: 얼 에버릿)

"내 배움에는 학교 교육이 끼어들어 망칠 기회가 없었다."
― 마크 트웨인

이 책에서마저 영어 시간에 배우는 내용을 되풀이하고 싶지 않다. 그런 내용은 내게 별 도움이 되지 않았고, 독자들에게도 그다지 도움이 될 것 같지 않다. 사실 대학 영어 수업을 그냥 얌전히 들었더라면, 나는 오늘날 작가로 성공하지는 못했으리라.

나는 늘 글쓰기를 좋아했지만 고등학교 시절에는 영어 수업이 너무 괴로워서 하마터면 글쓰기에 대한 애정을 잃어버릴 뻔했다. 당시에 나는 기회만 생기면 수업을 빼먹곤 했다. 과목을 직접 선택할 수 있는 대학 생활에 기대가 컸지만, 신입생에게 영어 수업은 선택의 여지가 없는 필수 과목이라는 사실을 이내 알게 됐다. 나는 '고급 영작문'이라는 수업을 들을 자격시험을 통과했다. 추가로 조사해 보니(작가는 추가 조사에 항상 힘써야 한다) 이 수업은 6주짜리 '일반' 영작문 집중 과정을 듣는 동시에, '고급' 주제를 다루는 정규 영어 과목까지 들어야 하는 것이었다.

말인즉슨, 필요 이상으로 공부를 많이 해야 하고 수업에 빠질 기회는 줄어든다는 소리 같아서 무난해 보이는 '기초반' 수업을 선택했다. 학생들은 수업 첫날 앤드루즈 회관 2층에 모여서 반을 나누고 수업은 강사 두 사람이 따로 진행한다는 사실을 전달받았다. 강사들은 우리를 강당에 세워 둔 채 1반, 2반, 1반, 2반 해 가며 반을 나눴다. 나는 1반이었다.

강사는 둘 다 남자였지만 극과 극이었다. 한 강사는 삐쩍 마른 체구에 깔끔한 옷차림을 하고 말끔히 면도를 했으며 날카로운 눈빛에 광대뼈가 튀어나와 있었다. 표정은 무뚝뚝해 보였다. 다른 한 강사는 살이 좀 쪘는데 구겨진 옷차림에, 통통하고 발그레한 뺨 위로 덥수룩한 흰 수염을 기르고 있었다. 마치 수업 전에 한잔 걸치기라도 한 듯이 흐뭇한 표정이었다. 내게 어울리는 쪽은 두말할 나위 없이 털보 빌 개프니였지만 불행히도 그는 2반 강사였다. 어쩔 수 없이 몰래 반을 바꿨다.

나는 2반 학생들을 따라갔다. 이때가 삶이 바뀐 순간이었음은 2주가 지나서야 알게 됐다.

학생들은 수업 방식에 대해 불평불만을 그치지 않으며 끝없이 우는소리를 해 댔다. 학생들은 매주 글쓰기 과제를 해야 했는데, 꼬박꼬박 해서 내는 걸 보면 고등학교에서 숙제 제출만큼은 잘 가르친 모양이었다. 모든 학생이 글쓰기를 싫어했다. 하지만 나는 아니었다. 적어도 첫 과제로 어떤 과정(process)에 대해 간략한 설명문을 쓰기 전까지는 그랬다.

되돌아보면 나는 그 후 50년간 좋아하고 또 잘했을 뿐 아니라 큰돈까지 손에 쥐게 해 준 과정을 설명하는 글을 쓰는 데 전념해 왔으니 삶이란 정말 알 수 없는 일이다. 그러나 네브래스카주 링컨시의 따스했던 9월 어느 날에는 세상에서 가장 지루한 과제일 뿐이었다. 따분해서 도저히 완성하기 힘들다는 생각에 잠시 고민을 하다가 스스로 도전을 해 보기로 했다. 독사에 물린 상처를 치료하는 익살맞은 글을 쓰기로 마음먹었다.

정말 무모한 시도였다. 책 40여 권과 기고문 400여 편을 쓴 지금의 나로서도 독사에 물린 상처로 사람들을 웃길 재간은 없다. 하지만 그 당시 나는 십대였다. 어떤 글이든 써낼 자신이 있었다.

나는 그 글을 제출했다. 빌 개프니는 C+를 매겨서 돌려줬는데, 그나마 인심을 후하게 쓴 점수였다. 빨간색으로 채점된 과제물을 보건대 한 학기 내내, 즉 그해 내내 기존 영어 교과 과정대로 진행될 모양이었다. 눈앞이 캄캄했다.

다음 과제는 기억도 나지 않는다. 글을 쓰는 것은 고사하고 과제가 뭔지 살펴볼 엄두조차 나지 않던 것만 기억이 난다. 월요일 아침 첫 수업까지 과제물을 제출해야 하는데 일요일 밤늦게까지 한 일이라곤 관심 없는 소재로 글을 쓰는 게 바보 같아서 화를 내고 또 낸 일뿐이었다. 하지만 과제를 내려면 뭐라도 써야 했다.

휴대용 올리베티[1] 타자기에 종이를 끼운 다음 그 애꿎은 기계에 화풀이를 시작했다. 두어 시간 동안 과제를 하지 않겠다고 마음먹은 이유를 자세히 밝히면서 내 격정을 잉크에 담아 종이 위에 뿜어냈다. 그뿐 아니라 그와 유사한 어떤 과제도 하지 않겠다는 결심도 밝혔다. 그다음 날 아침에 과제를 제출하면서 입학한 지 2주 만에 학교에서 쫓겨나겠구나 싶었다.

수요일에 채점된 과제물을 돌려받게 되어 있었는데 내 것은 돌려받지 못했다. 그 대신 개프니 선생이 수업이 끝나면 자기 사무실로 오라고 빨간색 잉크로 쓴 쪽지를 건네주었다. 그럼 그렇지. 짧은 대학 시절은 이제 끝인가 보다 했다.

구석진 곳에 위치한 개프니 선생의 사무실은 뒤죽박죽 어질러져 있는 것이 구겨지기로 치면 그가 입고 있던 트위드 재킷보다 심했고, 헝클어지기로는 그의 덥수룩한 수염보다 더했다. 여기저기 쌓여 있는 책과 천장 외에 평평한 곳이란 모조리 덮고 있는 복사물과 연구 논문 하며, 파이프 담배 냄새가 배지 않은 게 없었다. 개프니는 나무 의자 2개 중 하나를 가리키며 그 위에 놓인 것들을 치우고 앉으라는 손짓을 하고서 학생들이 몰려다니는 쪽 문을 닫았다. 그는 책상으로 돌아와 내가 제출한 과제물을 집어 들었다. 과제물에는 빨간색으로 표시가 되어 있었다.

---

[1] (옮긴이) 1908년 설립된 이탈리아 타자기 제조사로 개인용 컴퓨터 시장에도 진출했다. 타자기 생산은 1994년 중단했고 개인용 컴퓨터 사업은 1997년 매각했다.

대학생 노릇도 이로써 끝이구나 생각하며 크게 심호흡을 했다. 과제물을 건네주기 전에 빌 개프니는 파이프 담배를 채우고 지포 라이터로 불을 붙여 매캐한 담배 연기를 한가득 뿜어냈다. "다른 학생들 앞에서 이 이야기를 꺼내고 싶지 않더군." 베수비오 화산처럼 소용돌이치는 연기가 또 한차례 뿜어져 나왔다. "오랫동안 신입생들에게 영작문을 가르쳐 왔는데," 또 한 번 한가득 연기가 뿜어져 나왔다. "이건 지금까지 받아 본 과제물 중 최고일세."

그가 과제물을 건네주었다. 나는 손을 내밀어 받아 들 생각도 못한 채 멍하니 있었고, 과제물은 바닥에 이리저리 흩어졌다. 떨어진 종이를 줍느라 내가 몸을 숙이자 개프니는 계속 말을 이어 갔다. "자네 주장에 완전히 설득당했네. 그래서 말인데 이제부터는 다른 학생들에게 내주는 과제는 신경 쓰지 말게. 매주 과제를 제출해야겠지만 뭘 쓸지, 어떤 형식을 취할지, 분량은 어느 정도로 할지는 자네가 정하는 걸로 하세."

첫 번째 글쓰기 교훈

그때에는 알지 못했지만 빌 개프니가 일깨워 준 가장 중요한 글쓰기 교훈은 다음과 같다.

> 관심 없는 주제로 글을 쓰려고 애쓰지 말라.

그전까지 학교에서는 다른 원칙을 배웠다.

> 아는 내용을 쓰라.

학교에서 배운 이 원칙은 내가 지금껏 글을 써 오면서 수없이 어긴 원칙이다. 사실 내가 글쓰기에 착수하는 이유는 대부분 뭔가를 모르기 때문이다. 내 경우에는 어떤 주제를 가지고 글을 쓰면서 그 주제에 대해 제일 잘 배운다. 그리고 당연한 이야기이지만 관심이 없는 주제는 배울 생각도 나지 않는다.

> ### ✏️ 첫 번째 연습
> 정말로 쓰고 싶은 게 뭔가?
> 대부분의 작가 지망생은 이 연습을 가장 어려워한다. 자신이 원하는 바를 들여다보는 일이 난생 처음일지도 모른다. 이제 나를 포함해 여러분의 선생, 부모, 상사, 배우자가 말했던 모든 것을 잠시 접어 두자. 자신의 꿈을 꿔 보자.
> 핀볼에 대해 글을 쓰고 싶은가? 난이도 5급 급류에서 카누를 타면 어떤 기분이 들까? 할머니의 뜨개질은 어떤가? 몇몇 컴퓨터 시스템의 설계는 왜 그렇게 형편없을까? 아일랜드에는 평화가 찾아올까?[2] 아이들에게 자신에 대해 어떤 이야기를 들려주고 싶은가? 손주들을 즐겁게 해 줄 만한 게 없을까? 어떻게 해야 신에게 다가갈 수 있을까? 내가 해 줄 수 있는 이야기는 없다. 스스로 알아내야 한다.
> 하나 이상이어도 될까? 안 될 이유가 없다.
> '잘못' 선택해도 괜찮을까? 물론이다.
> 나중에 마음을 바꿔도 될까? 당연하다.
> 그러나 지금 이 순간에는 무얼 쓰고 싶은지 마음의 소리에 귀를 기울이라. 그런 다음 써 내려가라. 제목만 써도 충분하다. 그 이상은 부차적일 뿐이다.

정말 쓰고 싶은 게 뭔지 알아내지 못했다고 실망하지 말라. 수많은 답을 찾았지만 결정적인 답은 없는 경우도 많다. 여덟 살 때는 내가 아는 줄 알았지만 거의 40년 후에야 모른다는 사실을 깨닫게 됐다.

어릴 적 학교에서는 나를 '영재'로 평가했다. 예닐곱 살 때 검사를 받고 두 학년을 월반했다. 월반한 결과가 좋지 않아서(나이 많은 아이들

---

2 (옮긴이) 1998년 북아일랜드 분쟁을 종식하기 위한 벨파스트 협정이 체결된 후, 2005년 IRA가 공식적으로 무장 투쟁 중단을 선언했고, 2007년 공동 정부를 구성하는 데 합의하기에 이른다.

과 자주 싸우기까지 했다) 방에 홀로 남아 글짓기를 하거나 다른 학생들의 지능 지수 검사를 채점하는 등의 특별 과제를 해야만 했다. 특별 과제에 불만은 없었지만 외톨이는 되고 싶지 않았다. 다른 아이들과 어울릴 수 있는 유일한 시간은 등교 전과 방과 후 그리고 쉬는 시간뿐이었다. 대부분 어울렸다 하면 말다툼이든 주먹질이든 싸움에 휘말렸다.

나는 어머니에게 가혹할 정도로 꾸지람을 들을 때가 많았다. 아버지가 집에 안 계실 때 내가 정리 정돈을 제대로 해 놓지 않으면 어김없이 어머니가 쫓아오셨다. 심한 꾸중에 진저리가 날 때면 죽어 버릴까 모진 생각도 해 보고, 뒤뜰 라일락 덤불 아래 개를 데리고 숨어 있기도 했다. 그때까지 내 인생에서 그 개 팡고만이 날 괴롭히지 않는 유일한 존재였다.

여덟 살 때 덤불 아래 쪼그려 앉아 괴로움에서 벗어나려 안간힘을 쓰던 기억이 가물거린다. 모두들 나더러 영리하다고 말하기에 스스로도 '영리'하다고 믿었는데 왠지 앞뒤가 맞지 않았다. 내가 정말 영리했다면 비참한 삶을 벗어나 행복해지는 법을 찾을 수 있어야 했다. 그렇지만 나는 영리함으로 행복을 빚어내는 방법을 알지 못했다.

그래서 행복해지기 위해 내 영리함을 어떻게 활용할지 알아내야겠다고 맹세했다.

얼마 지나지 않아 나를 비난하던 사람들 역시 그다지 행복하지 않다는 사실을 알게 됐다. 나는 내 주위를 행복한 사람들로 가득 채우기로 결심했다. 똑똑한 사람들을 찾아 나섰지만, 그들도 대부분 남다른 영특함 때문에 괴로움을 겪는 모습을 목격했다. 결국 괴로움을 겪게 될 사람들의 수를 줄이는 쪽으로 관심을 집중했다. 내가 깨달았던, 영리해지고 행복해지는 법을 사람들에게 전해 주기로 다짐했다. 그것은 대학 신입생 때부터 시작된 내 사명으로, 그 시기에 빌 개프니에게서 그 사명을 완수하는 방법 한 가지를 배웠다.

영리한 사람이 행복해지는 한 가지 방법은 머릿속에서 불같이 일어나는 생각과 감정의 거대한 실타래를 세상에 풀어내 자신을 표현하는 것이다. 내 경우 말로 표현하기는 쉽지 않았다. 목소리는 앵앵거렸고 항상 말보다 마음이 앞섰다. 학교 합창단에서 음악 선생님으로부터 입을 크게 벌리라고 초기부터 지적받았지만, 그럴듯한 소리를 만들어 내지 못했다. 화가는 어떨까 하고 봤더니 손과 눈이 따로 놀았다. 무용가나 운동선수가 되기를 꿈꾼 적도 있었는데, 둔한 몸이 따라 주지 않았다.

글쓰기만이 행복으로 가는 유일한 길이라 생각했지만, 빌 개프니 선생을 만나기 전까지 내가 들었던 모든 영어 수업은 오히려 그 길을 틀어막았다. 모든 선생과 학생과 책이 글쓰기는 고통스럽고 힘든 작업이라고 말하는 듯했다. 특히 책은 용기를 잃게 만들었다. 다음에 소개하는 진 파울러의 인용문은 얼마나 많이 봤는지 셀 수조차 없을 지경이다. "글쓰기는 쉽다. 이마에 핏방울이 맺힐 때까지 빈 종이를 뚫어져라 노려보기만 하면 된다."

글쎄, 진 파울러에게는 맞는 말일 수도 있다. 아니면 장래 경쟁자들을 미리 제거하기 위해 작가들이 퍼트린 헛소문일지도 모른다. 어쨌든 그 학기와 그다음 학기 빌 개프니 수업에서 이마에서 피가 흘러내리는 일은 없었다.

버클리에서 물리학 석사 학위를 받은 후 샌프란시스코에 위치한 IBM에 취직했고, 몇 차례 부서를 옮겨 다닌 끝에(우리는 IBM을 '나 자리 옮겼어(I've Been Moved)'라고 불렀다.) 우리 왕국의 수도 격인 연방 시스템 사업부로 차출됐다. 나는 대용량 컴퓨터 전문가였다. 교육 과정을 담당하는 한편 내 첫 작품을 집필했다. 동료인 허브 리즈와 공동 집필했는데, 둘 다 책 쓰는 방법을 몰라 겁이 났기 때문이었다. 하지만 책 쓰기는 재미있었고 피를 보지도 않았다.

업무 대부분은 컴퓨터 시스템에 대한 제안서를 작성하는 일이었다. 이 또한 피를 볼 일은 없었는데, 품질 좋은 시스템에 대한 확신이 있었기 때문이다. 그러다가 마침 미국 최초의 유인 우주 비행 계획이었던 머큐리 프로젝트가 시작됐다. 나는 IBM 입찰 팀과 함께 버지니아주 노퍽시로 가서 컴퓨터 시스템에 대한 제안서를 작성하는 일을 맡게 됐다. 세상에, 이마를 닦다가 피가 묻어난 것을 발견하고 소스라치게 놀랄 줄이야!

한참이나 고생하고 나서야 뭐가 잘못됐는지 알아낼 수 있었다. 미국 항공 우주국(NASA)에서 요구한 시스템에 대한 제안서를 쓰던 중, 기본 구조가 완전히 잘못됐다는 사실을 깨달았다. 간단히 말해 시스템이 돌아갈 리가 없었다. 온종일 접근 방식을 이리저리 끼워 맞춰 봤자 결국 미봉책은 아무리 많아도 도움이 안 된다는 사실을 확인할 뿐이었다. 한마디로 말해 제대로 돌아갈 수가 없었다. 그때 이마를 타고 피가 흘러내렸다.

뭘 해야 할지 몰라 내 강점인 글쓰기로 방향을 틀었다. 제안서를 작성하기보다는 왜 제안된 접근 방식이 작동하지 않을지 조심스레 주장을 이끌어 냈다. 식은 죽 먹기였다. 피는커녕 땀 한 방울 흐르지 않았다. 작성을 마치고 상관인 짐 터녹에게 보여 주었는데 읽어 보더니 흡족해했다.

"맘에 들어. 그럼 이제 작동할 제안서를 써 보자고." 그가 말했다.

"그, 그러죠." 얼떨결에 그렇게 대답한 것 같다.

새로운 제안서를 쓰는 일도 피나 땀이나 눈물은 필요하지 않은 작업이었다. 물론 고심을 많이 하고 세세한 부분까지 주의를 기울여야 했지만, 피를 토해 내는 작업이 아니라 내가 믿고 이루고자 했던 바람을 글로 옮기는 즐거운 작업이었다.

짐이 몇 군데 교정을 보고 나서 보고서 두 편을 모두 나사에 제출했다. 그러자 옛날 '바보 같은 과제'를 제출했을 때처럼 걱정이 되기 시작했다. 아니나 다를까, 최종 기한에서 일주일쯤 지나 짐이 나사로부터 전화를 받았다. 입찰 업체 109개 중에서 우리만 노퍽시로 다시 가서 회의를 해야 한다는 이야기였다. 한참 지나서야 연락이 온 걸 보면 몹시 비난받고 있음이 틀림없었다. IBM에는 입찰 협력 업체가 몇 군데 있었는데 AT&T는 통신과 프로젝트 관리를, 벤딕스는 레이더를, 번스앤드로는 구축을 담당했다. 우리만 호출하고 다른 협력 업체는 부르지 않은 걸로 봐서, 나사를 화나게 만든 업체는 IBM뿐이라는 사실을 알게 됐다. 노퍽시로 가는 길 내내 짐은 나사에 한 번만 더 기회를 달라고 간청하는 예행연습을 했고, 그동안 나는 피로 흥건히 젖어 드는 느낌이었다.

예상과 달리 나사는 한 가지 질문만 했다.

"IBM은 프로젝트 관리, 구축, 통신, 레이더 쪽 업무에서 기존 협력 업체 외에 다른 업체와 협업이 가능하겠습니까?"

"왜 그래야 합니까?" 짐이 되물었다.

"당신들이 문제를 제대로 이해하고 있는 유일한 컴퓨터 팀이기 때문입니다. 우리는 심각한 오류를 범했습니다. 우리 방식은 실패할 게 뻔한데 다른 업체는 그걸 눈치채지 못했습니다." (한참 지나서야 알게 된 일인데 다른 업체도 그 사실을 눈치챘지만 차마 그걸 분석해서 제출할 엄두를 내지 못했다고 한다.) "우리는 당신네 팀이 이 일에 적격이라고 생각합니다. 당신들과 수의계약을 맺고 싶습니다."

마침내 우리 팀 전체가 다 투입됐고 나는 머큐리 프로젝트에서 추적 컴퓨터 시스템의 아키텍트로 승진한 동시에 프로젝트의 공학 운영 위원회에서 IBM을 대변하게 됐다. 이 모두가 빌 개프니의 가르침 덕분이었다.

> 관심 없는 주제로 글을 쓰려고 애쓰지 말라.

이 원칙을 따른다고 해서 매번 상사를 만족시키거나 승진하지는 못하겠지만 피투성이가 되는 일은 피할 수 있다.

> ✏️ **두 번째 연습**
>
> 다루려고 하는 주제를 마음대로 쓸 수 있다면 이번 연습은 필요가 없다. 하지만 그렇지 않은 상황을 가정해 보자. 가령 업무나 학교 과제로 뭔가를 꼭 써야 한다면 어쩌겠는가. 과제를 흥미 있는 일로 바꾸는 법이나 과제를 할 수 없는 납득할 만한 주장을 적어 보자.

다음 장에서는 내 대학 시절로 돌아가 그 시절 글쓰기 과제와 함께 몇 년간 내 삶을 분주하게 만들었던 은유 하나를 소개할까 한다.

Weinberg on Writing

2장

자연석 기법이란

The Fieldstone Method in Brief

자연석 기법을 활용하면 다채로운 석재를 모아 흠잡을 데 없이 아름다운 돌담을 쌓을 수 있다.(사진: 얼 에버릿)

"점토 없이 돌담을 쌓기는 의외로 쉽다. 바위와 자갈과 기본적인 연장 몇 가지와 이 책만 있으면 당장 시작할 수 있다."[1]

대학 2학년 때 나는 약물 중독에 빠졌다.

작품을 많이 내는 작가로 손꼽히는 스티븐 킹은 중독에 대해 이렇게 말했다. "창작의 고뇌와 환각 물질이 얽혀 있다는 생각은 우리 시대에 만연한 터무니없는 통념에 불과하다."[2] 일반적인 경우라면 그에게 동의하겠지만 작가란 일반성과는 거리가 먼 존재다. 저마다 상황이 다르겠지만 내 경우에 약물 중독 경험은 작가 경력에 행운을 안겨 주었다.

사정은 이랬다. 대학 생활을 시작할 무렵 나는 키 190cm에, 몸무게 105kg이었다. 덩치가 워낙 커서 어느 대학에서 미식축구 장학금을 줄 테니 오라고 할 정도였다. 그 제안을 거절하고 학업에 전념했는데, 2학년 중간 학기까지 몸무게가 45kg이나 빠져 60kg으로 곤두박질쳤다. 흉한 피부 질환, 만성 위경련, 중증 내출혈로 고생이 심했다. 결국 극도로 쇠약해져 치료를 받기 위해 오마하에 있는 병원에 실려 가는 신세가 됐다. 세 번의 수술을 거치고 나서야 크론병에 걸렸다는 사실을 알게 됐다. 체중은 50kg까지 줄었으며 삶은 양상추로 식이 요법을 해야 했다. 불행은 그걸로 부족했는지 설상가상으로 모르핀에 중독되어 갔다.

모르핀은 고통을 잊게 해 주는 축복이자 영혼을 파괴하는 저주였다. 내 의지와 상관없이 약물을 끊고 보니 내가 신체의 안락함보다 영혼에 더 가치를 둔다는 사실을 새삼 깨닫게 됐다. 기필코 다시는 무엇에도 중독되지 않겠다고 맹세했다. 반세기 넘게 그 약속을 지키고 있으니 약물 중독이 내 작가 경력에 도움이 됐다고 할 만하다.

---

1 D. Reed, 《The Art and Craft of Stonescaping: Setting and Stacking Stone》(Asheville, N.C.: Lark Books, 2000), p. 7
2 스티븐 킹, 《유혹하는 글쓰기》(김영사, 2017)

주어진 주제에 관심을 쏟는 법

물론 스티븐 킹이 틀린 말을 한 것은 아니지만, 그다지 관심이 없더라도 꼭 해야 하는 글쓰기 과제가 있다면, 일과 중독이 아주 무관하다고만은 할 수 없지 않겠는가?

몇 년 뒤에 중독의 정신 역학을 공부해 봤다. 물질(또는 행동)에 중독되면 단기적으로는 행복을 맛보지만 장기적으로는 더욱 불행해지는 중독의 악순환을 겪게 된다. 기분이 좋지 않으면 물질에 의지하게 되고 그러면 기분이 좋아진다. 그러나 얼마 지나지 않아 더욱 심한 불쾌감이 찾아오고, 기분이 좋아지려면 물질의 양을 늘려야 한다. 잠깐 동안은 효과가 있다. 그러다 한층 심한 불쾌함이 시작되고 기분이 좋아지려면 물질의 양을 더 늘려야 한다. 이렇게 몇 차례 반복하다 보면 영리하고 창의적인 사람이라면 모를까, 웬만해서는 결국 걸려들고 만다.

영리하고 창의적인 사람은 왜 걸려들지 않을까? 영리한 사람은 물질에 의존하는 방법 외에도 기분이 좋아지는 다른 방법을 알기 때문이고, 창의적인 사람은 여러 대안을 찾아 악순환을 끊기 때문이다. 사실 영리함과 창의성의 조합이야말로 글쓰기 고통에 따르는 중독을 끊을 때 필요한 조합이다.

건축가의 첫 사명은 무엇이 주어지든 주어진 것을 탈바꿈시키는 일이라고 루이스 칸이 말한 바 있다. 여러분은 자기 글의 건축가이므로 다른 사람의 지시에 따라 글을 쓰더라도, 자신의 지혜와 창의성으로 그 지시를 탈바꿈시켜야 한다.

내가 여러분을 지혜롭게 만들지는 못하겠지만 글쓰기 습관에 대해서라면 작가 경력 내내 나에게 도움이 됐던 몇 가지 대안을 알려 줄 수 있다.

학교에서 배운 것은 별 소용이 없다

비유를 하나 들어 보자. 글을 쓰는 대신 안뜰 수영장에 돌로 옹벽을 쌓는다고 해 보자.(작가라면 마당에 수영장쯤은 있지 않나!) 수영장에 붙일 타일과 색을 맞추려고 적갈색 계통의 사암을 쓰기로 결정했다. 아마 도시 사람들이라면 가까운 채석장으로 곧장 달려가서 알맞은 색을 고른 후, 몇 톤 정도 주문해서 집 근처로 배달시킬 것이다. 그러나 여러분이 나처럼 시골 사람이라면 어떨까? 글쎄, 가까이에 채석장이 없더라도 돌을 구할 방도가 영 없지는 않다. 두말하면 잔소리지만 우리 시골 사람들은 창의적이고 수완이 좋다. 담장을 세울 일이 생기면 우리는 자연석을 찾아 나선다.

여기저기 들판을 둘러보면서 옹벽으로 쌓을 충분한 양의 돌을 찾아내는 데 시간이 얼마나 걸릴까? 적갈색 타일에 어울리는 크기가 고른 돌이 어림잡아 1000개가량 필요하다고 해 보자. 다른 일은 제쳐 두고 날마다 돌을 찾아 온종일 헤맨다 해도, 하루에 고작 돌 하나 찾을까 말까다. 휴일과 독감으로 쉬는 날을 빼면 대략 3년이 지나야 옹벽을 쌓을 만큼 충분한 원자재를 모은다.

이 방법의 문제점은 "이 정도 크기에, 이런 색깔의 돌을 저기서 찾아야겠어!"라고 말로만 떠들어서는 들판에서 돌을 찾기 힘들다는 사실이다. 하지만 작문 시간에 글짓기를 할 때면 교사는 바로 이런 식으로 학생들에게 지시한다. "오늘밤 집에 가서 개미핥기 사육장을 지으려면 어떻게 해야 좋을지 쓸 만한 방법을 다섯 가지 정도 찾아보세요. 그리고 그 다섯 가지로 글 개요를 잡아 300단어 분량의 글을 써 오세요."

당연히 여러분은 출판 가능한 글을 써 본 경험이 없다. 당연히 도무지 글이 나오지 않아 '글발이 막혔다'고 스스로를 비하할 것이다.

자연석 옹벽에 적합한 돌을 찾아내는 일이나 개미핥기 사육장에 관한 글에 적합한 생각을 찾아내는 일은 빙고 카드의 마지막 숫자를 찾을 때 겪는 문제와 유사하다. 처음 돌 몇 개는 쉽게 찾을 수 있지만, 필요한 돌의 수가 줄어들수록 딱 맞는 돌을 찾아낼 확률은 줄어든다. 개미핥기로 글을 쓰라고 할 때, 내가 빙고 카드 효과라 부르는 현상을 깨우치는 아이는 소수에 불과하다. 왜 그럴까? 대부분의 어린 학생은 별다른 고민 없이 백과사전이나 인터넷을 '들판'으로 삼기 때문이다. 그곳에는 맨 앞장에 곧바로 '개미핥기'가 나온다.[3]

학교 과제의 경우 표준 참고 자료는 지루하기는 해도 쓸 만하다. 직장 상사가 HB 연필 다섯 종을 비교해 각각의 상대적인 장점을 300단어 분량의 보고서로 쓰라고 할 경우에도 그럭저럭 괜찮다. 하지만 안타깝게도 전문 작가에게 표준 참고 자료는 무용지물이다. 어느 출판사가 백과사전이나 영업용 상품 안내서에서 그러모은 사실과 생각을 바탕으로 쓴 글을 받아 주겠는가. 현실을 똑바로 봐야 한다. 전문 작가라면 관념, 사실, 장면, 줄거리, 인물 등의 원석은 반드시 광활한 들판에서 찾아야 한다. 인생의 개미핥기는 첫 장에 나오지 않는다.

글쓰기에 대해 학교에서 배운 내용만으로는 전문 작가로 성공하기 힘들다. 들판을 헤맬 때 특정한 생각을 염두에 두고 그 생각만 찾는다면, 바로 그 악명 높은 글발이 막힌 상태가 될 가능성이 매우 크다. 그렇다면 어떻게 해야 할까?

글쓰기에 열정을 쏟는 작가는 한 번에 한 가지 글만 쓰는 일이 드물다는 사실을 알고 나면, 앞서 나온 상황에 의기소침했던 기분이 조금 나아진다. 개인적으로 나는 한 번에 한 가지만 쓰는 경우가 거의 없다. 원고청탁을 받아 글을 쓸 때에도 마찬가지이다. 현재 내가 진행 중인 작업

---

[3] (옮긴이) 개미핥기(aardvark)는 aa로 시작하므로 알파벳 순서에 따라 사전 맨 앞에 나온다.

목록을 살펴보면, 이 책의 원고를 포함해 완성과 미완성 사이의 여러 단계에 놓인 책이 30권이 넘는다. 미완성 월간 기고 36편과 출간이 결정됐거나 발표할 곳을 정하지 않은 기고문 27편도 빼놓을 수 없다. 덧붙여 형태가 구체적으로 잡히지 않은 마음속 편린의 묶음도 셀 수 없이 많다. 언젠가 이 글들을 쓸지도 모른다. 반대로 쓰지 않을지도 모른다.

돌담을 쌓으려 준비 중인데 가까이에 채석장이 없다면, 돌 더미를 한두 개쯤 미리 만들어 두어야 한다. 수집하는 동안에는 언제 어느 담장을 쌓을 때 쓸지 모르는 돌을 찾기 위해 눈을 부릅뜨고 삶이라는 들판을 거닐어야 한다.

나처럼 여러 건의 저작 활동을 동시에 진행 중이라면, 적당한 돌을 찾았을 때 "우와, 돌담 A에 정말 딱 들어맞는 돌이야."라고 외칠 것이다. 분명 그 돌은 A용 돌 더미가 제자리인 돌이다. 하지만 그저 마음에 들어서 돌을 수집할 경우가 있는데, 이럴 때에는 특정 돌담과 관계가 없는 돌 더미 X에 그 돌을 쌓아 둔다. 이런 돌은 관심을 끌 만한 가치가 있기 때문에 돌담에 추가할 흥밋거리나 관심거리가 떨어졌을 때 돌 더미 X를 다시 뒤져 보게 된다.

자연석 기법은 유용하다

대부분의 경우 내 글쓰기 수업을 듣는 학생들은 영어 시간에 배운, 문장을 구성하고 어휘를 늘리고 문단을 강화하는 등의 기법에 이미 익숙해 있다. 학생들이 좌절하는 부분은 이런 조각을 모아 기사, 보고서, 책 대본처럼 방대한 글로 만드는 과정이다. 나는 방대한 글이 어떤 것인지 잘 알고 있다. 다른 사람들 역시 당연히 잘 안다고 생각했고 그렇기 때문에 이 주제에 관한 글이 드물 뿐 아니라 이 주제로 글을 쓰는 사람도 드물다고 생각했다.

한때 그와 같은 대규모의 저작 활동을 진행하는 방법을 제임스 바크에게 가르친 적이 있었다. 제임스는 내 설명을 잘 이해하지 못 했는데 아마 그의 아버지 리처드 바크가 유명 작가라서 그런 모양이었다.(《갈매기의 꿈》도 리처드 바크의 수많은 유명 작품 중 하나다.) 유추해서 생각하기 좋아하는 제임스에게 나는 책 집필이 자연석 돌담 쌓기와 비슷하다고 설명했다.

제임스가 '자연석 돌담'이라는 용어를 몰라서 이 은유가 당장 먹혀들지는 않았다. 그러나 일단 상상 속에 담을 떠올리자, 제임스는 진정 자신만의 방식으로 그 주제를 파고들었다. 예전에 그는 책 쓰기를 시도한 적이 있었는데 한 번도 완성하지 못했다. 자연석 기법을 갖추자 바쁜 와중에도 첫 책[4]을 쓸 시간을 마련할 수 있었다. 다른 많은 학생도 동일한 경험을 했다.

자연석 돌담은 콘크리트 블록이나 벽돌처럼 균일한 재료로 쌓지 않는다. 자연석 돌담은 크기, 색, 질감, 모양, 밀도 등이 천차만별인 원석으로 쌓는다. 듣고 나니 훌륭한 소설을 쓰고 싶은 생각이 들지 않는가? 더 나은 글을 쓰고 싶은 마음이 샘솟지 않는가?

자연석 기법은 흥미를 끄는 글, 사진, 도표, 인용구, 그림, 참조 등에서 얻는 생각을 '돌'로 사용한다. 그렇게 모은 '자연석'을 사용해 기사, 보고서, 책 대본 등의 돌담을 정교하게 만든다.

보통 사람들은 글을 쓰려고 시간을 내지만 시간을 효율적으로 활용할 줄 모르는데 자연석 기법은 그런 '시간의 돌', 즉 다양한 특성과 길이의 가용한 글쓰기 시간도 활용한다.

---

4   C. Kaner, J. Bach, B. Pettichord, 《Lessons Learned in Software Testing: A Context-Driven Approach》(New York: John Wiley & Sons, 2001)

이처럼 넘쳐 나는 다양한 재료로 아름다운 돌담을 막힘없이 쌓을 수 있다.

> ✏️ **연습: 돌담 감상하기**
>
> 1. 시골이나 작은 마을, 아니면 도시의 공원을 산책해 보자.
> 2. 자연석 돌담이 있는지 둘러보자.
> 3. 멈춰서 돌담을 살펴보자. 담을 쌓은 사람을 상상해 보자. 그 사람은 어디에서 돌을 찾았을까? 돌담에 쓸 돌을 어떤 식으로 골랐을까?
> 4. 흥미가 생기면 그 돌담과 그것을 쌓은 사람에 대해 짧은 이야기를 지어 보는 것도 좋다.
> 5. 이 돌담을 어떻게 쌓았겠는가?
> 6. 이 돌담을 글로 어떻게 묘사할 텐가?

Weinberg on Writing

3장

막힌 글발을 뚫는 방법

Banishing Writer's Block

같은 낱말을 사용하더라도 수없이 다양한 글을 지어낼 수 있다. 자연석도 이와 같아서 사진에 나오는 오크니섬의 귀리 건조장을 보면 네 면이 모두 생김새가 다르다.(사진: 피오나 찰스)

"1000년을 갈 담장을 쌓으면서 허겁지겁 마무리할 필요가 있을까. 하물며 악착같이 거기에만 매달려 있다면 정말 헛고생일 뿐이다."[1]

대부분의 사람은 기사를 쓸 일이 없다. 써 봐야 고작 한 편이다. 보고서도 쓸 일이 없다. 써 봐야 고작 한 편이다. 책은 어떨까? 마찬가지이다. 대본은? 더더욱 그렇다. 왜 좀 더 써 보지 않느냐고 물어보면 어딘가에서 굳어 버렸다거나 "글발이 막혔다."라는 답이 돌아오기 일쑤이다. 그런데 이 '글발이 막혔다'는 표현은 그럴싸하게 들리기는 해도 알맹이가 없는 말이다. 대부분의 경우 사람들이 글쓰기를 그만두는 이유는 창작에 필연적으로 따라붙는 혼란스러움을 어찌 다룰지 모르기 때문이다.

창작 체계와 표현 체계의 차이점

내가 글을 읽을 때 순서 없이 무작위로 읽는다고 오해하지 않았으면 한다. 독서란 본래 실에 꿴 구슬처럼 직선적인 성질을 지녔기에, 나도 남의 작품을 읽을 때에는 처음부터 끝까지 차례대로 읽는다. 그러나 작품을 창작할 때에는 한 줄로 꿰인 낱말들을 겹쳐 가며 다양한 구성으로 짜 넣기도 한다. 예를 들면 소설은 이야기이기 때문에 다소 직선적인 면이 있지만 회상, 액자 서술, 동시 진행 같은 기법을 써서 직선적인 성질을 깨기도 한다.

사전, 백과사전, 참고서 등은 한 가지 내용이 몇 페이지에 걸쳐 나오는 경우도 있지만 보통 목차와 색인을 통해 순서와 상관없이 내용을 찾아볼 수 있게 구성한다. 인터넷과 인트라넷에서는 하이퍼링크를 사용해 훨씬 복잡한 구조로 글을 연결할 수 있지만, 제대로 활용하려면 대체로 색인 페이지나 검색 엔진이 필요하다.

---

1 J. Vivian, 《Building Stone Walls》(Pownal Vt.: Storey Books, 1978), p. 3

하지만 이런 읽기 구성 방식들은 작품이 실제로 만들어지기 위해 필요한 창작 과정의 구성 방식과는 상관이 없다. 앞서 살펴본 읽기 체계는 표현 기법이지, 창작 기법이 아니다. 이런 평범한 방식으로는 창작이 불가능하므로 좀 더 정교한 모형으로 다듬어 자연석 기법을 만들었다. 일상과 생각과 분위기가 늘 같을 수 없는데 글을 쓰는 방법이라고 마냥 같을 까닭이 있을까?

글발 막힘과 골디락스[2]의 질문

"매일이 다 다른 거야 당연하지. 하지만 글발이 막혀 막막해지는 날이면 한 글자도 못 나가는 거지 뭐."라고 넋두리할 수도 있겠다.

이런 문제를 겪고 있다면 같은 문제로 고생하던 수많은 작가를 도와온 내가 힘을 보태 줄 수 있다. 다음은 어떤 도움을 주면 좋을지 감을 잡지 못했을 무렵 내게 깨우침을 준 어느 학생의 글이다.

> 학생들과 대화한 내용이나 제가 쓴 글을 살펴보니 상담이나 치료가 그렇듯 선생님의 가르침에 많은 오묘함이 깃들어 있음을 깨달을 수 있었습니다. 선생님은 제게 의욕을 북돋워 주셨고, 스스로를 존중하는 방법을 일깨워 주셨고, 글쓰기에 자신감을 불어넣어 주셨으며, 제 자신의 다른 면모도 눈여겨보게 해 주셨고, 수련의 진정한 의미를 가르쳐 주셨으며, 생각을 좀 더 명확하게 하고 인식의 지평을 넓히도록 일러 주시는 등, 일일이 꼽기도 어려울 만큼 많은 도움을 주셨습니다."

작가가 글발이 막혔다고 해서 자질에 문제가 있다고 보는 시각은 옳지 않다. 그보다는 글쓰기 방법에 문제가 있다고 봐야 하는데, 사람들이 작

---

2 (옮긴이) 독일의 그림 형제의 동화 《금발머리 소녀와 곰 세 마리》에서 아기 곰의 수프를 모두 먹어 버린 주인공 소녀의 이름이다.

품 집필법이라 철석같이 믿고 있는 여러 방법은 모두 허튼 생각으로, 책 몇 권을 함께 집필했던 내 친구 톰 길브는 이를 '미신'이라 부른다. 자연석 기법을 깨친 작가들은 이런 미신론에서 자유롭기에 글발이 막히는 일이 없다. '끌질발이 막힌 석공'이라는 이야기를 들어 본 적이 있나?

글쓰기를 다룬 여러 가지 방법론과 책에서는 글발이 막히는 원인을 모자라는 영감에서 찾는다. 그와 반대로 영감이 넘쳐서 감당을 못할 때 글발이 막힌다는 시각도 있다. 그러나 원인은 영감의 많고 적음이 아니라 여러 가지 영감에 대한 작가의 반응에 있다.

말하자면 이런 식이다. 영감의 가짓수가 적당하지 않으면 마음이 불편하고 가시방석에 앉은 듯하다가 나중에는 고통스럽기까지 하다. 고통을 덜기 위해 커피, 맥주, 섹스, 영화, 책, 수면, 기타 비생산적인 위안거리를 찾는다. 이런 위안거리로 괴로움을 잠시 잊어 보지만, 결국에는 마무리 짓지 못했던 글을 다시 떠올릴 수밖에 없다. 이런 식으로 피해 봤자 도망쳤다는 생각에 오히려 기분이 더 나빠질 뿐이다. 어떻게라도 글을 다시 써 보려 허우적대 보지만, 생각은 깊은 수렁에 빠져들고, 글발이 막힌 상태로 되돌아간다. 결국 위안거리로 삼았던 커피, 맥주, 섹스, 그 밖의 무언가에 다시 기대게 된다.

중독의 덫이 보이는가? 자연석 기법을 활용하면 다른 중독 탈출법처럼 인간의 지능과 창의력을 발판으로 중독의 고리를 끊을 수 있다. 나도 가끔씩 '글발이 막힌' 기분이 들기는 하지만, 그럴 때면 내가 '골디락스의 질문'이라 이름 붙인 혼잣말을 되뇐다.

"내가 지금 어떤 상태이지? 영감이 넘쳐서 문제인가? 영감이 모자라서 문제인가? 아니면 아기 곰의 수프처럼 적당한가?"

영감이 넘쳐서 문제라면 영감을 분류해 다른 더미에 옮겨 놓는 일 같은 구성 작업을 한다. 반면에 모자라서 문제라면 더 많이 모으는 일에 전념한다. 대개 가장 먼저 살펴보는 곳은 자신의 마음속으로, 한순간 몰입해 들어가면 새로운 영감이 바로 떠오른다.

　일례로 대화 장면을 쓸 때 그 장면에 딱 맞는 대화를 담은 '돌'을 찾겠답시고 밖으로 쏘다니지 않는다. 그렇게 하면 지나치다 싶을 만큼 똑 부러지는 대화가 되고, 지난 시절 경험한 수많은 잡담과 내 등장인물의 성격이 고스란히 담긴 반가운 기억 속에서 떠오른 자연스럽고 알찬 돌은 구할 수 없다. 자연스럽게 몰입에 빠질 수 없는 경우에만 새로운 몰입으로 들어갈 계기가 될 만한 돌을 바깥에서 찾는다.

　그러고 나서 '딱 필요한 만큼'의 영감이 쌓이면 절차에 따라 그 영감을 정리하고 다듬고 광을 내서 작품을 마치거나 다시 한번 골디락스의 질문으로 되돌아간다. 이렇게 하면 어쩌다 흐름이 잠시 끊길지는 몰라도 '글발이 막힌 작가'가 되는 일은 없다.

　이 책은 자연석 기법을 세 부분으로 나눠 설명한다. 첫째가 수집이고, 다음이 구성이고, 마지막이 다듬고 광을 내는 일이다. 이 순서로 설명하는 이유는, 내가 글을 쓸 때 이 순서대로 작업하기 때문이 아니라 책이란 원래 선형적으로 조직된 생각의 모음이기 때문이다.

　학교에서 배우는 글쓰기 방법과 달리, 자연석 기법에서는 글을 쓰는데 어떤 특별한 순서를 내세우지 않는다. 그보다는 글쓰기 작업을 향상시킬 만한 무언가를 끊임없이 행하도록 유도한다. 자연석 기법 작가는 크고 작은 규모의 작업이 나열된 간단한 목록을 언제나 준비하고 있고 현재 기분, 시작/종료 시간, 동원 가능한 자원, 투입 가능한 총시간을 감안해 각 작업을 어떻게 배분할지 알고 있으므로 당장에 할 일이 끊일 일이 없다.

　자연석 기법 작가라면 자신만의 작업 '비결'도 마련해 두어야 하는데,

남들이 보기에 말이 안 되는 것이어도 상관없다. 명상은 내게 잘 맞지만 어떤 이들에게는 방해가 되는 모양이다. 아이키도 무술 수련은 내게 기력을 불어넣어 주지만 어떤 이들에게는 힘만 드는 모양이다. 고양이와 담배, 브랜디를 탄 커피를 비결로 꼽는 작가도 있다. 내게 담배와 브랜디를 탄 커피는 쥐약이겠지만, 한편으로는 그 덕분에 내 개 루비와 카로 두 녀석이 고양이를 만신창이로 만들어 놓는 광경을 제정신에 보고 있지 않아도 될 테니 그럴듯한 조합이기도 하겠다 싶다.

자연석 기법 작가의 일상

자연석 기법을 활용하는 방식을 소개할 요량으로 어느 토요일 하루 작가로서의 일상적인 활동을 작문 일지에 기록해 봤다.

오전 8시 47분. 전날 밤늦게까지 일한 탓에 느지막이 눈을 떴다. 『컨트랙트 프로페셔널』이라는 잡지에 칼럼으로 기고할 글이 순조롭게 진행되어 마무리를 지을 참이다. 잠자리에 누운 채 침대 옆 탁자에 놓아둔 필기구와 수첩을 집어 들고 꿈에서 떠올랐던 두어 가지 생각을 적었다. 더불어 그때의 느낌을 '권태'라고 적었는데 이는 내가 글을 쓸 때 자주 사용하는 낱말이 아니다.

오전 9시 2분. 머리를 식히려 샤워를 하려던 참에 아내이자 동료인 대니가 한 짐은 되어 보이는 빨래를 하고 있는 모습이 눈에 들어왔다. 거품을 한가득 뒤집어쓴 채 더운 물이 끊기는 낭패를 당하면 안 될 것 같아서 발길을 돌려 금요일 저녁에 '마무리'한 기고문을 출력해 훑어봤다. 빨간색으로 몇 군데 표시를 하던 중, 새로운 기고문에 대한 생각이 불현듯 떠올라 보고 있던 기고문을 옆으로 치워 놨다.

오전 9시 21분. 컴퓨터 앞에 앉아 지난밤에 자동 생성된 복사본에 이상은 없는지 확인했다.(돌 더미는 유실될까 봐 복사본을 별도로 만들어 둘 필요가 없다는 점에서 글과는 차이가 있다.) 그리고 기고문 서식 파일을 새로 복사한 후 열어서 새로운 영감으로 초안을 잡아 나가기 시작했다.(기고문 서식 파일은 기사에 알맞은 글꼴이나 크기, 글자 간격 등의 형식을 갖춘 빈 파일이다.)

오전 9시 40분. 초안을 잡다 문득 몇 달 전에 주워 둔 돌이 떠올랐지만, 초안에 몰입한 순간을 방해받고 싶지 않아 그냥 나중에 찾아보기 쉽게 쪽지를 붙여 놓고 초안을 계속 잡아 나갔다. 나중에 쪽지를 보고 적당한 때에 돌 더미를 다시 살펴볼 것이다. 초안을 잡는 일에 한참 빠져 있을 때 전화가 울렸지만 받지 않았다. 중요한 용건이라면 음성 사서함에 메시지를 남길 테니 나중에 시간 날 때 듣고 응답해 주면 된다.

오전 10시 14분. 초안을 잡는 데 쓸 영감이 바닥났다. "글발이 막혔군." 하고 자책하는 대신 골디락스의 질문을 다시 떠올려 새로운 활동으로 바꿔야 할지 가늠해 봤다. 굳어진 허리도 풀 겸 일어나 잠시 산책하기로 마음을 먹었다. 아내가 있는 방문 앞을 지나려는데, 아내가 개들을 데리고 함께 산책하지 않겠냐고 물었다. "좋지. 그런데 샤워부터 해야겠어."라고 대답했다. 샤워를 하면 새로운 영감이 샘솟곤 했는데 이번에는 그럴 기미가 없었다.

오전 10시 33분. 샤워 후 옷을 입고, 스위티(카로 이전에 기르던 강아지)와 루비를 데리고 아내와 함께 산책을 나섰다. 코랄레스 냇가를 보니 얼었던 시냇물이 졸졸 흐르기 시작하며 어김없이 봄소식을 전해 주고 있었다. 앵거스 길을 이어 주는 다리는 밑동이 낮아 12km쯤 떨어진 상류로부터 떠내려오는 온갖 부유물이 다리에 걸리곤 했다. 오늘은 겨우내 쌓였던 온갖 잔해와 파편을 볼 수 있는 드문 기회이다 보니 너무 들떠 수첩을 몇 장씩이나 써 가며 생각을 꾹꾹 담아 적었다. 그 생각을 아내와 나누는 중에 아내에게서 또 다른 영감이 흘러나오자 기다렸다는 듯이 받아 적었다.

 오전 11시 48분. 점심을 먹기 전에 책상 앞에 앉아 잠시 짬을 내 음성 사서함과 전자 우편을 확인했다. 전화를 건 사람은 전할 말을 남겨 놓을 필요가 없다고 생각한 모양인데, 아마 전화로 물건을 파는 사람이었나 보다. 전자 우편은 토요일 아침치고는 조금 많은 열일곱 통이 와 있었다.

 오후 12시 28분. 받은 전자 우편에 일일이 답을 하거나 일부를 발췌해 정리해 두고 느긋하게 점심 식사를 즐겼다. 전자 우편을 살펴보던 중 상대의 서명에서 기발한 인용문이 눈에 띄었다. 하지만 쓰고 있던 기고문에 어울릴 내용은 아니라서 일반용 돌 더미에 던져두었다.

 오후 1시 41분. 한 시간이 조금 넘도록 딱딱한 글에 매달렸더니 지난밤에 쓴 기고문 초안 중 빨간색으로 표시해 놓은 문장을 다듬고 싶어 손이 근질거렸다.

 오후 1시 58분. 다듬기를 마친 기고문을 보낼 편지함에 넣어 두었다. 그러고 나서는 초안 잡기를 다시 진행하기로 마음먹고 조금 전 기억해 냈던 돌이 어디에 있는지 찾아봤다. 쉽게 눈에 띄지 않았다. 그러다 이 책 이번 장에 완벽히 딱 들어맞는 돌을 발견하고서는 그 돌에 흠뻑 빠졌다. 돌 더미에서 그 돌을 복사해 이 장의 파일 안에 붙여 넣었다. 계속해서 이전에 멈춘 곳에서 다시 글을 이어 썼다. 너무 열중한 나머지 처음에 찾고자 했던 돌은 어느새 까맣게 잊어버렸다.

 ×시 ×분? 이때에는 시간을 기록하는 것마저 잊어버려서 이후로는 내용이 그다지 정확하지 않다. 기억나는 대로 적어 보면 글이 막혀서 침대 옆 탁자에 놓여 있던 책 세 권 중에서 한 권을 집어 들고 실내 자전거를 몇 km나 타면서 읽었다. 언제 어디서 좋은 돌을 발견할지 모르기 때문에 운동할 때조차 만반의 준비를 갖춰 둔 덕분에 몇 개의 글귀에 형광펜으

로 표시를 하고 접착식 메모지도 몇 개 붙여 놓을 수 있었다. 그중 한 글귀를 읽고 영감이 떠올라 글로 옮겨 적었고, 그 덕분에 일을 다시 진척시켰던 기억은 확실히 떠오른다. 또 오후에 온 전자 우편을 처리했던 것 같은데 확실하지는 않다.

오후 5시 53분. 그러던 도중 어느 순간 다른 활동을 시작했는데, 바로 솔리테어 게임을 몇 판 하는 일이었다. 나는 머리가 잘 돌아가지 않을 때면 항상 솔리테어 게임을 한다. 아내가 5분 뒤에 저녁을 먹자고 해서 작업을 전환할 시간임을 알게 됐다. 몰입 상태에서 빠져나와 버렸기에 남은 5분 동안 오늘 아침 수첩에 적어 둔 내용을 일반용 돌 더미에 옮겨 적었다. 저녁 식사를 하러 일어설 때 문득 깨달은 것은, 오늘도 어느 순간부터인가 내 권태가 사라져 버렸다는 사실이다.

> ✏️ **연습: 자신의 글쓰기 활동 관찰하기**
> 1. 하루 날을 잡거나 몇 시간 정도 할애해서 글쓰기에 전념한다.
> 2. 활동을 바꿀 때마다 작문 일지(14장 참고)에 시작한 시간과 마친 시간을 적고, 해당 활동이 글쓰기와 직접적인 관계가 있는지 여부도 함께 적어 둔다.
> 3. 활동을 시작할 때 느낌과 마친 후 느낌을 적는다. 몰입 상태가 깨지지 않도록 한두 낱말만 적는다.
> 4. 하루를 마감할 때 일지에 쓴 내용을 살펴본다. 중독의 악순환이 보이는지 확인한다.
> 5. 어딘가에서 진도가 더는 나가지 않을 때 어떻게 대처했나?
> 6. 다른 어떤 활동을 했으면 더 나았겠는가?
> 7. 다음에 이 연습을 다시 하게 될 때 이 활동들을 떠올릴 방법이 있나?

Weinberg on Writing

4장

수집의 중요성

Prospecting: Gathering Explained

쓸 만한 돌과 멋진 낱말은 어디에나 널려 있으므로 그냥 주워 담기만 하면 된다.(사진: 얼 에버릿)

"돌에 대해 알아 가다 보면 그 수많은 쓰임새에 놀라게 된다. 어디를 가든 돌이 보이면 꼼꼼히 조사해 봐야 적성이 풀린다."[1]

나도 마찬가지이다. 현실 세계든 가상 세계든 여행을 떠나면, 집에 돌아올 때에는 꼭 '돌'을 모아 가지고 온다. 나는 돌이 눈에 띄는 순간 바로 주워 담을 채비가 되어 있다.

글쓰기 대 글로 쓰기

알다시피 작가가 가장 많이 듣는 질문은 "책 한 권 쓰는 데 얼마나 걸리는가?"이다. 책을 한 권 이상 낸 사람들 귀에는 이 질문이 "여행 한 번 하는 데 얼마나 걸리는가?"라는 질문과 비슷하게 들린다.

일을 시작하고 얼마 되지 않아 이 질문을 하는 사람들 대부분이 실제로 의미하는 바는, "글로 옮겨 적는 데 얼마나 걸리는가?"임을 알게 됐다. 이는 글자를 모두 타자로 쳐 넣는 데 얼마나 걸리는지 묻는 질문이다. 그러나 많은 사람이 꺼리는 타자는 책 쓰기의 일부분에 불과하다. 작업의 대부분은 소재를 모으는 일이다.

나는 왜 스콧 애덤스만큼 부자도 아니고 유명하지도 않을까

몇 해 전만 해도 《딜버트》의 작가인 스콧 애덤스는 퍼시픽 벨 전화 회사의 샌 라몬 사무소에 소속된 8000여 명의 직원 중 한 명이었다. 그때 아내 대니와 나는 샌 라몬 건물에서 정기적으로 컨설팅을 했는데, 당시 스콧이 속한 부서가 있는 사무실에서 컨설팅을 자주 했다. 따라서 스콧과 나는 판에 박은 듯한 칸막이 공간, 한심한 메모, 뾰족 머리 상사 같은 한마디로 제정신이 아닌 문화를 동시에 접했다. 그러나 스콧은 그런 경험

---

[1] C. McRaven, 《Stonework: Techniques and Projects》(Pownal, Vt.: Storey Books, 1997), p. 28

4장 수집의 중요성

을 바탕으로 수백만이 즐기는 연재만화를 그렸고 부와 명성을 얻었다. 나는 스스로에게 자주 묻곤 했다. "왜 스콧이지? 왜 내가 아니지?"

퍼시픽 벨에서 근무하는 동안 스콧은 《딜버트》라는 담을 쌓기 위해 돌을 모았지만, 나는 소프트웨어 공학 책을 쓰는 데 사용할 돌을 모았다. 그 기간 동안 나는 동일한 자료를 가지고 실제로 '벅시 코더'라는 연재만화를 그리려고 했다. 성공 여부가 돌을 구하기 더 좋은 곳이 어디인지 아는 데 달려 있었다면 당연히 내가 이겼을 것이다. 컨설턴트인 나에게 퍼시픽 벨은 수많은 고객 중 하나였던 반면, 스콧에게는 돌을 모을 수 있는 유일한 장소였다. 따라서 돌을 수집한 장소가 어디인지에서 차이가 생긴 것은 아니었다.

내 만화를 그리는 데 참여한 샐리 콕스는 재능이 풍부한 작가였다. 사실 샐리는 내 책 몇 권에서 삽화를 그리는 일을 맡았고, 그 책들은 《딜버트》만큼은 아니지만 모두 크게 성공했다. 따라서 샐리는 잘못이 없다. 스콧과 나 사이, 실제로 스콧과 샐리 사이의 중요한 차이는 예술적 재능이 아니었다.

그럼 글솜씨에서 차이가 났을까? 전형적인 《딜버트》 만화는 대사가 많지 않아서 글솜씨에서 차이가 난 것 같지는 않다. 그렇다면 글솜씨도 아니고, 예술적 재능도 아니고, 소재의 출처도 다르지 않다면, 어디에서 차이가 나는 것일까?

내 생각에는, 스콧과 내가 다른 사람이라는 데에 그 차이가 있다. 우리는 인생이란 들판을 걸어가면서 각자 다른 돌을 발견한다. 날마다 엄청난 수의 돌을 지나치면서 스콧은 내가 발견한 돌과는 다른 돌을 봤고 또 그 돌이 성공의 기반이 됐다. 물론 나는 스콧이 보지 못한 돌로 내 성공을 이루어 나간다. 우리는 같은 돌을 보더라도 다른 가치와 다른 에너지를 느낀다.

에너지 원칙

내가 스콧 애덤스의 성공을 질투하는지 아닌지는 독자들의 판단에 맡겨야겠지만, 나도 대부분의 작가처럼 나 자신의 성공에 관심을 기울인다. 그래서 친한 친구인 댄 스타가 쓴 서평을 읽었을 때에는 조금 화가 났다. 댄 스타는 다른 사람의 책에 대해 "이 책은 금광이다."라고 평을 썼다. 그다음 번에 그를 봤을 때 왜 한 번도 내 책은 금광이라 부른 적이 없는지 물어봤다.

"자네 금광이란 게 어떤 건지 알지 않나. 금광에는 금 쪼가리가 몇 개 있기는 하지만, 그걸 찾으려면 어마어마한 양의 쓸모없는 자갈 부스러기를 체로 걸러 내야 하지." 그가 대답했다.

내가 기분이 좋아지려는 순간 그가 덧붙였다. "자네 책은 뭐랄까 석탄 광산 같지."

"뭐?" 나는 말문이 막혔다.

"탄광 말이야. 탄광이 어떤지 자네도 알지 않나. 한 삽 가득 뜰 때마다 가치가 담겨 있지. 한 삽 한 삽 뜰 때마다 말이야."

탄광처럼 쓴다니 만족스러웠다. 아, 물론 모든 문장, 모든 낱말이 24K 순금 같은 책을 쓸 수 있으면 좋겠다고 생각한 적은 있지만, 누구도 책의 처음부터 끝까지 그 수준을 유지할 수는 없다. 역사상 가장 위대한 책이라는 성서에서도, 열정적인 전도사조차 인용하지 않는 길고 지루하게 반복되는 구절이 있다. 하느님마저도 속이 금으로 꽉 찬 책을 쓰지 않았다면 나는 그런 환상을 기꺼이 포기한다.

자연석 기법을 사용해 제대로 글을 쓰면 탄광이 생긴다. 석탄을 캐다 보면 때로는 삽 끝에서 금 부스러기가 딸려 나오기도 한다. 내 책을 읽는 독자들이 좋은 석탄을 얻어 간다면 나는 그걸로 만족한다. 금덩이를 발견한다면 그건 덤일 뿐, 금을 묻어 두겠다는 장담은 하지 않는다. 나는 금덩이를 써 넣으려 애쓰지 않는다. 그렇지만 글쓰기 수업을 듣는 학생 중 일부는 탄광에서 노다지를 찾기도 한다.

학생들이 금을 찾았는지, 아니면 석탄이라도 찾았는지 어떻게 알까? 학생들의 반응을 보면 알 수 있다. 돌 자체는 효과적인 글쓰기 비결이 아니다. 효과적인 글쓰기 비결은 돌에 대한 인간의 감성적 반응이다. 작가인 내가 특정 돌에서 기쁨이나 슬픔의 눈물을 흘린다면, 다른 사람들도 마찬가지일 것이라 믿어 의심치 않는다.

내가 반응하지 않는다면 독자들도 반응하지 않을 것이다. 자연석 기법의 비결이 바로 여기에 있다. 항상 감성적 반응에 따르라. 다시 말해 자연석 기법을 구사하는 작가들의 말처럼 석탄이 마음속에서 타오를 때 발생하는 열기, 즉 에너지를 따르라.

몇몇 학생은 반응의 원칙이라 즐겨 부르지만 나는 이 비결을 에너지 원칙이라 부른다.

글쓰기 자료를 모으는 일이 에너지 원칙을 적용할 첫 번째 대상이다. 쓸 만한 돌을 찾았을 때에는 돌의 세세한 부분에는 신경을 쓰지 말아야 한다. 그 대신 마음속에서 일어나는 반응에 주목한다.

어쩌면 독자는 에너지 원칙에 회의적일지도 모른다. 많은 사람이 비법은 돌이 아니라 돌에 대한 반응에 있다는 사실을 쉽게 믿지 못한다. 나도 샌프란시스코 공항에서 어떤 일을 겪고 나서야 생각이 바뀐 것 같다. 마카오로 떠나는 친구들을 배웅하러 갔는데 비행기가 지연됐다. 우리는 커피를 마시려 자리를 옮겼다. 고요한 작별의 시간을 잠시 보내고 싶었지만, 옆 탁자에서 세 살배기 아이가 울어 대는 바람에 무산되고 말았다.

나는 아동 학대에 늘 민감한 편이었기에 이 힘없는 아이가 어떤 괴롭힘을 당하는지 살펴봤다. 놀랍게도 '괴롭힘'은 애 엄마가 바닐라 아이스

크림을 억지로 먹이려던 행동이었다.

순간 선승처럼 깨달음이 번득였다. 세 살배기마저 아이스크림을 싫어하도록 만드는 걸 보면, 인간이란 어떤 자극에 대해서도 어떤 식으로든 반응할 수 있다. 내가 쓰는 글이 항상은커녕 잠깐이라도 모든 사람을 행복하게 만들지는 못하리라는 사실을 깨닫게 됐다. 중요한 것은 몇몇 사람이 일부 시간 동안만 반응할 텐데, 이런 일이 출판사가 좋아할 정도로만 가끔 일어나면 된다는 사실이다.

그러면 에너지는 어떻게 알아차릴 수 있을까? 단순히 베껴 쓰기만으로도 돌에서 에너지를 충분히 느낄 수 있다. 베껴 쓰다 보면 자신이 반응할 자신만의 돌을 어떻게 만들지도 알게 된다. 다음에 소개하는 간단한 연습을 해 보고 낱말에 대한 자신의 감성적 반응을 알아보자.

> **✏️ 연습: 베껴 쓰면서 배우기**
> 1. 존경하는 작가의 글을 하나 고른다. 그 글을 중간에 멈추지 말고 한 글자씩 전부 베껴 쓴다.
> 2. 일지를 쓴다.(13장 참고) 과제를 받았을 때 어떤 느낌이 들었나? 베껴 쓸 때 무엇을 느꼈나? 어느 부분에서 특별한 감성적 반응이 있었나? 어떤 반응이었나? 반응이 생겼던 부분들을 찾아본 후 그 순간에 왜 그런 반응이 있었는지 설명할 수 있는가?
> 3. 베껴 쓰면서 무엇을 배웠나?
> 4. 골라 온 글을 한 번 더 베껴 쓴다. 두 번째 베껴 쓸 때 깨우친 바를 설명하는 글을 한 문단 분량으로 적어 본다.
> 5. 일지에 쓴 내용을 살펴본다. 어투나 감성의 표현이 베껴 쓴 부분의 어투에 어떻게 영향을 받았나?

내 몫까지 돌이 남아 있을까?

그래서 작가에게 다른 사람의 반응은 그다지 중요하지 않다. 이 책의 저자 제럴드 와인버그가 무엇에 반응하는지, 글쓰기 선생이 무엇에 반응하는지, 『뉴욕 타임스』 도서 정보란은 물론이고, 심지어 스콧 애덤스가 무엇에 반응하는지도 중요하지 않다. 정말 중요한 것은 바로 여러분 스스로가 반응하는 것들이다. 그리고 내가 여러분에게 바라는 첫 번째는 자신이 스콧 애덤스도 아니고 제럴드 와인버그도 아니라는 사실에 반응하는 것이다. 자기는 자기 자신일 뿐이므로 자신만의 에너지와 고유한 반응 기준이 있다. 때로는 자신의 반응이 모든 사람의 반응과 공명하기도 하지만, 어떤 때에는 다른 사람들의 눈에는 관심을 둘 가치가 없어 보이는 돌에 반응하기도 한다.

그러면 이런 의문이 들 것이다. 저기 밖에서 돌을 찾고 있는 훌륭한 작가들이 많은데 내 몫으로 남은 게 있을까? 스콧 애덤스가 매일 100개씩 돌을 집어 가고, 제럴드 또는 수백만이 넘는 작가 지망생 역시 매일 100개씩 집어 간다면, 하루에 1억 개나 되는 돌을 다른 작가들이 집어 간다는 결론이 나온다. 과연 쓸 만한 돌이 남아 있기는 할까?

세상에서 가장 훌륭한 작가 중 하나인 마크 트웨인이 우리를 이런 곤경에서 구해 줄 수 있을 것 같다. 마크 트웨인은 사람들에게 묻곤 했다. "미시시피강이 얼마나 오래됐는지 아세요?" 사람들이 모른다고 대답하면 "1000만 년하고도 3년이 더 됐죠!"라고 말했다.

"그걸 어떻게 알아요?" 하고 사람들이 당연히 되물을 것이다.

"3년 전에 어떤 전문가가 미시시피강이 1000만 년이 됐다고 했거든요."

우리는 다음 질문에도 트웨인의 논리를 적용할 수 있다. 돌이 몇 개나 있을까? 이 질문은 다시 말하면 다음과 같다. 다른 작가들이 자기 몫을 가져간 뒤에 얼마나 남아 있을까? 내 생각에는 하루에 새로 생겨나는 돌이 최소 1조 개는 될 것이다. 따라서 다른 작가들이 매일 1억 개를 가져간다면 자신이 가져갈 수 있는 돌은 겨우 9999억 개 남아 있는 셈이다. 아직도 돌이 고갈될까 걱정인가?

하지만 내 돌은 볼품없다고요!
우리에게 충분히 많은 돌이 있음을 알게 됐음에도 다음과 같이 중얼거릴지 모른다. "그런데 내가 관심이 있는 돌은 다른 사람들에게는 읽을 가치가 없는 돌이에요."

학생 중 하나가 이에 대해 내 의견을 물어봤는데, 아마 내가 그것은 사실이 아니라며 반박하기를 기대한 것 같다.

하지만 나는 그렇게 반박할 수 없다. 사실일지도 모르기 때문이다. 그런데 사실이면 또 어떤가? 다른 사람에게 관심을 불러일으킬 만한 돌이 하나도 없는 글이나 책을 낸다고 가정해 보자. 최악의 경우 어떤 일이 일어날까?(잠시 읽기를 멈추고 생각해 보자.)

몇 년에 걸쳐 초안을 잡은 글들을 살펴보면, 그중 일부는 정말로 다른 사람의 관심 밖이었다. 그래서 어떻게 됐냐면 결과적으로 중요한 일은 하나도 생기지 않았다. 가끔 한두 군데 출판사에서 글을 거절하기도 한다. 때로는 우여곡절 끝에 출판을 해도 아무도 읽지 않는다. 또는 독자가 읽고 나서 별것 아니라고 한다. 그게 가장 좋은 결과일 수도 있는 이유는, 그러고 나면 뭔가를 배울 수도 있기 때문이다.

초보 작가 시절 아무도 내 글에 관심이 없으면 어쩌나 고민했지만, 그다음부터는 배운 바가 있어서 다음과 같이 말할 수 있게 됐다. "글은 종이에 적힌 낱말들일 뿐이야. 글은 글이지, 내가 아니야." 그러고는 다른 글을 쓰고, 쓰고, 또 썼다.

결국에는 그 '별 볼일 없는' 글을 되돌아보면서 사실 거기에 있는 돌은 내 자신에게도 흥미가 없는 돌이라는 사실을 깨닫게 됐다. 보통 마감 시간에 쫓기며 글을 쓰거나 다른 어떤 이유로 '뭔가'를 찾아내서 써야 한다는 의무감에 쓴 글들이었다. 굶주리다 보면 돌도 먹을 것으로 보이는 법이다.

  자연석 기법을 조금만 익혀도 커다란 돌 더미를 갖게 되어 허기를 느끼지 않는다. 뭔가 쓸 필요가 있다면 그 돌 더미에서 찾아 쓸 수 있기 때문에 바위를 스테이크나 치즈버거 따위로 상상할 필요가 없다. 비결은 모으고 또 모으는 데 있다. 출판하기 전에 미리미리 모아 두면 더욱 좋다.

모든 작가에게 가장 소중한 책

이제 세상의 모든 작가가 쓰고도 남을 만큼 돌이 충분하다는 말에 수긍할 테고 어떤 작가도 소재의 빈곤이 없을 테니 모든 작가가 가져야만 하는 절대 없어서는 안 될 책 한 권을 설명하려 한다.

  서두르라! 기회를 놓치기 전에 받아 적을 채비를 갖추라! 준비됐나? 자, 그럼 설명하겠다.

> 여러분의 글쓰기에 가장 중요한 책은 지금 이 설명을 받아쓰기 위해 방금 준비한 그것이다. 그것은 빈 공책일 수도 있고, 종잇조각일 수도 있고, 카드나 최신 디지털 기기일 수도 있다.

이 빈 공책은 돌 모으기 도구 중에서도 핵심 도구이므로 다음 질문에 답해 보자.

- 돌을 모으기 위해 공책을 들고 다닌 지 얼마나 됐나?
- 소극적 작가에서 적극적 작가로 바뀐 지 얼마나 됐나?

돌을 집어 드는 데 5초 이상 걸린다면, 특히 귀찮다고 아예 공책조차 들고 다니지 않는다면, 자연석 기법을 사용할 준비가 되지 않은 작가이다. 이 책을 읽는 것을 당장 그만두고 다음부터는 5초 안에 돌을 집을 수 있도록 채비하자. 그게 안 되면 자연석 기법은 포기하는 게 좋다.

1000만 명 중에 한 명 나올까 말까 한 완벽한 기억력을 지닌 사람이라서 보고 듣고 읽고 생각한 것을 모두 기억할 수 있다면 기록용 도구가 필요 없을 것이다. 자연석 기법을 이미 사용하고 있는 셈이다. 그런데 보통 사람들처럼 기억력이 평범하면서도 여전히 돌을 마음 또는 눈으로만 모으는 사람도 있다. 정신적인 돌 모으기는 나중에 더 언급하겠지만 어리석게 굴지 말기 바란다. 작가가 되고 싶다면 여러 가지 일을 적어두는 것을 습관으로 만들어야 할 것이다.

나는 외출할 때면 언제나 주머니에 손바닥만 한 크기의 메모지와 펜을 최소 두 자루 준비해서 가지고 다니기 때문에 어떤 돌에 반응한 순간 5초 이내로 돌을 적어 놓을 수 있다. 펜에 잉크가 떨어져서 에너지가 넘치는 돌을 놓칠 수도 있으므로 펜은 적어도 두 자루 들고 다닌다. 독서할 때에는 물론 앞서 내 일상에서 언급했던 실내 자전거를 탈 때조차 카드와 펜은 기본으로 갖추고 형광펜과 접착식 메모지까지 곁에 둔다. 그런 식으로 독서의 흐름을 끊지 않으면서 문장에 긋고 접착식 메모지로 표시해 둔다. 독서를 끝내고 나면 시간을 몇 분 내서 수집한 돌들을 컴퓨터로 옮긴다.

잠잘 때처럼 5초 규칙을 지키기 힘든 경우가 있다고 틀림없이 반박할 것이다. 그렇다. 지키기 힘들 때가 있다. 그러나 내가 모은 최고의 돌 중 몇 개는 꿈꿀 때 구한 것들이다. 예전에는 잠에서 깨면 모두 잊어버려 좌절할 때가 많았다. 그래서 요즘에는 침대 옆에 연필과 종이를 둔다. 펜 뚜껑을 열다가는 꿈에서 깨 버리기 때문에 연필이 좋다.

운전할 때 펜을 들고 글을 쓰는 것은 위험한 행동이다. 하지만 다음번

멈출 때까지 기다리자니 너무 오래 걸린다. 그래서 나는 조그만 녹음기를 차에 두고 길에서 본 일과 생각을 기록해 둔다. 녹음기가 갑자기 고장 나면 운전 중 글쓰기는 위험하므로 기회를 봐서 차를 길가에 세워 두고 그 돌을 집어 카드에 적어 놓는다. 휴대 전화 통화 가능 지역이면 나 자신에게 음성 메시지를 남기기도 한다.

아마 제일 처치 곤란한 상황은 수영할 때일 것이다. 30분 정도 수영을 하고 나면 간혹 기막힌 생각이 떠오를 때가 있다. 카드와 펜을 수영장 구석에 둔 적이 있는데 물이 튀어 영 쓸모가 없었다. 결국 특수 제작된 방수 판과 방수 펜을 사용하게 됐다. 방수 필기구를 수영장 구석에 준비해 두고 나서야 수영을 시작한다. 바다에서 수영할 때에는 아직도 속수무책이지만 다행히 뉴멕시코에는 바다가 없다.

명상 또한 처치 곤란한 상황이다. 수많은 아이디어가 명상 중에 떠오르지만 받아 적으려면 무아지경 상태가 깨진다. 기억하려고 애쓰는 것만으로도 무아지경 상태는 깨져 버린다. 그래서 명상할 때에는 멋진 돌을 놓치기도 하지만 워낙 많은 돌을 가지고 있으므로 그다지 개의치 않는다.

다른 사람과 대화 중에 돌 모으기

내가 가진 최고의 돌 중 몇 개는 다른 사람들과 대화하거나 밥 먹거나 놀던 중에 얻은 것이지만 경험이 부족하던 시절에는 그중 대부분을 놓치곤 했다. 대화 중에 돌을 모으려면 상대방을 잠깐이나마 방해하게 되는 게 쑥스러웠기 때문이다. 세월이 지나서는 "와, 그거 멋지네요! 적어 놔야겠어요!"라고 말할 수 있게 됐다. 거절하는 사람은 없었지만 그래도 모든 상황에 만족스러운 해결책은 아니었다.

예를 들면 일대일 컨설팅을 하는 내 직업상 에너지가 넘치는 돌을 만날 기회가 아주 많지만 고객과의 관계 때문에 기록하기 힘들다. 고뇌에 잠긴 고객을 눈앞에 두고, 메모지와 펜을 꺼내 들며 "와, 그거 멋지네요!"라며 환호하는 일은 적절치 못한 행동이다.

어떻게 하면 돌을 잃어버리지 않을까 골몰하다가 전미 독립 컴퓨터 컨설턴트 콘퍼런스에서 일대일 컨설팅 시연을 하면서 그 해답을 찾았다. 디어드리와 함께 무대에서 컨설팅 시연을 했는데, 그녀는 끝없이 낱말을 쏟아 내며 자신의 고민을 계속해서 중얼거렸다. 디어드리의 중얼거림을 따라가기가 매우 어려웠지만, 시연 후 청중에게 강조할 사항을 기억하는 데 집중하기로 마음먹었다.

마침내 디어드리도 숨을 쉬어야 했기에 잠시 멈춘 사이 손바닥 크기의 메모지를 꺼내 들고 "우리가 한 일을 청중에게 보일 수 있게 필기를 좀 해도 될까요?"라고 물었다. 이는 아주 자연스러운 상황처럼 보였는데 이런 상황이 의외로 많다는 사실을 나중에 알게 됐다. 한참을 고민한 끝에 나는 차이점이 뭔지 깨달았다. 아하! 나는 디어드리에게만 반응한 게 아니라 청중에게도 반응하고 있었다. 이번 경우는 무대였기에 디어드리와 청중 양쪽 모두를 배려해야 하는 모순된 상황이었다. 다행스럽게도 디어드리는 시연에 자원했기에 노트 필기를 반대할 이유가 없었다.

콘퍼런스 후에 필기해 둔 내용을 보면서 나는 한꺼번에 세 가지 일, 즉 디어드리를 돕고, 청중을 가르치고, 괜찮은 돌 몇 개를 모으는 일을 했음을 알게 됐다. 그날 이후로 일대일 컨설팅을 할 때마다 청중이 있든 없든 시작하기 전에 메모지를 눈에 띄는 곳에 둔다. 그리고 컨설팅을 진행하면서 에너지를 불러일으키거나 에너지가 보이는 것들은 무엇이든 받아 적었다. 그 메모 중 몇 개는 가치 있는 돌이 됐고 몇 개는 단지 인터뷰를 돌아볼 때 사용할 표지 정도가 됐다. 내 필기에 반대하는 사람은 아무도 없었다. 주저하는 것은 내 문제였지, 다른 사람의 문제가 아니었다.

그럼에도 안마를 받는 시간처럼 또 다른 극히 개인적인 상황에서는 여전히 곤란했다. 편안하게 안마를 받을 때면 수많은 멋진 돌이 마음속에 떠오른다는 사실을 알게 됐지만, 적절히 반응하지 못하는 상황이 너무나 괴로웠다. 꿈꿀 때에도 그랬지만 안마를 받을 때에도 편안함을 깨트리지 않으면서 돌을 줍는 방법을 몰라 많은 돌을 놓치곤 했다. 돌을 계속 놓치다가 어느 날 안마사 리처드가 특별히 '뜨거운 돌' 안마를 해 주었다. 뜨거운 돌 요법에 따라 리처드는 매끄러운 현무암 수석을 욕조에서 데운 다음, 통증이 있는 부위에 뜨거운 돌을 올려 두었다. 한 부분을 안마하는 동안 다른 부분은 돌의 열기를 천천히 흡수했다. 온몸이 치유되는 느낌은 말로 설명하기조차 힘들지만, 창의적인 생각을 이끌어 내는 데 탁월한 효과가 있다는 사실은 확실히 말할 수 있다.

뜨거운 돌 안마를 처음으로 경험한 뒤 몇 분 지나지 않아 마음에 휘황찬란한 돌이 떠올랐지만 꼼짝할 수가 없었다. 뜨거운 돌에 깔려 있는 상황은 차가운 돌을 모으는 데 도움이 되지 않는다. 그런데 옴짝달싹 못하게 된 상황이 역설적으로 완벽한 알리바이가 됐다. "리처드, 당신 요법을 받았더니 멋진 아이디어가 떠올랐는데 그걸 놓치고 싶지 않아요. 낱말 2개만 적어 줄래요?"라고 말했다. "2개만요? 당연히 써 드리죠. 그런데 왜 달랑 2개인가요?" "왜냐하면 두 낱말만 있어도 내 기억을 되살리기에 충분하고, 안마를 멈추는 시간을 최소로 하고 싶어서요."

그래서 리처드가 나 대신 돌을 적었고 나는 마지막 거리낌을 떨쳐 냈다. 지금은 친척들을 가득 태우고 운전할 때처럼 돌을 적어 둘 수 없는 경우에는 그냥 다른 사람에게 해 달라고 부탁한다. 물론 나를 포함한 다른 사람까지 필기하기 불편한, 자세히 설명할 필요까지는 없는 그런 상황이 여전히 남아 있다. 그러나 때때로 돌을 놓치는 것쯤은 괜찮다. 어마어마한 양의 돌이 여전히 남아 있기 때문이다.

✏️ 수집 연습

1. 잠시 읽는 것을 멈추고 빈 공책을 들고 산책을 하라. 어떤 돌을 발견했는지 알아보자.
2. 어떤 돌이 눈이나 귀, 코, 손가락에 자극을 주었다면 스스로 어떻게 반응하는지 관심을 기울여 보자.
3. 자신의 반응에 그다지 에너지가 넘치지 않는다면 그 돌은 그냥 넘어가고 계속해서 다음 돌을 찾아보자.
4. 반응에 에너지가 느껴진다면 공책에 적어서 주워 담는다.
5. 최소 3개의 돌을 모을 때까지 반복한다.
6. 이 연습을 몇 주간 매일 또는 최소 50개의 돌을 모을 때까지 반복하자.

✏️ 핑계 연습

1. 에너지 넘치는 돌을 주워 담기 힘든 상황을 생각해 보라.
2. 이제 어떻게든 그 돌을 주워 담을 방법을 3가지 이상 생각해 보라.
3. 돌을 줍지 못한다 해도 죽을 정도는 아니라는 이유 3가지를 생각해 보라.
4. 이제 각 방법을 시도해 보자.

Weinberg on Writing

5장

기존 작품에서 주워 담기

Recycling Stones from Literature

책에서 돌을 모으는 일은 스코틀랜드 오크니섬의 랙윅 해변에 가서 반들반들한 돌을 모으는 일과 비슷하다. 수없이 널려 있는 매끈한 낱말들을 그저 주워 담기만 하면 된다.(사진: 피오나 찰스)

"진정한 탐험이란 새로운 대륙을 발견하는 것이 아니라 새로운 시야를 여는 것이다.[1]
— 마르셀 프루스트

나도 다른 작가들처럼 오랜 시간 저작물의 들판을 거닐며 많은 돌을 모았다. 그중에는 저자들이 미완성으로 남겨 놓은 돌도 있었다. 또 잘 다듬어지기는 했지만 여러 가능성 중 한 가지 가능성만 드러난 돌도 있었다. 완전히 다른 문맥에서 쓸 수 있는 돌도 있었다.

비소설이나 에세이에서 모으기

이번 장을 연 프루스트의 문장은 내 친구 데이비드 어빈이 쓴 에세이에서 찾았다. 데이비드의 글을 읽다 문득 생각이 떠올라 이번 장을 준비하게 됐다. 이번 장을 쓰며 내 '시야'가 바로잡혀서 '보기'에 관련된 것들을 보고, '모으기'에 관련된 것들을 모을 수 있었다. 마치 프루스트의 문장이 책에서 뛰쳐나와 내 머릿속으로 거세게 파고든 느낌이다.

초안을 잡을 때 이 특별한 돌을 망설임 없이 초고에 집어넣었다. 그때에는 이번 장의 어디에 두어야 할지 몰랐다. 심지어 계속 두어야 할지, 말아야 할지조차 알지 못했다. 그저 이번 장과 어울려 보였을 뿐이다.

그 책에서 헬렌 켈러가 말한 다음 문장도 발견했다.

"안전이란 허튼 믿음이다. 세상에 존재하지 않을 뿐 아니라 인간으로 태어난 이상 온전히 경험할 수도 없다. 지금 당장 피하고 보는 게 위험에 부딪치기보다 안전하리란 생각은 길게 보면 착각에 지나지 않는다. 인생은 용감무쌍한 모험이 아니면 그저 공허할 따름이다."[2]

---

[1] D. Irvine, 《Simple Living in a Complex World》(Calgary, Alta.: RedStone Ventures, 1997) p. 55에서 재인용
[2] Ibid. p. 76

그때에는 헬렌 켈러의 문장이 돌 모으기에 관한 글은 물론 작문법 책에 쓰이리라고는 생각조차 하지 못했다. 선뜻 위치를 정하지 못한 프루스트의 문장에 비하면 다소 평범했지만 내 눈과 마음, 감정에 심오하고 진실되게 다가왔기에 망설임 없이 돌을 집어 들었다. 당시에는 그 돌을 어디에 써야 할지, 어떻게 분류해야 할지 도무지 판단이 서지 않았다. 그래서 일단 일반용 돌 더미에 던져두었다. 아마 언젠가 어느 돌담을 쌓을 때 쓰거나 어쩌면 인상 깊은 기억을 되살리는 개인적인 용도로 쓰거나 아니면 다음번 눈에 띌 때에는 인상 깊은 정도는 아니고 그냥저냥 괜찮은 돌이라 여길지도 모른다고 생각했다. 모아 두는 데 한밑천 드는 것도 아니니, 나중에 버릴지도 모를 돌을 쌓아 둔다고 걱정할 필요는 없다.

그리고 같은 책에서 아홉 살 먹은 어느 아이가 쓴 문장도 찾았다.

"모두가 할머니를 독차지하려고 야단이에요. 텔레비전이 없을 땐 특히 더해요. 한가한 어른이 할머니뿐이라서 그런 거예요."[3]

이 말은 에너지가 가득해 눈에 확 띄었는데 나 역시 (남자) 할머니로 지내고 있기 때문이다. 내게 할아버지 노릇은 쉽지 않다. 자라는 동안 본받을 할아버지가 없었던 탓이다. 그런 까닭에 올바른 할아버지가 되는 비결에 항상 촉각을 곤두세운다.

이 할머니 돌은 절대 쓰지 않을 돌의 예제로 써먹기는 했어도 실제 돌담을 쌓는 데 쓰리라고는 상상도 못했다. 그럼에도 할아버지가 손자들과 해변을 걷다 눈에 띈 예쁜 돌을 집듯이 이 할머니 돌을 집어 들었다. 그 돌은 여러 손자와 돌려보며 같이 감탄하고 즐길 만한 돌이다. 이는 비유를 조금 섞으면 실제 내가 한 일과 같다. 나는 그 할머니 문장에 "나

[3] Ibid. pp. 47-48

도 이렇게 됐으면 좋겠단다."라는 쪽지를 붙여 내 자식들과 손주들에게 차례로 보여 주었다.

바로 이런 식으로 책에서 돌을 줍는다. 어떤 돌은 지금 쓰는 원고에 딱 들어맞지 않더라도 시간 관계상 곧바로 집어넣어 버린다. 더러는 나중에 쓰는 책에 들어가기도 하고, 더러는 아예 쓰지 않기도 한다. 또 어떤 돌은 내 글에 들어가는 대신 다른 매체를 통해 세상에 알려져 잠깐이나마 즐거움이나 고통을 주기도 한다.

> ✏️ **수집 연습: 비문학 또는 실화집, 에세이**
> 1. 비문학 작품들을 읽으면서 각 장마다 돌을 하나씩 주울 수 있는지 알아보자.
> 2. 정해진 수만큼 줍지 못했다면 그 작품에 대한 느낌이 어떤지 살펴보자.
> 3. 돌을 모은 실적에 따라 작품을 평가해 보자.

난해한 고전에서 주워 담기

내 친구 데이비드가 쓴 책에서 돌을 3개 모았다. 별 생각 없이 읽은 것치고는 괜찮은 수확이다.

그러나 저작물의 들판으로 나들이를 갈 때마다 그만한 보상이 따르지는 않는다. 어떤 책은 나쁜 사례로 사용할 돌을 빼면 쓸 만한 돌이 거의 없는 경우도 있다. 여기 사례를 하나 보여 줄 테니 어떤 수를 써서라도 끝까지 읽어 보라. 하지만 읽기에 실패하더라도 내 책까지 그만 읽는 일은 부디 없기를 바란다. 다음에 소개하는 글은 '나쁜' 사례임을 명심하자.

> "신을 모독하는 소리가 세상에 점점 더 거세게 울려 퍼지고 그로 인한 고통 역시 하루하루 깊어만 가고 있으니, 혹여 선한 이들이 모두 모여 사력을 다해 이를 억제하고 구원을 갈망하는 가운데, 단 하나의

생각과 찰나의 시간과 어떤 방향이든 즉시적이고 불가항력적인 필요가 아닌 쪽으로 적으나마 노력을 요구하는 것이 정당하다면, 우리가 그로 하여금 관여하게 할 그 질문에 접근하는 것이 우리의 최소한의 의무가 될지니, 그의 습관화된 정신적 경향으로 그 질문을 다루도록 하고, 그의 열정도 유용성도 낭비되는 순간이 없기를 바라며, 이를 통해 기계적이고 무심하며 경멸스러워 보이는 것들조차 믿음과 진실과 복종이라는 신성 원칙의 이해 여부에 그 완벽의 경지가 달려 있음을 그에게 이미 보여 주었으니, 이야말로 그가 평생을 두고 성취해야 할 과업이라 할 수 있겠다."[4]

컴퓨터에 설치된 문체 분석기에 따르면 이 문장(원문)에는 낱말이 156개 있다. 독해 등급은 67등급인데 보통 고교 상급생이 읽는 수준이 12등급이다.[5] 이 문장의 '문장 가독성' 점수는 완전 빵점이라 읽기 너무 힘든 글이 아닌가 하는 내 의구심이 옳다는 사실이 입증됐다.[6] 따라서 문체만 놓고 보면 나쁜 예로 알맞은 돌을 구하지 않는 이상 이 돌은 절대로 주워 넣지 않을 돌이다.

장황한 문장을 읽으려 했을 때 이와 비슷한 경험을 한 적이 있었나? 기력이 소진되어 결국 읽기를 포기하거나 제대로 다시 읽기 위해 처음으로 되돌아간 적은 없었나? 이런 느낌이 든다면 에너지 원칙을 적용해야 한다. 문장을 읽을 때 드라큘라 백작이 생기와 피를 빨아 가는 것처럼 느껴진다면, 그 문장은 자신에게 적합한 돌이 아니다.

---

[4] J. Ruskin, 《The Seven Lamps of Architecture》(New York: Dover, 1880), p. 7, 한국어판 《건축의 일곱 등불》(고명희 옮김, 부북스, 2024)
[5] 독해 등급은 연무 지표(fog index)라는 용어를 쉽게 풀어 쓴 것이다. 연무 지표는 로버트 거닝이 지은 《The Technique of Clear Writing》 개정판(New York: McGraw-Hill, 1968)에서 가져왔다.
[6] R. Flesch, 《The Art of Readable Writing》(New York: Hungry Minds, 1976) 참고

이 무미건조한 문장을 애초에 왜 읽게 됐는지 궁금할 것이다. 사실 이 문장은 고전 작품, 특히 건축 관련 문헌 중에서 최고의 고전 중 하나로 꼽히는 존 러스킨의 《건축의 일곱 등불》 1880년도 판에 나오는 문장이다. 이 책에는 이와 비슷한 문장이 수백 개 정도 실려 있다. 내가 그 책을 읽었던, 아니 읽어 보려고 용을 썼던 이유는 소프트웨어 아키텍처에 관한 책을 준비하고 있었기 때문이다.

나는 러스킨의 견해에는 대부분 크게 비중을 두지 않지만, 그중 일부는 건축 분야에서 변치 않는 큰 가치를 지닌다. 건축, 즉 아키텍처에 관해 권위 있는 글을 쓰려면 러스킨의 책은 필독서라 최소한 한 번은 읽어 본 적이라도 있어야 한다. 그러나 러스킨에 대한 내 반응은 냉담했다. 당시 시대적 배경을 감안하더라도 그의 글은 지나치게 구체적이고 지나치게 수사적이다.

모르긴 해도 독자마다 돌을 찾기 위해 반드시 올라야 하지만, 오르자니 너무 고생스러운 산비탈과 같은 자신만의 러스킨 책이 있을 것이다. 용기를 내자! 자연석 기법, 그중에서 특히 에너지 원칙을 적용하면 이런 러스킨 책들은 힘들이지 않아도 쓸 만한 돌을 찾을 수 있는 평지로 바뀐다. 여러분은 그저 에너지가 빠져나가지 않는지 살펴보다가 빠져나간다 싶으면 다음 문장, 다음 단락, 다음 절로 건너뛰면 된다. 혹시 그 길을 따라 돌이 놓여 있다면 자연스레 눈에 띌 것이다.

덧붙이자면 처음 50페이지를 읽는 동안 돌을 하나도 못 찾는다면, 이 책은 끝을 내지 못하겠구나 하는 생각이 든다. 다시 말해 끝까지 읽기 싫다는 말이다. 그 대신 조용히 책을 덮은 후 폐품 상자에 던져 버리자. 이는 틀림없이 자연석 기법 덕분에 생긴 예상 밖의 수확이자 작가로서 명심해야 할 교훈이다!

> ✏️ **수집 연습: 의무적인 읽을거리**
>
> 1. 다음에 반드시 읽어야만 하는 책을 붙잡을 때에는 각 단원마다 돌을 하나씩 모을 수 있는지 살펴보자.
> 2. 끝까지 읽어 내기 힘들다면 앞에서 설명한 것처럼 건너뛰듯 읽으며 돌 몇 개만 주워 보자.
> 3. 특히 끝까지 읽을 가치가 없다는 생각이 들었을 때 스스로 어떻게 반응하는지 살펴보자. 중간에 책 읽기를 그만두는가, 아니면 끝까지 꾸역꾸역 읽는가?
> 4. 중간에 그만둔다면 정말로 읽기를 그만두는가, 아니면 마음속에 찝찝하게 남아 있는 귀찮은 집안일처럼 잠시 중단한 채로 내버려두는가?

소설에서 주워 담기

소설에서 돌을 줍는 것은 어떨까? 아직까지 소설을 쓴 적이 없는 내가 어떻게 소설에서 돌을 주웠을까? 최근 로비 제임스가 쓴 공상 과학 소설[7]을 읽으며 주운 문장을 보자.

> "젊은이들은 바보 같은 실수를 저지르는 것이 아니라 그저 젊은이다운 짓을 할 뿐이다."

왜 이 돌에 눈길이 갔을까? 꼬집어 말하기는 힘들지만 나는 실수에 대한 글과 기술 선도자를 길러 내는 데 대한 글을 많이 쓴다. 이 문장은 때가 되면 요긴하게 쓸 만한 돌이다. 로비 제임스 책에서 뽑아낸 또 다른 문장을 보자. 등장인물 중 하나가 성폭행에 대해 말하고 있다.

> "이건 성적인 문제가 아니야. 네 몸의 일부를 성적으로 다뤘을지도 모르지만…, 그 몸의 일부가 핵심인 상황은 아니었어."[8]

---

7 R. James, 《Commitment》(New York: Ballantine Books, 1997), p. 372
8 Ibid. pp. 421-422

성폭행에 관해 글을 쓸 일이 없을 텐데 무엇에 끌렸을까? 내가 문제를 정의하고 풀어내는 데 관한 글을 쓰는 건 확실하고, 문제를 정의할 때에는 단 한 가지 두드러진 특징을 잡아내는 방식이 일반적이다. 이 문장이야말로 이런 예로서 더없이 훌륭하고 에너지가 가득하다. 이 돌을 기술 서적에 쓸 일은 없어 보이지만 누가 알겠는가? 문맥에 맞게 다듬어 쓸지.

예가 하나 더 있다.

> "복잡한 시스템은 언제나 일부만 선택적으로 변경하기보다는 부수기가 더 쉽다."[9]

내가 복잡한 시스템이 어떤 식으로 구축, 유지, 파괴되는지 평생토록 관심을 두어 왔다는 사실을 아는 사람이라면 이 문장에 왜 끌렸는지 명확히 알 것이다. 이 문장을 보자마자 내가 예전에 썼던 문장과 같은 내용이라는 사실을 단번에 알았는데, 이토록 날이 선 듯 간결하게 쓸 수 있다는 사실에 충격을 받았다. 이 문장을 다른 곳에서 인용할 생각은 없지만, 내가 애타게 바라는 명쾌함의 귀감으로 삼았으면 한다.

수상 경력이 있는 소설가인 내 친구가 이 책 초고를 검토했는데, 시스템 파괴에 관한 문장을 보고서 에너지 원칙을 입증이라도 하듯 여백에 주석을 달았다. "광범위하게 응용 가능함. 무궁한 가능성이 있으며 특히 소설에 적합해서 등장인물이나 가족, 자연계, 국제 정치, 정부, 타고난 재능의 소유자, 정신적으로 불안정한 사람, 그 외 많은 곳에 적용하기 좋음." 이는 사람마다 느끼는 감정이 유사하다는 사실을 보여 준다.

그래서 소설가도 아닌 내가 소설에서 수집한 돌 3개를 여러분에게 보

---

[9] Ibid. p. 416

여 준 것이다. 소설 쓰기에 몰두했다면 그 책에서 자연에 대한 묘사나 매력적인 대화 또는 줄거리에 반전을 넣기 위한 돌을 더 모았을지도 모른다. 어떤 담을 쌓으려 하는지가 돌을 줍는 데 영향을 끼치고, 궁극적으로는 어떤 돌을 주웠는지가 쌓을 담의 종류에 영향을 끼칠 가능성이 크다.

> **✏️ 수집 연습: 소설**
>
> 1. 다음에 소설을 읽을 때에는 단원마다 하나씩 돌을 주울 수 있는지 살펴보자.
> 2. 또는 단편에서 돌을 2개 이상 모아 보자. 내 경험상 페이지당 실린 돌의 수는 장편보다 단편이 더 많았다. 특히 시에는 에너지가 넘치는 돌이 가득하다.
> 3. 주운 돌을 검토해 보고 각각의 돌에서 느꼈던 에너지를 다시 느낄 수 있는지 살펴보자.
> 4. 어떻게 하면 이 에너지를 쌓고자 하는 돌담에 불어넣을 수 있을까?

Weinberg on Writing

6장

표절 없이 수집하기
Stealing Stones Safety

돌덩이는 사방에 널려 있지만 작가가 아닌 사람들의 눈에는 그저 치워 버려야 할 골칫덩이로 밖에 보이지 않는다.(사진: 얼 에버릿)

"궁지에서 벗어날 묘책이 두 가지 있다. 빈자리에 꼭 들어맞는 길고 단단한 돌을 찾거나 재료를 다듬는 방법을 배우면 된다. 두 방법 모두 시간이 걸린다."[1]

표절과 창작의 갈림길

돌을 수집하는 기본적인 기법, 특히 5장의 주제인 기존 작품에서 수집하는 기법을 수업 중에 가르치고 나면 표절에 대한 질문이 으레 쏟아진다. 그래서 이 문제를 좀 더 다루어 보려 한다. 혹시 표절은 아닐지 조금이라도 꺼림칙한 생각이 든다면 법률 자문을 우선 구하라고 조언하고 싶다. 그러나 이제부터 소개하는 내용은 법에 대한 이야기는 아니고, 그저 경험으로 체득해 수년간 믿고 지켜 온 규칙일 뿐이다. 나는 여태껏 내 글을 표절한 사람과 얽혔던 일 말고는 표절로 고소 사건에 휘말려 본 적이 없다. 이제 그 사람 이야기를 해 보자.

언젠가 어느 컨설팅 회사 중역이 전 세계 고객에게 배포하는 회사 소식지에 기고문을 올리며 일이 터졌다. 그 기고문은 내 책《컨설팅의 비밀》중 어느 장의 일부분과 너무나 비슷했다. 실상인즉 3000개가 넘는 낱말 중에서 다른 낱말이라고 해 봐야 고작 셋뿐이었다.(내 기억이 정확하다면 그 세 낱말은 '그리고', '그러나', '또는'이었다.) 영락없이 표절이었다.

그 중역이란 작자는 한 글자도 빠짐없이 모두 자기가 창작했다고 우겼다. 결국 내가 베꼈다는 이야기였다. 그는 기고문 첫머리에 대서양 횡단 비행 중에 영감이 가득 차올라 그 글을 쓰게 됐다고 자랑을 늘어놓았다. 여행 날짜가 내 책이 출간되고도 수년은 더 지난 후였으므로 그 작

---

[1] C. McRaven,《Stonework: Techniques and Projects》(Pownal, Vt.: Storey Books, 1997), p. 4

자의 회사 변호사는 서둘러 합의를 봐야 했다. 그들은 터무니없이 적은 배상금을 물었다.

감정적으로 심한 상처를 받은 내가 그런 식의 배상으로 치유될 리 없었다는 점만은 짚고 넘어가야겠다. 내 마음속에 5장에서 소개한 로비 제임스의 돌이 떠올랐다. 성적인 문제도 아니었고 육체적인 문제도 아니었는데, 마치 내 몸의 일부가 더럽혀진 듯 느껴졌다. 육체는 전혀 상관이 없다는 사실로는 위안이 되지 않았다. 성폭행당한 느낌을 알 리 없지만 그와 유사한 폭력을 당한 느낌이었다.[2]

지적 폭행을 당하고 나서 다른 작가에게 절대로 상처 주지 말아야겠다고 다짐하게 됐다. 가령 컴퓨터 관련 서적을 쓰면서 동종 업계에 종사하는 동료 저술가의 글을 인용하게 되면, 그 글을 낸 출판사에 동의를 구할 뿐 아니라 사용에 대한 대가를 지불하곤 한다. '공정 이용'으로 간주되는 인용이라면 허락을 받거나 사례를 할 필요는 없다. 이때 '공정 이용'이라는 법률 용어는 허락이나 사례 없이 누구든지 사용할 수 있음을 일컫는다.

공정 이용인 줄 내가 어찌 아는가? 나도 모른다. 사실 누구도 모를 것이다. 당사자끼리 합의를 이끌어 내지 못하면 공정 이용인지 아닌지 법원에서 판가름해야 한다. 또는 학술 연구를 목적으로 하는 경우처럼 금전적인 이득을 취한 사람이 아무도 없거나 해당 법률이 마련되어 있지 않다면 표절에 대한 판단은 공동체 안에서 결정돼야 한다. 예컨대 표절자라고 낙인찍힌 대학교수가 사회적으로 출세를 하거나 지위를 얻고 유지하려면 꽤나 힘든 세월을 보내야 하는 식으로 말이다.

나는 공정 이용과 표절 간의 선을 넘지 않도록 최선을 다하는 한편,

---

2 5장에서 인용하면서 밝혔지만 다시 한번 로비 제임스에게 감사를 표한다.

언어를 자유롭게 사용할 권리가 있다는 점 또한 잊지 않는다. 이를테면 내가 좋아하는 모든 낱말은 하나씩 떼서 훔칠 수 있다. 낱말은 개인이 독점하는 것이 아니라 모든 이가 공유하는 것이다. 일례로 '표절'이라는 낱말을 찾다가 사전에서 우연히 '약탈자'라는 유의어가 눈에 들어왔다. 사전을 편찬한 사람이 그 낱말의 임자는 아니다. 내가 그 낱말을 쓰겠다고 해서 그들에게 사례를 한다거나 참조를 건다거나 쓰겠다고 알리거나 하지는 않는다. 이런 일로 내가 약탈자가 될 리는 없다.

정리하면 나는 낱말이 어디에 있든 상관없이 언제든지 훔칠 수 있다고 여긴다. 물론 에세이를 쓰면서 어떤 대상을 설명하려고 등록 상표를 사용한다면, 'Post-it®'처럼 반드시 상표권 표시를 붙여야 한다. 모르긴 해도 내 책을 맡은 편집자는 '접착식 메모지'처럼 범용적인 용어로 고쳐 쓰도록 권할 게 분명하다.

낱말 훔치기

나는 아버지에게서 낱말 훔치는 방법을 배웠다. 내 나이 네 살 무렵 거실에서 신문을 보던 아버지를 떠올리면 입가에 미소가 번진다. 아버지가 신문에서 훔쳐 주는 낱말들이 내 장난감이었던 걸 보면 이미 내게 읽기와 쓰기를 가르쳤음이 틀림없다. 나는 아버지가 보여 준 낱말 열 개를 하나씩 별도의 종이에 따로 베껴 썼다. 그리고 나서 아버지는 나와 함께 사전에서 낱말을 찾아 그 뜻을 읽어 주었다. 낱말의 뜻을 모두 듣고 나면 아버지에게 칭찬을 받으려고 그 낱말들을 사용해 이야기를 꾸며 보곤 했다. 아버지가 글쓰기에 대해 얼마나 많은 것을 알려 주었는지 이제 알 듯하다. 아버지에 대한 고마움을 다음 연습으로 대신한다.

> ✏️ **수집 연습: 낱말**
>
> 1. 내일은 빈 카드 열 장을 준비해 하루 동안에 읽거나 들은 낱말 중에 에너지 넘치는 낱말을 카드마다 하나씩 담아 본다.
> 2. 의미가 확실치 않은 낱말들은 뜻을 찾아본다.
> 3. 수집한 낱말이 열 개가 되면 적절히 배열해 글을 지어 본다.

글쓰기 수업 시간에 조를 짜서 이 연습을 해 보면 너나없이 재미있어 한다. 일단 각자 자신이 에너지를 느꼈던 낱말들을 뽑아 사람 수대로 카드에 나눠 적는다. 그런 다음 카드를 섞어 다른 사람들에게 한 장씩 나눠 주고 나머지 한 장은 자신이 갖는다. 자신이 받은 카드 패에 적힌 에너지 넘치는 낱말들로 글을 써서 다른 사람들에게 읽어 준다.

학생 열다섯 명과 수업을 하면서 내 카드에 적힌 낱말들로 작문한 글을 여기에 옮겨 본다.

> 흙벽돌로 만든 벽난로 곁에 쭈그리고 앉아서 땅콩과 옥수수 가루를 뿌린, 꿀처럼 달콤한 수박을 배불리 먹고 있는데, 내 콧소리 체계에 대한 주장에 늘 갖췄던 조화가 빠져 있었다. 그 대신 생기를 잃은 역병 같은 공허한 낱말들이 되어 잘못된 가정의 낭떠러지에서 미끄러지고 있었고 사실의 미묘한 흔들림 위에 서 있는 끈적끈적한 코뿔소처럼 터벅거리고 있었다. 능글맞고 사치스러운 나바호 인디언 친구 앨리스 밀크위드가 "험버그"라고 중얼거렸다. "자신의 하라를 찾아요." 그녀가 읊조렸다. "우주의 기를 받아들여요." 그녀가 흥얼거리자 내 덧없이 굳어 있던 두서없는 만담이 가벼운 포옹과 두 번째 초콜릿 덩어리 조각과 함께 따뜻하고 기운 넘치는 전체로 탈바꿈했다.

물론 이런 허접스런 글을 발표하는 일은 결코 없을 것이다.(끔찍한 글쓰기 사례라면 몰라도) 그러나 이건 직접 고르지 않은 돌로 연습 삼아 쌓은 돌담일 뿐이다. 글쎄, 돌담이라 하기에도 좀 그렇고 흥미로운 돌무더기쯤 되겠다.

비록 글은 끔찍하지만 방법만 놓고 보면 매력적일 뿐 아니라 강력하기까지 하다. 이것이 바로 낱말의 힘, 이른바 낱말 마법이다. 낱말 마법은 사람을 달래서 재우기도 하고 더욱 강력한 글쓰기 마법을 일깨우는 종소리가 되기도 한다. 닥치는 대로 낱말을 훔치라. 버리는 건 아무 때나 할 수 있다.

> ✏️ **수집 연습: 낱말 세탁**
>
> 낱말을 훔치고 나면 독자들이 훔친 흔적을 전혀 눈치채지 못하도록 몇 분간 그 낱말을 세탁해 자기 것으로 만들어야 한다. 낯선 낱말을 훔칠 때면 나는 인터넷에 들어가 다음과 같이 한다.
>
> 1. 낱말의 여러 가지 뜻을 정확하게 익힌다.
> 2. 어원을 알아본다.
> 3. 인용문 같은 데서 그 낱말의 용례를 찾아본다.
>
> 다음에 낱말을 훔칠 때에는 10~15분가량 이런 놀이를 하면서 자신의 낱말로 만들어 보자.

구절 훔치기

비록 출처를 밝히지 않으면 통째로 쓸 수 없는 문장일지라도, 5장에서 인용했던 복잡한 시스템 파괴에 관한 로비 제임스의 글에 나와 있듯이, 언제든지 구절을 '선택적으로 변경해서' 훔칠 수 있다. 하지만 만에 하나, 문장 전체 또는 그 이상을 합법적으로 훔칠 권한이 내게 주어진다

하더라도 개인적으로는 출처를 밝혀 고마움을 표하는 쪽을 택한다. 심지어 '비자아적 프로그래밍(egoless programming)'처럼 내가 직접 만들어 낸 구절이나 '비버깅(bebugging)'[3] 같은 신조어라도 마찬가지이다. 이는 저작권 문제를 처리하거나 작가에게 경의를 표하는 데 그치지 않고, 이렇게 에너지 넘치는 낱말을 어디서 찾을 수 있는지 궁금해하는 독자들에게도 좋은 길잡이가 된다.

> ✏️ **수집 연습: 구절**
> 1. 화창한 날, 빈 카드 열 장을 준비해 하루 동안에 읽거나 들은 구절 중 두세 낱말로 이루어진 에너지 넘치는 것을 골라 카드에 담는다.
> 2. 의미가 확실하지 않은 낱말은 뜻을 찾아본다.
> 3. 구절이 열 개 갖춰지면 적절히 배열해 글을 써 본다.

문장 훔치기

통째로 훔칠 생각이 없더라도 시작을 좀 더 수월하게 하기 위해서는 일단 통째로 훔쳐 내서 그 문장을 선택적으로 변경한다. 이런 식으로 흥미로운 문장 구조도 훔쳐 낸다. 예를 들어 앞서 인용했던 로비 제임스의 문장에서 시작해 보자.

> "젊은이들은 바보 같은 실수를 저지르는 것이 아니라 그저 젊은이다운 짓을 할 뿐이다."

이 문장을 이렇게 바꿔 봤다.

---

[3] (옮긴이) 프로그래머의 디버깅(debugging) 능력을 측정하기 위해 프로그램에 일부러 잘못된 코드를 삽입하는 것을 가리킨다.

초보자들은 바보 같은 실수를 저지르는 것이 아니라 그저 초보자다운 짓을 할 뿐이다.

표절이라고는 생각지 않지만 그래도 조금 더 안전하게 바꿔 본다.

초보자들은 바보 같은 실수를 저지르는 것이 아니라 그저 잘 몰라서 그럴 뿐이다.

아니면 다음과 같이 발상을 통째로 바꿔 본다.

초보자들의 무지를 꾸짖지 말라. 태어날 땐 누구나 무지하지만 그런 건 고치면 된다.

일반적으로 생각을 빌려 오는 것은 표절로 여기지 않는다. 수천 년 전 아리스토텔레스가 갈파했듯이 "세상에 똑같은 생각은 한두 번이 아니라 무수히 많이 등장한다." 정말이지 초보자들이 바보 같은 실수를 하는 것이 아니라는 생각을 아리스토텔레스가 안 해 봤겠는가.

> ✏️ **수집 연습: 문장**
> 1. 독서를 하면서 에너지 넘치는 생각이 담긴 문장을 적어도 3개 훔쳐 둔다.
> 2. 수집한 문장들을 검토하면서 어떤 에너지에 끌렸는지 확인해 본다.
> 3. 어떻게 하면 그 에너지를 앞으로 쓸 글에 불어넣을 수 있을까?
> 4. 수집한 문장들을 쓰고 싶었던 글에 맞게 하나씩 고쳐 본다. 이때 구조와 발상 위주로 문장을 변경하고 낱말은 너무 많이 남기지 않는다.

전문 절도범으로 나서기

도둑질로 명성에 먹칠을 하지는 않을까? 걱정도 팔자다.

물론 이웃집 정원에서 바위를 훔치면 안 되겠지만 낱말을 끊임없이 훔친다고 뭐가 문제가 되겠나. 글을 쓸 때 모든 것을 무(無)에서 창조해 낼 수는 없다. 문자까지 만들어 가면서 글을 쓰는 것이 아닐진대 진정 무에서 창조했다고 말할 수 있을까? 우리가 쓰는 언어를 자기가 발명하기라도 했다는 말인가? 분명한 사실은 글로 쓰인 것은 거의 모두 어딘가에서 훔쳐 온 것이라는 점이다.

심지어는 독창적인 글을 쓰고 있는 경우에도 잠재의식을 통해 기억 속에서 '원문'을 훔치고 있는지 모를 일이다. 문체도 예외가 아니라서 나도 앞의 두 단락에서 공격적인 주장을 펴면서 문체를 훔쳤다. 어디서 훔쳤는지 굳이 밝히지는 않겠지만 두드러져 보이는 문체가 내 '일반적인' 문체와 사뭇 다르다는 점을 독자들은 눈치챘을지도 모르겠다. 게다가 내 일반적인 문체에도 은연중에 훔친 문체가 내재되어 있었는지도 모른다.

당연한 이야기지만 독자들이 전문적으로 절도만 일삼지는 않을 것이다. 가끔 완전히 새롭고 차별화된 뭔가를 창작하기도 할 테고 심지어는 신조어 한두 개쯤 만들어 냈을 수도 있다.(하지만 장담하건대 신조어는 문제만 일으킨다.) 그러나 나는 '베껴 쓰기 금지'를 주입하며 '독창성'만이 값지다는 독창성 없는 이야기만 반복하는 학교 교육을 향해 일침을 가하는 글을 쓸 필요를 여전히 느낀다. 독자들도 자신이 낱말 도둑이라는 사실만큼은 잊지 말기를 바란다.

도둑질을 하지 않는 독자에게 채굴은 고되지만 정직한 작업이다. 그렇다고 해서 모든 돌덩이를 땅속에서만 파내야 하는 것은 아니다. 더러는 그냥 땅 위에 널려 있기 때문에 은근슬쩍 집어 오는 연습도 필요하다. 미국 특허청 웹사이트에서 가져온 다음 예시 문장처럼 상당수는 저작권이 없는 공개 문서이다.

"저작권은 작가가 자신을 표현한 독특한 방식을 보호해 줄 뿐 작품이 전해 주는 생각, 구조, 사실에 근거한 정보까지는 보호하지 않는다."

이 문장은 이번 장의 근간을 이루는 매우 유용한 정보로, 지금처럼 출처를 밝히기만 하면 그대로 옮겨도 전혀 문제가 되지 않는다.

다만 한군데서만 지나치게 우려먹는 일은 피해야 한다. 작곡가 톰 레어러 말마따나 한군데서 훔치면 표절이고 여러 군데서 훔치면 연구 조사다. 내 경우 노래를 인용하고 싶은 마음은 굴뚝같지만 가사는 결코 인용하지 않는다. 작곡가나 그 대리인이 엄청난 비용을 요구하고 게다가 그렇게 인용해서 쓴 저작물을 각종 권리 주장으로 꽁꽁 옭아매는 통에 숨이 막히기 때문이다. 그렇다고 걱정할 필요는 없다. 다음 연습에도 나오지만 공짜 바윗돌을 찾아낼 멋진 장소는 너무나 많다.

🖉 수집 연습: 대화

1. 다음번에 회의에 참석하거나 누군가와 점심 식사를 할 때 15분마다 돌 하나씩을 모을 수 있는지 시험해 본다. 일상적인 대화는 표절에 걸릴 수 없을 테니 돌 모으기 연습으로 제격이다. 그러나 혹시 대화를 인용하면서 화자를 밝히고 싶을 때에는 그 전에 미리 허락을 받는 편이 좋다. 더불어 글쓰기에 자극을 준 대화 상대에게 감사의 예를 표하는 것도 잊지 말아야 한다.
2. 수집품을 검토하면서 각 대화에서 어떤 에너지에 끌렸는지 확인해 본다.
3. 유능한 소설가들은 실제 대화에서 쓰인 낱말을 그대로 훔쳐 오는 일이 드문데, 지면에서는 실생활에서 쓰는 낱말들이 자주 가짜처럼 들리기 때문이다. 그래서 모아 놓은 돌에서 감성적인 에너지를 훔쳐 와서 새 낱말로 동일한 에너지가 전해지도록 대화를 맵시 있게 가다듬는다.
4. 변치 않는 에너지는 무엇이며 퇴색해 버린 에너지는 무엇인지 주목한다. 이 에너지를 쓰고 싶은 글에 어떻게 불어넣을 수 있을까?

5. 자신의 작품에 쓰려고 훔친 후 모양을 바꾼 돌들도 결국 훔친 돌이라는 생각에 불편한지 주목한다. 생각에 영향을 끼친 사람에게 감사를 표한다면 마음이 한결 나아지겠는가? 그렇게 해야 마음이 놓인다면 그렇게 한다.[4]

✏️ 수집 연습: 학회

1. 다음에 학회에 참석할 때에는 가져올 돌의 목표치를 정한다.
2. 한 발표장에서 목표치를 충족하기 어려워지면 다른 발표장으로 옮기라는 신호로 보면 된다.
3. 수집품을 검토하면서 각각의 돌에서 어떤 에너지에 끌렸는지 확인해 본다.
4. 수집품으로 학회에 대한 보고서를 쓸 수 있을지 살펴본다. 어쩌면 출간이 가능하거나 적어도 상사나 동료에게 보여 줄 수는 있을 것이다.

✏️ 수집 연습: 아무 때나

이번에는 자신이 무엇에 끌리는지 알아내는 법을 배우는 연습이다.

1. 지금부터 한 시간 동안 빈 카드 다섯 장에 주의를 끄는 다섯 가지 소재를 적는다.
2. '일상적인' 활동을 하면서 이 연습을 한다.
3. 다음에는 평상시에 하지 않는 특별한 일을 하면서 이 연습을 해 본다.
4. 무엇을 수집했는지 살펴보고 두 경우의 수집품을 비교한다. 유사점과 차이점을 종이에 적어 둔다.

---

[4] 이 다섯 번째 단계는 몇 년 전 여름에 존 스즈키와 나눈 사적인 대화에서 착상했다. 이렇게 언급하고 나니 기분이 훨씬 좋아진다.

✏️ 수집 연습: 자연에서

따지고 들어가면 모든 바위는 결국 자연에서 온다.

1. 공원이라도 좋으니 자연을 거닐거나 여행을 하면서 주의를 끄는 소재 몇 가지를 모아 본다.
2. 낱말로 제한할 필요는 없다. 사진을 찍거나 소리를 녹음하는 방법도 좋다. 물론 자연석 돌담을 찍는다면 더할 나위 없다.
3. 수집품이 얼마나 풍부하고 다채로운지 확인한다.
4. 여행에서 돌아오면 수집한 소재를 꺼내 탁자에 올려놓거나 바닥에 펼쳐 놓고 배열하면서 놀아 본다.
5. 소재 중 절반을 걷어 내어 본다. 그렇게 하고 난 다음에 자신의 감정에 주목하고 그런 감정을 불러일으킨 돌들을 기록한다.

Weinberg on Writing

7장

다양한 수집 도구

Tool to Assist Your Gathering

에너지 넘치는 자연석 수집에는 사람의 눈이 최상의 도구이다. 낱말 수집에는 귀 역시 좋은 도구이다.(사진: 키츠 키어시)

"쓰지도 않을 바위를 든답시고 무게 추를 더하는 것은 어리석은 짓이다."[1]

이 석공의 조언을 처음 읽었을 때에는 낱말이나 그림, 관념 같은 것으로 이루어진, 무게를 잴 수 없는 돌 수집에는 적용하기 어렵겠구나 싶었다. 그러나 좀 더 읽어 보니 다른 돌에 비해 무거운 돌이 있는 것처럼, 그런 무거운 돌을 손쉽게 들어 올리고 운반하는 도구들이 있다는 사실을 알게 됐다. 좋은 돌을 모으고 싶다면 "이야, 완벽한 돌이군. 한데 들어 올리는 건 무리겠어."라는 말을 입 밖에 내서는 안 된다. 그래서 나는 낱말이라는 돌을 모으면서부터 낱말을 들어 올리고 운반하는 수고를 제법 덜어 주는 도구도 함께 모으고 있다.

컴퓨터 프로그래밍 분야에서 초창기에 큰 인기를 끌었던 내 첫 책은 워싱턴 D.C. 공립 도서관의 클리블랜드 파크 분관에서 주로 집필했다. 아직 학교에 들어가지 않은 꼬마 네 명이 소란을 피우는 집에 비하면 매우 조용하다는 점이 이 도서관의 큰 장점이었다. 물론 타자기를 쓰지 못하고 개인용 컴퓨터는 발명되기 한두 세대 전이었던 터라 방대한 분량의 초고를 손으로 직접 써야 했다. 그뿐 아니라 돌 더미를 여기저기 끌고 다녀야만 했는데, 실제 돌 더미가 아니라 종이 더미에 불과하더라도 무겁기는 매한가지였다. 인격 수양에는 이만한 연습이 없기는 하지만 작가로 성공하겠다고 원고를 손으로 모조리 쓰겠다든지, 배낭 2개에 원고를 가득 채운 채 끙끙거리며 짊어지고 다닌다든지 할 생각일랑 접어 두는 편이 좋다. 물론 그게 체질이라면 굳이 말리지는 않겠다.

---

[1] C. McRaven, 《Stonework: Techniques and Projects》(Pownal, Vt.: Storey Books, 1997), p. 21

컴퓨터

휴대용 매킨토시 컴퓨터 없이 책을 쓰는 일은 상상하고 싶지도 않다. 나는 거의 어디를 가든 매킨토시를 가져가서 조용히 작업한다. 문서 편집기, 여러모로 쓸모 있는 도구, 진행 중인 원고, 모든 돌 더미가 그 속에 담겨 있다. 배낭 2개보다는 훨씬 가벼우면서도 필요하면 곧바로 쓸 수 있는 돌과 연장이 두루두루 갖춰져 있다. 물론 매일 밤 빠짐없이 자동으로 내용물의 사본을 만들어 둔다. 컴퓨터에 든 자료를 복사해 놓지 않아 낭패를 보는 작가는 멍청한 사람이다. 복사본을 만드는 일은 도구를 사용하는 데 따르는 비용인 동시에 일종의 보험이다. 꾸준히 정기적으로 이 비용을 치를지 아니면 재앙이 닥칠 때 몰아서 치를지는 선택하기 나름이다.

수첩과 펜

사실 장소 불문하고 휴대용 컴퓨터를 들고 다니지는 않지만, 수첩과 펜 두 자루 정도는 항상 지니고 다닌다. 어떤 이들은 내가 셔츠 주머니에 수첩과 펜을 넣고 다니는 걸 보고 괴짜라고 놀려 댄다. 그러나 놀려 대는 사람치고 책을 쓴 이는 못 봤다. 나에게는 멋진 구절이나 재치 있는 생각이 머리에서 떠나기 전에 바로 적어 두겠다는 목표가 있다.

형광펜과 접착식 메모지

수첩과 펜을 꺼낼 때에는 오케이 목장의 와이어트 어프가 권총을 뽑듯 부드럽고 날렵하게 꺼내지만 가끔 너무 산만할 때가 있다. 예컨대 책을 읽을 때 독서삼매(讀書三昧)가 깨지는 것을 좋아하지 않아서 형광펜과 접착식 메모지를 사용해 글귀에 간략하게 표시해 두고 계속 읽어 나간다. 공공 도서관이 소장한 책에 형광펜을 사용하는 짓은 예의에 어긋나니,

그냥 접착식 메모지를 붙여 두었다가 옮겨 적을 때 해당 구절을 찾아본다. 왜 거기에 표시했는지 생각나지 않으면 어쨌든 엄청나게 멋진 돌은 아니었을 거라고 뱃심을 부려 본다. 밑져야 본전이다. 항상 그렇듯 형광펜으로 칠할지, 그대로 놔둘지 가늠하는 척도는 에너지다.

잡지에서 괜찮은 자료를 찾았을 때에는 해당 쪽을 말끔히 뜯어내 나중에 베껴 쓸 수 있도록 한쪽에 모아 둔다. 내 오랜 친구인 바버라 화이트는 자기 소유의 문고판 서적에서 지면을 뜯어내기도 하지만, 나는 책 훼손에 관한 나만의 규칙을 결코 어겨 본 적이 없다.(나는 형광펜을 칠하는 것 정도는 책을 훼손한다고 생각하지 않지만, 주위에서는 더러 그리 생각하기도 한다. 그런 이들은 형광펜을 칠할 엄두를 못 낸다.) 나는 비록 문고판 서적은 그다지 아끼지 않지만 그래도 자선 단체에 기증하거나 친구들에게 나눠 주기를 매우 좋아하다 보니 접착식 메모지 쪽을 선호한다.

타자 기술

이렇게 찢어 내고 강조 표시를 하고 붙인 모든 것을 컴퓨터 파일에 옮겨 적음으로써 글쓰기에 관한 거대한 돌 더미를 비교적 짧은 시간에 쌓을 수 있다. 요즘에는 허리에 부담을 주지 않으면서도 대부분의 돌을 컴퓨터로 옮겨 주는 휴대용 스캐너가 있지만, 한번 써 보니 나에게는 별반 도움이 되지 않았다. 아마도 나는 타자기 시절을 잊지 못하는 고집불통 노인네일 게다. 그래서 내 방식을 마땅히 추천하지는 못하겠다. 그렇더라도 오늘날 대부분의 작가에게 타자 기술은 기본 도구에 해당한다.

스캐너를 안 쓴다고 해도 별로 아쉽지 않은 데는 내 타자 속도가 아주 빠른 이유도 있다. 물론 처음부터 그렇지는 않았다.

타자를 처음 배울 때에는 속도가 심하게 느려서 분당 10단어를 밑돌았다. 때는 1949년 오마하 센트럴 고등학교에 다니던 시절로 거슬러 올라간다. 시험 점수는 형편없었는데 놀랍게도 타자 과목은 낙제하지 않았다. 나는 그 반에서 유일한 남학생이었는데, 그 과목을 가르치던 월스턴 선생님의 설명을 들어 보면, 내 노력을 가상히 여겨 점수를 후하게 준 측면도 있었고, 다른 남학생들이 그 선생님 수업에 얼씬도 하지 않을까 봐 신경을 쓴 점도 있었다. "게다가 타자할 일이 그리 많지도 않을 거야."라는 말씀도 하셨다.

묘하게도 꼬리표가 붙어 버리면 그 꼬리표에 맞춰지게 마련이다. 1949년부터 1982년까지, 스스로를 타자가 서툰 사람이라고 생각했다. 나는 분당 100단어를 오타 없이 정확히 치는 내 비서 주디 쿡을 경외의 눈으로 바라보곤 했다. 어느 날, 그녀가 타자를 막 마친 내 저서 목록을 전해 주려고 내 사무실로 들어왔다. 마침 내가 한창 타자를 하는 중이라 그녀는 끝마칠 때까지 서서 기다려야 했다. 마침내 내가 고개를 들자 그녀는 말했다. "타자가 엄청 빠르시네요."

어리둥절했다. 주디는 태생적으로 누구를 비웃거나 하는 사람은 아니었지만, 내 눈에는 분명 빈정대고 있는 것처럼 보였다.

"타자를 제대로 못 한다고 놀리는 건 정치적으로 옳지 않아." 내가 퉁명스럽게 말했다.

"놀리려는 게 아녜요." 그녀가 대답했다. "정말 빠르세요."

"거짓말! 난 분당 10단어도 못 친다고."

"설마요." 그녀는 방금 끝낸 내 저서 목록을 앞에 들고 흔들며 말했다. "1분에 10단어도 못 친다면서 이 책들은 다 어떻게 쓰신 거죠?"

"글쎄…." 나는 우물거렸지만 여전히 의심이 가시지 않았다. 그녀는 비공식 타자 시험으로 내 타자 속도가 분당 120단어 이상이라는 걸 밝혀냈다. 1949년 고등학교 시험이 내 실력을 제대로 평가하지 못했다는 생각이 들게 됐다. 어쨌든 월스턴 선생님의 예상은 완전히 빗나갔다. 1949년에서 1982년까지 33년 동안 줄기차게 타자를 해야 했으니 어쩌면 그것이 연습이 되어 조금씩 발전했나 싶기도 하다. 그리고 또 어쩌면 과학 기술도 한몫했는지 모른다. 먹지를 다섯 장이나 끼운 상태로 매번 오타가 날 때마다 지우개 판을 써서 지워야 하고 몇 낱말 치지 않았는데도 엉켜 버리는 투박한 기계식 타자기는 더는 쓸 일이 없기 때문이다. 학교에서 타자 시험을 봤을 때에는 교정하지 못해 틀린 철자들 때문에 분당 10단어는 제해야 했다. 그렇게 보면 나는 타자에 있어서 특이한 존재였던 것은 맞지만 조금은 특별한 종류의 특이함이었다.

독자들도 자신을 위해 비범한 타자 기술을 습득하기를 바라 마지않는다. 내가 그랬듯 쓰고, 쓰고, 또 쓰는 고전적인 방법도 활용해 볼 수 있겠다. 이 말은 작가에게 언제나 훌륭한 조언이다. 그러나 컴퓨터를 사용한다면 타자 연습 프로그램 같은 새로운 도구의 이점을 누릴 수도 있다. 타자를 해 본 경험이 없거나 서툴다면 타자 연습 프로그램을 아무거나 한번 사용해 보는 것도 좋다. 내가 이용하기는 많이 늦었지만 내 학생 중 상당수가 타자 연습 프로그램을 사용해 며칠 만에 두세 배 정도 타자 속도가 빨라졌다. 무거운 짐을 옮기느라 허리 휠 염려가 없으니 얼마나 다행인가.

그 밖의 기술적 도움

범상치 않은 타자 실력 덕분에 많은 분량의 돌을 옮겨 적을 때에도 스캐너를 쓸 필요는 없지만, 돌이 너무 클 경우에는 별도 도구 사용을 고려해 본다. 최근에는 음성 인식 소프트웨어 몇 개를 시도해 봤다. 음성 인식 소프트웨어는 타자가 힘들거나 불가능한 사람들에게 큰 도움이 된다. 비록 내게 그다지 쓸 만한 도구로 보이지는 않지만 프로그램은 계속 좋아지고 나는 점점 늙어 가니 독자들이 이 글을 읽을 때쯤이면 나도 사용하고 있을지 모를 일이다.

휴대용 녹음기는 운전하면서 이따금 썼는데 요즘은 거의 사용하지 않는다. 그러나 다른 작가들에게는 제법 잘 맞는 훌륭한 도구로 쓰이기도 한다.

나는 가지고 다니지 않지만 PDA나 휴대용 디지털 기기도 일부 사람들에게는 매우 유용하게 쓰인다. 현재 사용 중인 과학 기술의 이기(利器)에 만족하는 편이라 최첨단을 달릴 욕심은 없다. 그러나 어떤 장비를 사용할 수 있는지 알아보는 일과 사람들이 저마다 자신에게 가장 잘 맞는 장비를 찾아내는 모습을 지켜보는 일은 즐겁다.

인터넷

산더미처럼 쌓여 있는 온갖 잡석을 뒤져야 하지만 인터넷에는 훌륭한 돌이 가득하다. 내가 즐겨찾기 해 놓은 사이트 중에는 사전과 백과사전이 있고, 인물의 이름을 지어 줄 때 제격인 전화번호부와 아기 이름 짓기 같은 다양한 서비스도 있다. 인터넷은 클립아트와 사진의 보물 창고이며, 나 역시 주변 세계를 찍는 디지털 카메라를 가지고 있다. 때로는 일회용 카메라로 찍은 사진을 디지털 형태로 변환하기도 한다. 나는 그때그때 필요에 맞게 사용할 수 있는 사진 편집 소프트웨어와 그림 그리기 소프트웨어를 여럿 가지고 있다. 이 소프트웨어들을 자주 사용하지는 않지만 필요할 때면 요긴하게 사용한다.

다른 유용한 인터넷 서비스로 프로젝트 구텐베르크(https://www.gutenberg.org)가 있는데, 이곳에서는 저작권이 만료된 고전을 자유롭게 받을 수 있도록 자원봉사자들이 원문을 입력하고 있다. 긴 글을 컴퓨터 화면으로 읽는 것을 그다지 좋아하는 편은 아니지만, 이따금 힘들여 찾아서 입력하고 검토까지 해야 하는 긴 글을 만나면 여기서 간단히 복사해 넣는 것으로 끝낸다.

인터넷은 타자로 입력하거나 힘들여 찾는 시간을 절약하는 데 좋지만 책 형태로 담아 두기에는 너무도 빨리 변한다. 즐겨찾기 해 둔 유용한 사이트가 수십 군데도 넘지만, 여기서는 검색 결과가 얼마나 광범위한지 느낄 수 있는 사이트 하나만 더 소개하고 넘어가겠다. 인용문을 찾는 중이라면 정리가 잘된 참고 사이트들이 꽤 있다. 내가 좋아하는 곳은 *http://www.stkate.edu/library/guides/speeches.html*[2]인데, 이곳은 세인트 캐서린 대학 도서관에서 운영하는 사이트로, 다른 사이트에 보관되어 있는 대통령 취임 연설부터 세계 각지 여성의 여권(女權) 운동 관련 연설과 기사까지 모든 것이 망라된 방대한 연설문 목록을 제공한다. 또한 바틀렛의 친숙한 인용문부터 '선물 같은 연설: 세계 여성들의 연설'에 이르는, 유사 이래 여성들이 했던 말들에 대한 인용문 링크도 함께 들어 있다.

혼자서 광활한 인터넷을 모두 정복하겠다는 객기를 부리지 말기 바란다. 그 대신 전자 우편을 통해 작품에 대해 조언해 줄 사람들과 돈독한 유대 관계를 맺어 두는 것이 좋다. 나도 그와 같은 유대 관계를 다수 맺으면서 관심 가는 돌들을 공유하고 있는데, 그러다 보면 흥미로운 웹사이트 URL 같은 상위 수준의 돌(meta-stone)을 비롯해, 흥미로운 여러 가지 돌을 공유하게 된다.

참조 달기

나는 공식적인 참조에 사용할 문헌 정보는 의회 도서관에서 수집한다. 얼마 되지는 않지만 내용을 일일이 찾아서 정확한지 확인하려면 여간

---

[2] (옮긴이) 사이트 개편으로 현재는 *http://web.archive.org/web/20060307074539/www.stkate.edu/library/guides/speeches.html*에서 예전 목록을 확인할 수 있다.

성가시지 않다. 그러나 내가 꼬박꼬박 낸 세금으로 운영되는 의회 도서관인 만큼 열심히 이용해야 하지 않겠는가?

참조용 저작 목록을 받을 때에는 시장에서 경쟁 중인 여러 가지 쓸 만한 제품[3] 가운데 엔드노트(*https://endnote.com*)라는 소프트웨어를 사용한다. 내게 있어 엔드노트는 대략 1000개 가까이 모아 둔 저작 목록을 처리하는 데 특화된 돌 더미이다. 참조라는 돌은 형태가 특이해서 엔드노트를 통해 특별히 다뤄 줄 필요가 있다.

엔드노트는 골칫거리인 참조 형식을 알아서 처리해 준다. 내가 사용하는 버전의 엔드노트 양식 관리자에는 1186가지 다양한 참조 형식이 들어 있다. 혹시 그걸로 부족한 경우에는 출판사가 요구하는 양식을 새로 작성해서 추가하면 된다.

책 한 권의 참조 정보를 다수의 출판사 양식에 맞추는 방식에 대한 사례로, 내가 쓴 책 중에서 다양한 분야에 두루 활용되는 《An Introduction to General Systems Thinking》을 가지고 살펴보겠다.

전기전자공학자협회(IEEE)에서 발행하는 잡지에서는 다음과 같은 형식으로 참조를 단다.

> [1] G. M. Weinberg, *An Introduction to General Systems Thinking:* Silver Anniversary Edition. New York: Dorset House, 2001.

『사이언스』에는 반드시 다음과 같이 참조를 달아야 한다.

> 1. G. M. Weinberg, *An Introduction to General Systems Thinking:* Silver Anniversary Edition (Dorset House, New York, 2001).

---

3 (옮긴이) 동종 소프트웨어 목록은 영문판 위키백과 'Comparison of reference management software' 참고

차이라고 해 봐야 사소해서 대괄호를 쓸지, 마침표를 쓸지, 출판사 세부 사항을 괄호 안에 넣을지 말지, 쌍점(:)을 쓸지, 쉼표를 쓸지, 연도 순서와 출판 지역은 어떻게 할지 정도이지만 잡지 편집자들은 형식이 다른 원고는 퇴짜를 놓고 형식에 맞춰 다시 제출하라고 강권한다. 나도 시달려 봐서 잘 안다.

『American Anthropologist』에서 내 책을 참조하려면 다음에 나온 것처럼 이름을 다 쓰고 구두법도 조금 달리 써야 한다.

> Weinberg, Gerald M.
>   2001 An Introduction to General Systems Thinking: Silver Anniversary Edition. New York: Dorset House.

『Administrative Science Quarterly』에 이렇게 참조를 달아서 제출하면 받아 줄지 모른다고 생각하겠지만, 편집자는 연도 앞에 들어간 들여쓰기가 못마땅해 다음처럼 요구할 것이다.

> Weinberg, Gerald M.
> 2001 An Introduction to General Systems Thinking: Silver Anniversary Edition. New York: Dorset House.

『Biological Psychiatry』는 전혀 다른 형식을 요구하는데 이름의 머리글자에는 마침표를 달지 말고, 성을 머리글자와 구분하기 위해 쉼표를 넣지 말아야 하며, 연도는 괄호 안에 넣고, 제목은 이탤릭 글꼴로 처리해야 한다.

> Weinberg GM (2001): *An Introduction to General Systems Thinking: Silver Anniversary Edition*. New York: Dorset House.

이처럼 끝이 없다. 형식에 맞춰 책에다 참조를 다는 일이 불합리해 보인다면, 논문 참조를 형식에 맞춰 다는 방법은 참고 보기 어려울 테니, 독자들을 배려해 그냥 넘어가야겠다. 이런 식의 사소한 차이가 성가시기는 하지만, 그 덕분에 영문학 전공자에게는 무수히 많은 일자리가 생긴다. 게다가 작가 괴롭히기야말로 모름지기 편집자의 사는 낙이니 이런 형식들이 없어질 가망은 요원해 보인다.

다행히 엔드노트를 사용하면 글에다 다음과 같이 입력해 놓기만 하면 된다.

[Weinberg, 2001 #726]

그러고 나면 어떤 간행물이든 엔드노트가 이 표시를 알맞은 형식으로 알아서 바꿔 준다. 예전에는 처리하지 못하던 문제들을 단번에 해결해 주는 걸 보면 기술이란 게 실로 굉장하다는 생각이 들지 않는가?

> ✏️ **수집 연습: 인터넷 참고 자료**
> 1. 등장인물에 붙일 이름을 찾을 수 있는 사이트를 3개 이상 찾아낸다.
> 2. 글에서 설정으로 쓰일 만한 장소를 제공하는 사이트를 3개 이상 찾아낸다.
> 3. 인용문이 있는 사이트를 3개 이상 찾아낸다. 온라인 서점을 눈여겨볼 만한데 이런 곳에는 저자가 했던 좋은 말들을 인용해 놓는 경우가 많다.
> 4. 저작에 도움이 될 만한 주제가 실려 있는 사이트를 3개 이상 찾아낸다.

> ✏️ **타자 연습: 수시로**
> 타자에 숙달되기 전이라면 개인용 컴퓨터에 타자 연습 프로그램을 설치하고 분당 10단어씩만 더 칠 수 있도록 속도를 끌어올려 보자. 이렇게 하면 한 시간에 600단어를 더 칠 수 있다. 하루에 한 시간씩 일 년에 200일가량을 친다고 하면 12만 단

어를 더 칠 수 있는데 이는 책 두 권과 맞먹는 분량이다.

타자를 할 수 없다면 음성을 문자로 변환해 주는 소프트웨어를 구해서 분당 10단어만큼 변환 속도를 끌어올린다.

🖉 수집 연습: 강조하기

일부 학생은 지나치게 많은 '책 훼손' 관련 규칙을 정한 탓에 형광펜 사용을 반대한다. 이와 같은 금기 사항을 지켜야 한다면 자신이 정했든, 공공 도서관에서 정했든 간에 규칙을 어기지 않으면서도 돌을 모을 수 있는 방법을 만들어 본다.

Weinberg on Writing

8장

기억에서 수집하기

Gathering Fieldstones from Memory

정말 중요한 돌은 한번 쳐다보거나 앉아만 봐도 오랫동안 기억에 남는다. 뉴멕시코주 페코스 마을에 소재한 마초 캐니언 교회 외벽은 100년도 넘은 것으로, 교회 묘지에 점점이 놓인 또 다른 종류의 기념할 만한 돌들을 둘러싸고 있다.(사진: 대니 와인버그)

"소중한 것은 잊히지 않는다."
— 해리 와인버그

지금까지 돌을 모으는 데 쓰는 다양한 도구를 살펴봤지만, 정작 가장 중요한 도구는 마지막까지 미뤄 두었다. '글쓰기'에 대해 상상해 보라고 하면 사람들은 대부분 책상에 들러붙어 앉은 채 머릿속에서 쥐어짜 낸 소재를 종이나 컴퓨터 화면에 옮겨 적는 모습을 떠올린다. 하지만 머릿속에서 소재를 쥐어짜 냈다면 애초에 그 속에는 어떻게 들어갔다는 말인가? 오래전에 이런 농담이 있었다.

질문: 대학 강의란 게 뭘까?
대답: 교수의 공책에서 학생의 공책으로 인식의 과정 없이 글자들이 이동하는 체계적인 과정이지.

어떤 것이든 글로 적으려면 인식의 과정을 거쳐야 한다. 반면에 기억이란 세상에 태어난 다음부터, 어쩌면 어머니 뱃속에 있을 때부터 우리의 머릿속에 축적된 온갖 소재다. 두뇌는 최고의 수집 도구로서 여타 도구와 마찬가지로 사용 설명서만 갖춰지면 다루기가 한결 수월해진다.

기억

직업이나 취미의 소산처럼 일부 수집은 별다른 노력을 들이지 않아도 저절로 이뤄지고는 한다. 이런 종류의 수집은 이 책에서 앞서 다뤘던 기법들을 활용하면 확실하게 연마할 수 있다. 하지만 갓 시작한 일이나 취미에서 수집하고 싶다면 어떻게 해야 할까? 해법은 자신의 기억 속에서 그러모으는 것이다.

기억에는 자동 에너지 반응기라는, 다른 데서는 찾아보기 어려운 멋진 기능이 있다. 글의 소재로 삼을 돌을 떠올릴 때마다 그 돌에 담긴 의미 있는 무언가가, 어쩌면 잠재의식으로만 느낄 수 있는 에너지가 추억과 함께 되살아난다. 소재가 기억 속에 이미 자리 잡고 있으므로 남은 일이라고는 그저 당시의 사연, 말, 장면 또는 그 외의 무언가를 충분히 상기시켜 주는 기억 속의 작은 돌조각 하나를 끄집어내기만 하면 된다. 그러고 나면 이내 그 돌조각은 커져서 커다란 돌 더미로 변한다.

이번 장을 집필하던 어느 날 밤, 하던 일을 접고 잠을 좀 청해 보기로 했다. 원고는 한쪽에 치워 두고, 아니 내 딴에는 치웠다고 생각하고 졸음을 쫓으며 하루를 정리했다. 침실로 들어서는데 일곱 살 적, 그러니까 지금으로부터 60년이 넘는 예전에 일어났던, 기억에 관한 이야기가 문득 뇌리에 떠올랐다.

잠이 쏟아져 만사가 다 귀찮았지만 그래도 '해리 킹'이라는 이름만은 붙잡고 싶었다. 수첩에 그 두 낱말을 적으면서 내일 날이 밝으면 모든 이야기가 또렷해지리라고 자신했다. 그리고 실제로 그렇게 됐다. 기억해 낸 이야기는 다음과 같다.

때는 1940년, 대니얼 분 초등학교 2학년생들이 '지능' 검사를 받고 있었다. 일곱 살짜리가 심리 검사를 알 턱이야 없었겠지만 쉽고 재미있는 검사는 나를 사로잡았다. 기억력 검사만 빼고 말이다. 기억력 검사는 샐리 화이트, 조셉 비어드, 해리 킹 등 이름 20개를 2분 동안 암기하도록 짜여 있었다. 그런 다음 1분을 기다렸다가 종이를 뒤집고 외워 둔 이름을 그대로 되뇌어야 했다.

재미라고는 눈곱만큼도 없는 멍청한 놀이였다는 느낌이 아직도 생생하다. 종이를 뒤집으면 20개를 죄다 찾을 수 있는데, 뭐 하러 알지도 못하는 스무 명의 이름을 외워야 하는 걸까? 당연한 이야기지만 내 무관심은 검사 결과로 나타났다. 정확히 기억해 낸 이름은 기껏 2개뿐이었고 결국 "기억력이 엉망이구나."라는 심한 소리를 들어야 했다.

글쎄, 어쩌면 내 기억력이 엉망일지도 모르지만 60년이 넘었어도 그 말과 그 말투와 그래서 내가 울컥했던 것까지 하나도 빠짐없이 기억이 난다. 그리고 정확하게 알아맞혔던 이름 2개 중 하나였던 해리 킹 역시 잊지 않았다. 해리는 아버지 이름이라서 기억했고 아버지 하면 곧바로 왕이 떠올랐기 때문일 테다. 그와 같은 연상으로 그 이름 주위에 알 수 없는 힘이 감돌면서 60초 동안 이름을 기억하도록 도왔고, 그렇게 60년 동안 뇌리에 남았다.

이제 심리 검사에 대해 좀 더 많이 알게 된 나로서는, 이 이야기에서 조금 다른 결론을 이끌어 낸다.

- 기억에는 여러 종류가 있다.
- 1940년대나 오늘날이나 심리학자들은 장기 기억을 온전히 평가할 방법이 없다.
- 나는 에너지를 불러일으키는 것에 대한 장기 기억을 타고났다.
- 내게 중요하지 않은 것들을 망각하는 능력도 타고났다.
- 나는 다른 사람들이 정해 놓은 제약에는 크게 의미를 두지 않는다.

촉발 기제

내게는 '해리 킹'이란 낱말이 소중한 기억을 촉발하는 기제 역할을 하지만, 다른 사람들에게는 별다른 의미가 없을 것이다. 아마도 해리 트루먼이 좀 더 많은 사람의 기억을 촉발하는 낱말일 테고, '헤어리 레그스(털이 덥수룩한 다리)'가 그보다 좀 더 나은 촉발 기제일 것이다. 내 책 《컨설팅의 비밀》에서 나는 컨설팅 업계를 대상으로 촉발 기제를 활용하는 방법을 심도 있게 다뤘다. 그 방법은 바로 감자튀김 원리에 담겨 있다.

청중이 누군지 파악하고 나면 촉발 기제를 심어 두기는 어렵지 않다.[1]

안타깝게도 작가는 컨설턴트보다 청중을 파악하기가 훨씬 까다롭다. 하지만 영 불가능하지만도 않다. 애초에 불가능한 일이었다면 책으로 성공한 작가는 존재할 수가 없고, 그 대신 편지로 성공한 작가만 있어야 한다. 상대방의 사적인 촉발 기제를 작동시키는 방법을 알아낼 수 있는 것은 오직 편지를 쓸 때만 가능할 테니까.

촉발 기제는 크게 힘들이지 않고도 커다란 에너지를 이끌어 낸다. 따라서 자신을 촉발시키면서 동시에 다수의 독자까지도 촉발시킬 돌을 찾아내는 데 에너지 원칙을 사용하면 된다. '해리 킹'이란 이름은 사적인 촉발 기제에 불과하지만, 그로부터 끌어낸 에너지를 바탕으로 좀 더 보편적인 촉발 기제를 사용함으로써 글에 에너지를 더하는 것이 요령이라 하겠다. 내 이야기에서 좀 더 보편적인 촉발 기제를 끌어내 보자.

> 1940, 대니얼 분, 초등학교, 2학년, 지능 검사, 일곱 살, 심리 검사, 쉽고 재미있는, 암기하다, 종이를 뒤집고 기다리다, 되뇌다, 지루한 놀이, 눈곱만큼도 재미없는, 낯선 사람의 이름, 검사 결과, 무관심, 중얼거렸다, 심각하게, 기억력이 꽤나 형편없구나, 말투, 60년이 훌쩍 넘은, 아버지 이름, 아버지는 왕과 다름없었다.

촉발 기제만으로도 이야기가 거의 다 엮인다. 덧붙일 낱말이라고 해 봐야 그저 전환 어구나 문법 구조를 맞추는 문장 기호 정도이다. 그런 것들은 꼭 필요하기는 해도 이야기에 특별한 힘을 부여하지는 않는다. 다른 이야기들을 살펴봐도 낱말들이 함께 어우러지게 함으로써 힘이 실리

---

1 G.M. Weinberg, 《The Secrets of Consulting: A Guide to Giving & Getting Advice Successfully》(New York: Dorset House Publishing, 1985), p. 93

기도 하고, 촉발 기제가 되는 낱말들을 단순하게 나열만 함으로써 힘이 빠지기도 한다. 돌담을 쌓는 일은 양질의 돌 더미를 모으는 일에 비해 훨씬 더 많은 기교가 필요한 일이지만, 좋은 돌 더미를 모으는 일이 훌륭한 출발점이라는 사실에는 변함이 없다.

> ✏️ **수집 연습: 에너지 탐색**
>
> 1. 특별히 마음에 드는 글을 찾아본다. 감동을 유발하거나 에너지를 불러일으키는 문장을 하나 고른다.
> 2. 골라낸 문장에서 촉발 기제 효과를 주는 낱말과 구절을 뽑아내 목록으로 만든다.
> 3. 특별히 마음에 들지 않는 글을 찾아본다. 감동을 유발하지 못하는 데다 에너지마저 떨어뜨리는 문장을 하나 고른다.
> 4. 골라낸 문장에서 촉발 기제 효과를 주는 낱말과 구절을 뽑아내 목록으로 만든다.
> 5. 2단계와 4단계에서 만든 목록을 비교한다.

이 연습은 좋은 돌을 모을 때에도 제법 쓸 만하지만, 모아 놓은 돌로 쓴 문장을 평가할 때에도 제값을 한다. 얼마 전 소통에 관한 책에 어울릴 만한 돌을 찾던 중 우연히 다음과 같은 원고지 한 장 분량의 문단을 발견했다. (경고: 다음은 나쁜 예이다.)[2]

> "조직 체계를 갖췄을 때 얻을 수 있는 가장 효과적인 측면은 소통 방법이 생긴다는 데 있다. 적합한 능력을 갖춘 직원이 조직의 소통에 대한 책임을 맡아야 한다. 이 담당자는 소통 과정을 이행해야 하고

---

[2] 솔직히 말해 형편없는 내용을 인용하느라 저작권료까지 내고 싶지는 않았기 때문에 이 단락은 책 몇 권에서 짜깁기했다.

아무런 제약 없이 다양한 기술 영역을 지원하는 방법론을 제공해야 한다. 이 담당자는 소통 방식을 명료하게 제시해야 한다. 전달 내용의 목적이 조직이 초기 상황에 최우선권을 주고 있음을 대상자들에게 납득시키는 것이라면, 대변인은 이것을 강조해야 하고 상황에 따른 어떤 형태의 지원도 제공할 준비를 해야 한다."

이 문단이 가치 있는 돌일까? 플래시 문장 난이도 평가법으로 따지면 이 문장은 전에 인용한 러스킨의 문장만큼 조악하지는 않다. 하지만 품질을 측정하는 다른 방법들도 있는데 과잉 함축(overabstraction)이 의미 전달과 이해에는 최악이란 전제를 두고 있는 코엔 혼탁도 지수(Cohen Cloudiness Count)도 그중 하나다.

코엔이 제시한 절차에 따라[3] 혼탁도를 측정하기 위해 정확히 낱말 100개를 표본으로 추출해 '~성, ~학, ~화' 등으로 끝나는 모든 추상 명사와 '분야, 측면, 기반, 개념, 요소, 지원, 체계, 단위' 등 모든 일반 명사의 수를 세 봤다. 거기서 그치지 않고 모든 추상 동사와 일반 동사의 수도 산출했다. 컴퓨터 업계에서 내가 주로 사용하는 동사들은 시제 불문하고 '달성하다, 작용하다, 허용하다, 구현하다, 포함하다, 수행하다, 준비하다, 요구하다, 제공하다' 등이 있다. 이렇게 측정한 결과는 코엔 혼탁도로 표현한 이해 가능도가 된다.

코엔 혼탁도에는 다음과 같은 등급이 있다.

    0~2: 매우 명료함
    3~4: 대체로 명료함
    5~6: 대체로 명료하지 못함

---

[3] G. Cohen, D.H. Cunningham, 《Creating Technical Manuals》(New York: McGraw-Hill, 1984)

7~8: 매우 명료하지 못함

9~10: 허튼소리에 가까움

11 이상: 이해 불가

앞에서 발췌했던 원고지 한 장 분량의 문단은 혼탁도가 거의 30에 육박했다! 숫자 계산 없이 문장에서 감성적인 촉발 기제를 걸러 내 봤는데 결과는 크게 다르지 않았다. 하나라도 건져 보겠다고 쥐어짜 봤지만 간직하고 싶은 돌은 하나도 없었으니(쓸 만한 형편없는 예제를 건져 내기는 했다), 제아무리 깎고 다듬는다 한들 부질없는 일이었다.

기억력 검사

앞으로 코엔 혼탁도 지수를 일일이 제시하지 않을 생각이므로 책을 읽는 동안에 과잉 함축 여부를 알고 싶을 때에는 손수 세 보기 바란다. 사실 이 측정법은 자기가 쓴 글을 검토할 때 유용한 방법이다. 여기서는 그냥 내가 쓴 해리 킹 이야기와 소통에 관한 문장을 비교하는 것으로 대신하려 한다. 두 문장을 다시 들춰 보지 않고 각 문장을 얼마나 기억해 낼 수 있을까?

 이 간단한 기억력 검사를 백 번도 넘게 해 봤는데 소통에 관한 문장을 더 많이 기억해 낸 사람이 아직까지는 없었다. 이 문장은 이해하기 어려울 뿐더러 기억하기도 어려워 굳이 숫자를 들이대지 않더라도 누구든 단번에 우열을 가릴 수 있다.

 "이 문단은 제가 기억을 잘 못 하겠네요."라고 말할 수 있을 것이다. 아니면 "이 문단은 기억하기가 쉽지 않군요."라고 표현할 수도 있겠다. 좀 더 정확하게 말하자면 "제 기억 구조에서 이 문장을 기억할 만한 가치가 있다고 여기지 않는군요."라고 할 수 있을 테다. 마지막으로, 내가 이 문장을 검사해 본 결과를 아는 사람이라면 "이 구절이 기억하기 쉽다는 사람은 거의 없다고 봐야죠."라고 대답할 수도 있다.

기억력 자극하기

다음은 어느 날 아침 누군가 익명으로 내게 보내 준 전자 우편에 담긴 인상적인 이야기이다.

> "젊은 시절, 위대한 작가가 되겠다는 포부를 밝히고 다니던 사내가 있었습니다. '위대하다'는 게 대체 뭐냐는 질문에 그는 '난 세상 모든 사람이 읽게 될 글을 쓰고 싶습니다. 사람들을 뼛속 깊은 곳까지 전율케 하는 글 말입니다. 사람들이 고통과 분노로 비명을 지르고 울부짖고 절규하는 그런 글 말이죠.'라고 답했습니다. 그는 지금 마이크로소프트에서 오류 메시지를 작성하고 있답니다."

사람들의 마음을 흔들고 싶지만, 그렇다고 마이크로소프트에서 오류 메시지를 작성하고 싶지는 않다면, 다른 사람들도 인정할 만큼 인상적인 소재를 기억 속에서 불러오는 법을 익혀야 한다. 그러려면 자기가 하는 말을 틈틈이 귀담아들어 봐야만 한다. 열정적으로 이야기하고 있을 때에는 열정적인 자신의 모습을 포착해 보자. 가까이에 휴대용 녹음기가 준비되어 있지 않다면, 촉발 기제 공책에라도 적어 두어야 시간이 지나더라도 다시 불러낼 수 있다.

    그러나 홀로 우두커니 앉아서 백지를 뚫어져라 보며 인상적인 소재를 어떻게든 생각해 내야 한다면? 그때에는 무엇이 기억을 촉발시키는지 감을 잡을 필요가 있겠다. 일반적인 촉발 기제들은 시간, 장소, 소리, 경치, 감정, 촉감, 미감, 후감, 사람의 행동 등이다. 촉감, 미감, 후감 같은 경우는 돌 더미에 쌓아 두기가 쉽지 않지만, 사진첩이 촉발 기제 역할을 훌륭히 해 줄 수 있고, 더불어 음악 자료도 한몫을 톡톡히 해 준다. 어쩌면 프루스트가 그랬듯 뭔가 먹을 것으로 인해 기억이 떠오를지도 모른다. 누가 알겠는가. 그저 준비만이 상책이다.

다음 연습을 따라 해 보면서 무엇이 자신의 기억을 손쉽게 불러일으키는지 확인해 보자. 잘 배워 두면 앞으로 글을 쓸 때 기억 속에 담긴 소재를 떠올리는 데 도움이 될 것이다.

> ### ✏️ 수집 연습: 기억 촉발 기제 발견
>
> 이번 연습에서는 다양한 시작 구절로 촉발되는 일련의 기억을 글로 써 본다. 각자 특정한 촉발 기제를 끄집어내야 할 텐데 예제를 하나씩 미리 들어 놓았으니 참고해 가면서 하면 된다.
>
> 1. **시간:** 여덟 살 무렵에 학교 운동장에서 어느 뚱보 소년이 목을 매고 자살했다.
>   **연습:** [특정 시점을 넣고] 무렵에…
>
> 2. **장소:** 텍사스주 러벅시 하면, 절친한 친구인 론의 소개로 러벅에 살던 그의 사촌 나탈리를 만난 기억이 떠오른다. 그녀는 텍사스식 키스 방법을 가르쳐 주었고 그 덕분에 텍사스는 내게 환상의 도시가 됐다.
>   **연습:** [특정 장소를 넣고] 하면… 기억이 떠오른다.
>
> 3. **소리:** 모차르트의 〈포스트호른 세레나데〉를 들을 때면 탱글우드에 처음 갔던 기억이 나는데, 그 생각을 하면 아내와 내가 처음으로 함께했던 기억이 떠오른다. 그 이후로 40년 넘게 우리는 함께하고 있다.
>   **연습:** [특정 음악을 넣고]을(를) 들을 때면…
>
> 4. **경치:** 돌로 지은 집을 볼 때면 그린리프가(街) 모퉁이에 있던 대저택이 생각난다. 그 집에 홀로 살던 할머니는 핼러윈이면 후하게 인심을 썼다. 그랬는데도 나는 그 할머니가 《헨젤과 그레텔》에 나오는 마귀할멈은 아닐까 두려워했었다.
>   **연습:** [특정 시각적 이미지를 넣고]을(를) 볼 때면…

5. **감정:** 우울해질 때마다 어머니가 팡고를 유기견 보호소에 넘기고는 팡고가 달아났다고 우리를 속였던 일이 생각난다. 팡고를 살리기에는 너무 늦었다고 어머니가 실토하기 전까지 꼬박 3일 동안 동네를 샅샅이 뒤지고 다녔다.
   연습: [어떤 감정을 넣고] 생각이 들 때마다...

6. **촉감:** 우리 개 스위티를 쓰다듬을 때마다 나는 세인트루이스 공항에 있는 수화물 관리소에서의 추억이 아련히 떠오른다. 그곳은 스위티를 처음 만난 곳으로 모든 관리소 직원이 30분가량 일은 뒷전인 채로 지켜볼 만큼 스위티는 재롱을 잘 떨었다.
   연습: [어떤 촉감을 넣고]을(를) 느낄 때마다...

7. **미감:** 빨간 무를 씹을 때마다 제네바 호숫가에 인접한 구스타브 아도흐에서 옆 탁자에 앉아 빨간 무에 버터를 바르는 어떤 사람을 물끄러미 바라보던 봄날이 생각난다. 따라 해 봤다가 이제는 그의 식습관이 내 몸에 뱄다.
   연습: [어떤 미감을 넣고]을(를) 맛볼 때마다...

8. **냄새:** 다진 간 요리 냄새가 날 때마다 사촌 결혼식에서 반지를 넘겨주지 않으려고 생떼를 쓰던 기억이 되살아난다. 네 살배기가 어른들을 얼마나 요리조리 피해 다녔던지 결혼식이 잠깐 동안 중단됐었다.
   연습: [어떤 독특한 냄새를 넣고] 냄새가 날 때마다...

9. **사람:** 아버지와 함께 있을 때 할 말이 없거나 말을 꺼내기 좀 거북한 일이 있으면 우리는 항상 시카고 컵스 야구단을 화제에 올렸다.
   연습: [어떤 사람을 넣고]와(과) 함께 있을 때...

10. **행동:** 카누 타는 생각이 들 때마다 에그 크리크에서 함께 노를 저으며 내려왔던 갓 약혼한 남녀 한 쌍이 생각난다. 그들의 약혼이 여행 기간보다 먼저 끝날 줄이야.
    연습: [어떤 행동을 넣고]을(를) 하는 생각이 들 때마다...

11. 이제 자신에게 맞는 촉발 기제로 해 보자.

> ✏️ **수집 연습: 촉발 기제 섞기**
>
> 이번 연습은 앞에서 소개한 촉발 기제들로 크게 재미를 못 봤을 때 해 보면 효과적이다. 둘 이상의 촉발 기제를 섞어 무한히 많은 가짓수로 시도해 보는 것이 비법이라면 비법이다.
>
> 1. **시간과 냄새:** 겨울에 커피 향기를 맡을 때면 톰의 아내가 나에게 비사교적이라고 핀잔을 주며 나를 꼬드겨 커피를 마시게 하던 때가 생각난다. 크림과 설탕을 듬뿍 넣고 시도해 봤는데도 소용없었다. 나는 여전히 한 모금도 삼키기가 버거운데, 몸을 따뜻하게 덥히는 용도로 마시려 해도 마찬가지이다.
>   **연습:** [촉발 기제 2개를 섞어 넣고] 때면…
> 2. 다양한 조합으로 열 번 이상 연습해 본다.
>
> 노파심에서 하는 말인데 에너지 넘치는 기억이 떠오르면 붙잡아서 돌 더미에 모아 두는 일을 잊지 말자. 제아무리 기억력이 뛰어나더라도 회상이 안 될지 모른다. 다른 일을 한동안 중단할 필요까지는 없겠지만 적어도 촉발 기제 낱말 몇 개를 잡아 놓지 않으면 다시는 생각나지 않을지도 모른다.

Weinberg on Writing

9장

어울리지 않는 글 솎아 내기

Discarding Stones That Don't Fit

가진 돌을 모조리 써 버리겠다는 미련을 버리지 않으면 볼품없고 부실한 돌담을 면하기 어렵다. 여기 어느 교회의 돌담을 살펴보면 상단을 안정감 있게 눌러 줄 큰 돌들을 아껴 두지 않고 중간에 다 써 버리는 바람에, 끝에 가서는 잔돌만 잔뜩 써서 틈새를 메우는 식으로 마무리했다. 당연한 결과로 상단과 측면은 콘크리트로 일부 마감을 해야 했다. 글쓰기도 마무리에 쓸 소재를 제대로 남겨 놓지 않으면 이와 마찬가지 결과가 나온다.(사진: 대니 와인버그)

"실제 사용하는 양보다 세 배 정도 돌이 더 있어야 한다."(쓰고 남은 돌로 다른 작업을 시작할 마음이 들지도 모른다.)[1]

다음과 같이 시작하는 조리법이 있다.

1. 잘게 썬 양파 1과 1/2컵을 준비한다.
2. 무염 버터 약 100그램을 두르고 노릇해질 때까지 양파를 익힌다.
3. 양파를 건져 내서 버린다.
4. 버터를 담아낸다.

이렇게 해서 만들어진 버터처럼 내 작품에도 건져 내서 버린 양파 맛이 배어 있다. 사실 손질을 마친 글에는 창작 과정의 흔적이 거의 남지 않는다. 게다가 그 창작 과정이라는 것도 대부분은 무엇을 버릴지 결정하는 작업이다. 이 책에 나온 낱말은 모두 다른 말로 다섯 번 정도는 바꿔 보고 나서 정한 것들이다. 그렇지만 내가 남겨 둔 낱말에는 솎아 내어 버린 낱말들의 맛이 신기하게도 고스란히 배어 있다. 양파처럼 맛을 돋우는 재료는 지식 습득 과정의 일부이다. 이런 재료는 완성된 작품에 풍미를 더한다. 풍미용 양파를 건져 내지 않고 남겨 두면 개도 먹지 않는 요리가 되어 버리니 과감히 건져 내는 게 좋다. 사실 이 경우는 돌 쌓기에 비추어 생각하는 편이 더 낫다. 요리에 썼던 양파를 오랫동안 보관해 두기는 어려워도 쓰고 남은 돌은 언제까지나 보관해도 괜찮으니 말이다. 따라서 쓰고 남은 돌에 애착이 가면 그대로 간직하면 된다.

---

[1] C. McRaven, 《Stonework: Techniques and Projects》(Pownal, Vt.: Storey Books, 1997), p. 4

뗏목 이고 다니기

비단 돌뿐 아니라 낱말들도 두고두고 보관할 수 있지만, 그렇게 하는 데는 장점뿐 아니라 단점도 있다. 옛날부터 전해 내려오는 나그네와 뗏목에 얽힌 선가(禪家)의 이야기를 음미해 보자.

> "홀로 길을 떠난 나그네가 급물살에 다리가 떠내려간 개울가에 다다랐다. 헤엄칠 줄 몰랐던 나그네는 건너갈 엄두가 나지 않자, 여러 날을 머물면서 지니고 있던 단도로 나무와 넝쿨을 베어 뗏목을 만들었다. 그러고는 단단히 묶은 튼튼한 뗏목을 타고 불어난 개울을 무사히 건넜다. 맞은편 기슭에 닿자 나그네는 생각했다. '훌륭한 뗏목이야. 다음에 다른 개울에서도 쓸모 있겠어.' 그러고는 죽을 때까지 그 뗏목을 이고 다녔다."

유용한 낱말이나 구절, 인용문을 발견했다고 해서 죽을 때까지 이고 다닐 필요는 없다. 글을 쓰기 시작할 때 써 둔 낱말이라고 해서 꼭 글을 끝마칠 때까지 그 자리에 남겨 둘 필요도 없다. 버려야 할 낱말들은 책은 물론 장, 문단, 심지어 문장에서도 맨 앞부분에서 발견되는 일이 빈번하다. 다행스럽게도 이 문제에는 해답이 있는데 도널드 고즈와 함께 집필했던 내 다른 책 《대체 뭐가 문제야?》[2] 머리말에 실려 있다.

> **머리말**
> 문제: 머리말을 읽는 사람이 없다는군.
> 해결책: 머리말을 1장으로 부르세.
> 해결책으로 인한 새로운 문제: 1장이 지루하다는군.
> 다시 내놓은 해결책: 1장은 빼 버리고 2장을 1장으로 하세.

---

[2] 제럴드 와인버그, 도널드 고즈, 《대체 뭐가 문제야》(인사이트, 2013)

자연석 기법은 처음부터 시작하라고 요구하지 않는다. 그러나 우리는 《이상한 나라의 앨리스》에 나오는 왕처럼 "맨 처음부터 시작해야 해."라고 스스로 닦달하고 있는지도 모른다. 심지어는 본론에 들어가기 전에 하는 말들이 겉도는 것이 뻔한데도, 나 자신부터 그런 말들로 시작해도 모르는 척 넘어가는 경우가 흔하다.

첫 아이 크리스가 처음으로 진찰을 받을 때 우리 부부는 일곱 쪽에 걸친 증상 목록을 소아과 담당의에게 건넸다. 의사가 목록을 쭉 훑어보더니 소견을 말했다. "안타까운 말씀이지만 큰아이를 포기하셔야 할지도 모르겠습니다."

크리스를 포기하지 않기로 한 것은 정말 잘한 결정이었다고 생각하지만 지금까지 글을 써 오면서 첫 낱말을 지워 버리고 후회해 본 적은 아직 없다. 1장에서 시작하는 집착을 여전히 버리지는 못했지만 그다음 장부터는 더 이상 번호를 매기지 않는다. 그렇게 하니까 첫 번째 장을 버릴 때 해야 할 일이 많이 줄었다.

제목을 뽑을 때에도 비슷하다. 풋내기 작가들은 종이를 펼치기 무섭게 글의 제목부터 달고 본다. 글도 쓰지 않았는데 제목이 뭐가 될지 어떻게 알 수 있다는 말인가? 반면에 출판사는 항상 편집 과정의 마지막 단계에서 제목을 다시 정해 주기를 원한다. 그래서 난 아무런 애착도 느끼지 않는 임시 제목을 늘 사용한다. 이 글을 쓰고 있는 시점에 이 책의 임시 제목은 단순히 '자연석'이었다. 독자들이 이 책을 손에 들고 보게 될 때쯤이면 제목이 어떻게 변해 있을지 나 역시 궁금하다. 그렇다고 귀중한 글쓰기 시간을 허비해 가며 고민하고 싶지 않다.

신중히 첫발 내딛기

볼 게 많은 뉴멕시코주에 들른 적이 있다면 암굴 거주지 몇 군데는 구경

해 봤을 것이다. 거주지 아래 바위 표면에는 손과 발을 짚도록 구멍을 파 놓았다. 방어 수단으로 파 놓은 구멍 사다리들은 교묘하게 꾸며져 있어서 길을 잘못 들어선 침입자는 반쯤 올라가다 함정에 빠지게 되고, 이러지도 저러지도 못하는 그 위치에서 손쉬운 표적이 되고 만다. 기억 속에서 최상급 돌을 찾아내는 촉발 기제 연습을 몇 차례는 시도해 봤을 텐데, 행여 촉발 기제로 인해 길을 잘못 들어서는 바람에 반쯤 가다 막혀 버린다면 어떻게 해야 할까? 이번에는 허술하게 시작한 문장에서 빠져나오는 데 도움이 되는 연습을 해 볼 차례이다.

> ### ✏️ 연습: 새로운 시작
>
> 쓰고 있던 글 중에서 잘 풀리지 않는 문장을 하나 선택한다. 낱말들을 가지고 그 문장을 조몰락거리지 말고 그냥 지워 버린다. 내용은 같되 시작하는 낱말을 달리해서 전달하고자 하는 생각을 다른 문장으로 얼마만큼 써 보자. 다음과 같은 예문을 들어 살펴보자. "회의에서 느끼는 안전의 정도를 정량적으로 표현하는 데 쓸 수 있는 측정 단위가 있다."
>
> - 질문으로 시작한다: 얼마나 안전하다고 느끼는가?
> - '여러분'으로 시작한다: 여러분은 안전하다는 느낌의 양을 재는 등급 단위를 사용할 수 있다.
> - '나'로 시작한다: 나는 느낌을 정량적으로 표현할 수 있다.(에너지가 거의 실려 있지 않은 이 문장 덕분에 '왜' 문장으로 넘어갈 마음이 생겼다.)
> - '왜', 즉 동기를 밝히면서 시작한다: 경우에 따라서는 무슨 말을 해도 안전하다는 느낌이 드는 회의가 있다.
> - 동기를 밝히면서 시작하되 부정적으로 표현한다: 어떤 회의는 오금이 저릴 정도로 두렵다.
> - '때'를 이용한다: 회의 진행이 원활하지 않을 때 나타날 수 있는 전형적인 문제로는 안전의 위협이 있다.

- 가정으로 시작한다: 회의에서 안전하지 않다고 느끼면 의사 표현을 어떻게 하는가?
- '모든 사람'으로 시작한다: 모든 사람은 회의에 대한 느낌이 다르다.
- '아무도'로 시작한다: 아무도 험악한 회의로 고통받고 싶어 하지 않는다.
- 인용으로 시작한다: "내가 하려는 말을 들으려는 사람이 아무도 없어."라고 로니가 투덜댔다.
- 평소 즐겨 쓰는 시작 문구를 쓴다: "우와! 이런 회의는 처음이야."

다양한 시작 문구 중 초안에 반영하고 싶은 것을 하나 선택한다. 나머지는 치워 두거나 휴지통에 버리는 등 마음대로 한다.

원칙과 습관

어떤 수업에서 규모가 큰 연구소에서 일하는 과학자 에이버리 박사가 새로운 시작 연습을 어려워했다. "나로서는 문장을 '나'로 시작하는 것은 받아들이기 어렵군요." 그가 자기 의견을 말했다.

"방금 그렇게 하고서는요." 나는 장난스럽게 넘겼다.

"무슨 말인지 잘 아시잖아요. 과학 논문에는 반드시 따라야 하는 원칙이 있다는 말입니다."

"이번에는 또 과학 논문처럼 말하네요. 도대체 '반드시 따라야 하는 원칙'이 뭡니까?"

수업을 듣던 다른 학생들도 에이버리를 옹호하고 나섰고 결국 내가 한발 물러났다. 모든 사람이 '나'나 다른 어떤 특별한 방법으로 문장을 시작해야 한다는 주장이 아니다. 그저 낱말 버리기 연습일 뿐이고 원문을 '나'로 시작하는 문장으로 바꿨다가 따라야 할 원칙에 반한다면 '나'를 빼 버리면 그만이다.

언제나 그렇듯이 요점은 숨겨진 의미를 찾아내고 그 의미에 내포된 에너지를 발판으로 낡은 원칙과 습관에 따른 제약과 한계를 뛰어넘는 데 있다. 그렇다면 이 낡은 원칙과 습관은 대체 뭐란 말인가? 이것들도 역시 돌들을 품고 있는 또 다른 기억의 일부이다. 그리고 이런 원칙과 습관도 역시 낱말로 이루어져 있으므로 다른 낱말들과 마찬가지로 동일한 잣대를 적용해야 한다. 쓸모 있는 원칙과 습관을 알게 됐다고 해서 반드시 남은 인생 내내 지니고 다녀야 한다는 법은 없다. 누군가가 어린 시절 내 마음속에 원칙을 심었다고 해서 어른이 돼서도 꼭 간직하고 있으란 법은 없다. 내가 글을 쓰는 동안에 지니고 다니는 원칙과 습관은 뗏목을 엮는 방법뿐이다.

완전무결의 원칙

낱말을 버리는 비결을 터득하기 시작할 무렵 나는 스스로에게 말하기 시작했다. "내다 버리기는 탁월한 방법이로군. 진즉에 좀 더 많이 버릴 걸 그랬어."

이 말은 우리 어머니가 하던 말씀과 판박이다. 칭찬에 이어서 '그런데'라는 말을 붙이는 식이다. 예를 하나 들어 보면 "그 냄비 정말 잘 닦았구나. 그런데 유리잔도 좀 더 깨끗이 닦으면 좋겠는걸."

이 말의 뒤에는 다음과 같은 일반적인 원칙이 자리하고 있다.

> 항상 완벽해야 해.

이름하여 완전무결의 원칙인데 작가들에게는 치명적인 독이다. 이 원칙의 가장 일반적인 형태는 작가들을 마비시켜 아무것도 쓰지 못하도록 만든다는 것이다.

> 완벽하지 않은 글은 단 한 자도 쓰지 않겠어.

자연석 기법은 이 원칙을 완화해 표현해 주기 때문에 나는 마음 편하게 되도록 많이 쓰고 나서 완벽하지 않은 글은 내버린다. 실제로 돌 쌓기는 다음 형태로 원칙을 탈바꿈시킨다.

> 완벽하지 않은 글은 단 한 글자도 발표하지 않겠어.

군대식으로 말하면 이렇다. "외부에 알려지지 않았다면 실수가 아니다."
 개선된 원칙을 지니고도 여전히 곤란을 겪는 작가들이 있다. 그런 작가들은 많은 낱말을 써서 초고를 작성하면서도 '발표'의 의미를 '누군가에게 보이기'로 해석해 버린다. 이처럼 해석하면 버려야 할 낱말들을 찾아내는 데 더할 나위 없이 강력한 방법인 검토라는 과정이 있는데도 원고를 검토해 달라고 보내기를 망설이게 된다.
 교활한 완전무결의 원칙은 결코 만족하는 법이 없다. 출판사에 원고 검토를 받기로 해 놓고 원고를 보내기 바로 직전에 다시 글에 갇혀 버리는 작가들도 있다. 나는 글쓰기를 지도할 때 이 원칙을 좀 더 완화된 지침 형태로 바꿔 주는 데 상당한 시간을 할애한다. 다음과 같은 식이다.

> 그럭저럭 괜찮고 나름대로 의미가 있는 글이라면 완벽하지 않더라도 발표한다.

완벽이라는 것이 어떻게 생겼는지 도저히 모르는 내 입장에서는 이 지침이 특별히 많은 도움이 된다.[3]

---

[3] 원칙을 지침으로 바꾸는 방법에 대해 좀 더 살펴보고 싶다면 내가 쓴 《테크니컬 리더》(인사이트, 2013)를 참고하기 바란다.

귀중한 것을 잃어버리면 어쩌지?

완전무결의 원칙은 작가들만을 대상으로 하지는 않는다. 대공황 시절에 유년기를 보냈던 나는 다음과 같은 원칙을 지키며 성장했다.

  함부로 버리지 말라.

하나의 신념이 절대적이라 여기며 그 신념 하나만을 믿는 것은 세상에서 가장 위험한 일이다. 자연석 기법의 요체는 가진 것을 과감히 버리는 데 있기에 한 가지 생각에 집착하게 만드는 원칙이 가장 험난한 장애물이 된다. 대공황 원칙이야말로 그런 장애물 같은 원칙이다.

 대공황 원칙에 대한 자연석 기법의 대항마는 플럽(FLUB: For Later Use Bin), 즉 '재활용 상자'이다. 쓰자니 꺼려지고 버리자니 아까운 계륵 같은 생각이 있을 때면 그 생각을 플럽에 집어넣는다. 그렇게 해 놓고 나서, 그럴 경우는 거의 없겠지만, 혹시라도 마음이 바뀌면 언제라도 복구하면 된다. 이 방식의 이면에는 "형편없는 생각이란 없고 단지 지금 하고 있는 작업에 어울리지 않을 뿐이다."라는 철학이 깔려 있다. 따라서 나는 생각의 좋고 나쁨을 따지려 들기보다는 지금 작업 중인 글에 포함시킬지 여부만 가린다.

 의심의 여지없이 질이 떨어지는 글도 분명히 있는데, 그러면 그 글은 플럽을 거치지 않고 곧장 휴지통에 집어넣는다. 하지만 조금이라도 미심쩍다면, 글을 버리는 데 조금이라도 머뭇거리게 된다면, 일단 플럽에 넣어 둔다.

> ✏️ **연습: 플럽(재활용 상자) 활용하기**
>
> 1. 컴퓨터를 사용해 글을 쓴다고 가정하고 플럽 폴더나 그와 비슷한 무언가를 만든다. 컴퓨터를 사용하지 않는다면 종이로 된 서류철을 사용한다.

2. 쓰던 글 중에서 잘 풀리지 않는 문장을 선택한다.

3. 이 골칫거리 문장을 복사해서 플럽 폴더에 옮겨 놓는다.

4. 글에서 해당 문장을 삭제한다. 어떤 감정 반응이 일어나는지 살펴본다.

5. 적어도 5분간 글쓰기를 계속한다. 글쓰기가 끝나면 플럽 폴더를 열고 3단계에서 저장해 둔 문장을 가져온다.

6a. 원래 자리에 되돌려 놓고 싶다면 그렇게 하면 된다.

6b. 플럽에 남겨 두고 싶다면 그렇게 하면 된다.

6c. 플럽에서 휴지통으로 옮기고 싶다면 그렇게 하면 된다.

7. 1단계에서 6단계까지 수행하면서 글쓰기에 도움이 된 점을 작문 일지에 기록한다. 현재의 글이 이전보다 개선된 점이 무엇인지 반드시 적어 두자. 혹시 오히려 나빠진 부분이 있는가? 가치가 떨어진 부분은 없는가?

잘 풀리지 않아 4단계를 거쳐야 하는 문장의 수만큼 이 연습을 반복해 보자. 그러고 나면 플럽을 능숙히 사용하는 방법을 터득하게 될 텐데, 그러면 다음 장으로 넘어가서 관리하기에 버거울 정도로 비대해진 플럽을 유지하는 방법을 배울 차례가 된다.

Weinberg on Writing

10장

글을 솎아 내는 기준
Criteria for Discarding Stones

앞에 보이는 강가의 바위를, 뒤에 보이는 돌집을 짓는 데 썼다면 상당히 쓸모가 있었을지언정 돌집을 이루는 나머지 돌들과 썩 잘 어울리지는 않았으리라. 마찬가지로 주위에 놓인 넓적한 바윗돌들도 어울리기는 어려웠겠다.(사진: 대니 와인버그)

"저기 잭슨이 돌담처럼 버티고 있다!"
— 버나드 비, 1861년 제1차 불런 전투[1]에서

글에 관해서라면 가끔씩은 강단 있게 나갈 필요도 있지만, 쓸모없는 돌을 골라낼 때에는 그렇지 않다. 글쓰기가 돌담 쌓기와 비슷하다고 해서, 작가가 돌담처럼 버티고 서 있던 불런 전투의 잭슨과 같을 이유는 없다. 방대한 양의 낱말을 수집했다가 그보다 약간 덜 방대한 양의 낱말을 버리는 일이야말로 자연석 기법의 정수다. 10장에서는 돌담에 끼워 넣은 낱말이 어울리지 않고 겉돌 때, 한 발 물러설 수 있는 유연성을 기르는 데 쓸 만한 몇 가지 연습을 소개하겠다.

청각 검사

글쓰기는 말하기와는 표현 방법이 다르지만 원래 말하기에서 비롯됐으므로 소리 내서 읽어 보는 것도 글쓰기에 관해 새로운 관점을 얻는 좋은 방법이다. 다음은 글쓰기 수업에서 내가 쓰는 방법이다.

> ✏️ **연습: 소리 내서 읽기**
>
> 다른 사람이 자기 작품을 소리 내서 읽는 걸 들어 보면 매우 효과적으로 피드백을 받을 수 있다.
>
> 1. 3명씩 조를 짠다.
> 2. A가 B의 글을 소리 내서 읽는 동안 C는 둘 사이에 일어나는 반응을 살핀다. B는 A가 낭독하는 동안 뭔가 할 말이 생겨도 그 자리에서 바로 말하는 대신 어딘가에 적어 둔다.

---

[1] (옮긴이) 미국 남북 전쟁 중 벌어진 전투로 이 인용문은 남군 버나드 비 장군이 전사하기 직전 병사들을 독려하며 남긴 말이다. 잭슨은 이 전투에 여단장으로 참전했다. 불런 전투는 하루 동안 벌어졌으며 북군이 패배했다.

> 3. C는 관찰한 내용을 발표한다. 그다음 B가 자신의 의견을 발표한다.
> 4. 역할을 바꿔 가면서 차례대로 한 번씩 해 본다.
> 5. 모두 함께 모여 연습한 소감을 발표한다.
>
> 관찰자 역할 없이 둘이서 연습해도 된다. 자신의 글을 다른 사람이 소리 내서 읽는 것을 들으면 적어도 두 가지 이득을 보게 된다. 우선 자신이 고른 낱말들을 귀로 듣는 것과 눈으로 읽는 것이 다르기 때문에 새로운 관점이 생긴다. 또한 읽는 이가 말을 더듬는 부분은 가지런한 벽 한가운데 박힌 덜걱거리는 돌과 같아서 무슨 수를 써서라도 더 잘 맞물리도록 손봐야 한다.

이 연습을 직접 해 본 두 학생의 사례를 살펴보자. 한 학생이 다른 학생이 쓴 글을 소리 내서 읽었다.

> "내가 받고 있는 [모든] 도움이 내게 쓸모 있지는 않으리라는 사실과 내가 다른 사람에게 베푼 도움도 일부는 쓸모없으리라는 사실을 인정한다."

실제로 낭독자는 처음에 '모든'을 빼고 읽는 바람에 문장의 의미를 잘못 이해했다. 연습 후에 글쓴이는 글을 한결 명료하게 고쳐 쓸 수 있었다.

> "남들의 도움이 전부 다 내게 쓸모 있지는 않을 테고, 내 도움도 전부 다 남들에게 쓸모 있지는 않을 것이다. 나는 양쪽 모두 불완전하다는 사실을 인정한다."

글을 읽어 줄 사람이 없으면 컴퓨터한테 여러 가지 목소리로 읽어 보게 한다. 대단치 않아 보이지만 이렇게 해 보면 입장이 바뀌어 듣기에 거슬리는 부분이 드러난다. 자신이 직접 소리 내서 읽어도 마찬가지 효과를 얻을 수 있다.

다른 사람이 내 글을 읽어 줄 때 설명을 덧붙이고 싶은 충동이 이는 부분이 있다면 그 부분은 고쳐야 한다. 어쨌거나 일단 출판을 하고 나면 독자 옆에 앉아서 글에서 이해가 잘 가지 않는 부분을 일일이 설명해 줄 방도는 없을 테니까.

시각 검사

돌이 잘 맞는지 검사하는 데 청각만이 유일한 판단 기준이 되는 것은 아니다. 눈은 글을 읽을 때뿐 아니라 여러 가지 다른 검사에도 유용하다. 예컨대 눈을 흐릿하게 뜨고 보면 다각도에서 글을 조감할 수 있는데 내 경우에는 그냥 안경만 벗으면 된다. 낱말 단위로 읽지 못하는 대신 낱말과 문단의 구성 형태가 눈에 들어온다. 때로는 너무 긴 문단이나 짧고 일관성 없는 문장들이 지나치게 연달아 나오는 경우를 발견하곤 한다.

촉각 검사

촉각 역시 유용한 판단 기준이다. 나는 내 글이 점토로 되어 있다는 상상을 자주 하는데 그럴 때면 손끝에 글이 느껴진다. 왠지 좋지 않은 느낌이 드는 부분은 빼 버리거나 플럽에 집어넣는다.

낱말은 저마다 촉감이 다르다. 나에게 '유순한'이라는 낱말은 끈적끈적하고, '부둥켜안다'는 거칠며, '강아지'는 보송보송한 느낌이다. 이 낱말들을 엮어 놓으면 독특한 느낌이 한층 더해진다.

유순한 강아지를 부둥켜안을 때 어떤 느낌이 드는가? "사라는 유순한 그 강아지를 부둥켜안았다."라는 문장은 에너지가 넘친다. 감정이란 주관적일 수밖에 없지만 그럼에도 누구나 이런 문장에서 에너지를 느낀다.

촉각 검사는 더 이상 상상에만 머물지 않을 전망이다. '잡다' 또는 '감지하다'를 의미하는 그리스어 '햅티코스(ἁπτικός, haptikos)'에서 유래된 햅

틱(haptics: 촉각학)은 촉감을 정복하고자 노력하는 전문 과학 분야이다. 오늘날 촉각 공학자들은 가상 객체를 만질 수 있는 컴퓨터 소통 기기를 만들고 있다. 자신이 의미하는 바를 움켜잡고, 문장을 주무르고, 문단을 적당한 크기로 쥐어짜 낼 날도 머지않아 보인다.

미각 검사

가끔은 낱말의 맛을 봐야 할 때도 있다. 나는 약간의 훈련을 통해 낱말마다 맛과 질감이 다르다는 사실을 깨달았다. '터벅거리다'는 감자를 곁들인 스테이크 같고, '활기찬'은 냉이 샐러드 같으며, '찌르다'는 매운 겨자 같다. 내 혀와 이로 판단하자면 "그녀는 좌우의 낯선 사람들을 찔러 가며 활기차게 터벅거렸다."라는 문장의 맛은 불합격이다. 점심으로 먹기에는 균형이 엉망이다.

  어떤 낱말이나 문장은 맛이나 질감이 전혀 느껴지지 않는다. 쓸모없는 돌을 찾을 때 '가다', '~이다', '하다', '얻다', '가지다'와 같은 오트밀 맛이 나는 동사를 찾아본다. 이런 낱말들은 지면 위에 뭉개고 앉아 글쓴이를 멀거니 바라본다. 씹는 맛도, 먹는 맛도 안 난다.

  대명사는 죄다 오트밀 맛 낱말이 될 위험이 있다. 오트밀 맛으로 전체 문장을 채워 보면 "그가 거기에 가자 그들은 그를 위한 일을 해 주었고 그래서 그는 줄곧 가져왔던 것을 얻을 수 있었다." 같은 식이 된다.

  매일 먹는 그 걸쭉한 음식이 입에 맞는가? 어쩌면 그 위에 케첩을 좀 치거나 주요 명사를 순무로 갈아 치우고 싶은 마음이 생길 법도 하다. 그러나 막상 해 보면 문장에 주요 명사라 할 것조차 아예 없음을 알게 된다. 여기에 이르면 더 이상 검사가 필요 없다. 이런 문장은 버리고 다시 쓴다. 물론 다시 쓰기 전에 그 문장이 정말 필요한지부터 곰곰이 따져 봐야 한다.

인생 검사

인생 검사는 에너지 원칙을 응용한 것이다. 낱말을 쓰기 전에 그 낱말에 삶이 묻어나는지 살펴보자.

> 삶이 없으면 돌도 없다.

예를 들어 "시스템은 단순하게 해 주는 요소가 들어가지 않으면 매우 복잡해질 수도 있다."와 같은 문장에서 돌을 찾아보자.

이 문장을 다시 써 보면 다음과 같은 논리로 귀결됨을 알 수 있다.

> 시스템은 복잡하거나 또는 복잡하지 않다.

이 외에 어떤 의미가 더 있을까? 다시 말해 이 문장은 아무런 의미가 없다. 의미가 없으면 인생 검사를 통과할 수 없다. 바로 버려야 한다.

무기력 검사

나는 X와 Y라는 작가 두 명을 알고 있는데 이들의 작품은 각기 다른 방식으로 내게 영향을 준다. 나는 X의 원고를 10여 편이나 읽어 보려 했지만 단 한 편도 끝까지 읽은 적이 없다. 재미있는 점은 글에 김빠지는 면이 있지만 X가 실패한 작가라는 생각은 들지 않는다는 것이다. 그는 글솜씨가 너무 형편없어서 주제에 빠져들기가 쉽지 않은데 그래도 언제나 빠져들고 싶었다. 지독히도 글을 못 쓴다고 해서 내용을 폄하하지는 않았다. 10여 편이나 그의 작품을 읽느라 이만저만 고생이 아니었지만 주제가 흥미롭지 않은 적은 없었다.

이와 반대로 Y는 X보다 세련된 문체로 글을 쓰기는 해도 실제로는 형편없는 작가라고 생각한다. Y의 원고는 끝까지 읽을 수 있지만 읽을 때마다 그가 다루는 주제에 짜증이 난다. X가 끔찍한 글솜씨로 주제를 파고들기 어렵게 한다면 Y는 주제를 외면하게 만든다. 독자가 주제에 등 돌리게 만드는 일은 작가가 저지르는 가장 큰 죄악이라는 것이 내 지론이다.

 책이나 수필을 쓸 때 나는 무기력 검사라고 부르는 실패의 기본 척도를 사용한다.

  이 글을 접하고 나면 사람들이 이 주제에 대해 예전보다 관심을 덜 기울일까?

소설에는 이렇게 바꿔서 사용한다.

  이 글을 접하고 나면 독자들이 등장인물에 대해 처음보다 관심을 덜 기울일까?

답변이 '그렇다'이면 그건 실패이다. '아니다'이면 성공이고 행복해진다. 깨달음을 얻고자 부단히 노력하는 독자들을 실망시키고 싶은 생각은 추호도 없다. 전체 학생은 고사하고 그중 75%에게만이라도 지식을 성공적으로 전달하기란 힘든 일이다. 깨달음이란 스승, 책, 영화, 학습법, 우연한 사건 등에서 통찰을 얻을 때까지 반복해서 접해야 가능한 일이다. 〈생쥐에게〉라는 시에서 로버트 번즈는 다음과 같이 말했다.

  "생쥐와 인간이 벼르고 짠 계획도 틀어졌으니
  기대했던 기쁨은 흔적도 없고
  슬픔과 고통만 덩그러니 남았구나!"

작가로서 번즈는 아무리 계획을 잘 세우더라도 '기대했던 기쁨은 흔적도 없고 슬픔과 고통만 덩그러니 남는다'는 점을 누구보다 잘 이해했다. 우리는 잘 배열해 놓은 완성된 시구는 읽을 수 있지만 깎아 내 버린 내용은 접할 길이 없다. 기대했던 기쁨이 되지 못한 돌을 어떻게 빼 버렸는지가 그의 작업에서 가장 중요한 부분이지만 그 방법을 알아낼 도리는 없다.

원고가 남아 있다면 작품이 다듬어지는 과정을 연구함으로써 작가의 집필 과정을 깊이 있게 배울 수 있다. 원고를 얻을 길이 전혀 없다면 내가 어떻게 하는지 보는 걸로 만족하기 바란다. 그다지 복잡하지 않다. 에너지 원칙의 한 유형인 무기력 검사를 적용하면 된다.

쓰고 나서 전보다 소재에 흥미가 떨어진다면 그 글은 버린다.

작가가 돌아설 정도라면 독자는 어떨지 상상이 가지 않는가?

품질은 저마다 제각각이다

이 장에서 제시한 내용을 곧이곧대로 받아들이지는 말기 바란다. 글에서 어떤 돌을 제거할지 결정할 사람은 오직 글쓴이 자신뿐이다.(편집자와 함께 일할 때에도 이 사실을 명심하면 좋다.) 이번에는 학생들이 자신이 쓴 글에서 개인적으로 좋아하는 부분과 싫어하는 부분을 조목조목 따져 보는 데 도움이 되는 연습을 해 보자.

> ✏️ **연습: 품질 기준 마련하기**
>
> 1. 글쓰기 수업 전에 다음과 같은 숙제를 미리 해 와야 한다. 다른 사람이 쓴 글 중에서 감명 깊게 읽은 글을 한 편 이상 준비해 온다. 또한 몹시 싫어하는 글도 한 편 이상 준비해 온다.
> 2. 3명씩 조를 짜서 다음과 같이 해 본다.
>   a. 각자 준비해 온 '싫어하는' 글을 읽는다.
>   b. 준비해 온 글에서 찾아낸 내용을 토대로 토론을 통해 형편없는 글을 판단하는 방법을 도출한다. 몇 가지 예를 든다.

> 3. 도출해 낸 판단 기준을 적용하기 어려운 경우, 가령 기술 문서, 운문, 설명문처럼 형식이 다른 글을 판단해야 하는 경우에 대해 토의해 본다.
> 4. 각자 다음과 같이 해 본다.
>   a. 자신의 글에 판단 기준을 적용해 본다.
>   b. 세 가지 수정본을 만든다.
>   c. 수정한 글을 다시 평가한다.
>   d. 조원들에게 원래 글을 읽어 준다.
>   e. 조원들에게 수정한 글을 읽어 준다.
>   f. 조원들은 수정한 글에 대해 소감을 말하고 함께 토론한다.
> 5. 다 함께 모여 내용을 공유한다.

같이 연습할 사람이 없을 경우 혼자서라도 이 연습을 해 보고 싶을 텐데, 그럴 때에는 내 수업에 참가했던 어느 조에서 만들어 낸 다음과 같은 목록을 사용해 글을 비교 검토한다.

- 과도한 구두점: 이건 중요하다!!!!!!!
- 엉성한 문법: 이건 정말로는 중요하다!
- 불완전한 문장: 확실히 중요!
- 긴 문장: 간혹 문장을 읽다 보면 한계점을 넘고 나서도 끝이 나지 않고 계속되는 경우가 있는데, 이런 문장은 주의를 기울여 읽지 않는 사람이라 하더라도 대개 그 한계점을 알아차리게 마련이다.
- 엉뚱한 내용: 심장 이식 수술은 경솔히 시행돼서는 안 되겠지만, 그렇더라도 내 여동생이 키우는 매니라는 개가 귀엽다는 말은 꼭 하고 싶었다.
- 산만한 구성: 두 번째로 중요한 것은 문제의 진원지겠지만, 첫 번째로 중요한 것은 그게 아닌 어떤 것이다.

- 진부하거나 당연한 이야기: 어떤 물건은 다른 물건보다 비싸다.
- 수사적 의문문 남용: 과연 실제로 수사적 의문문 남용을 좋아하는 사람이 있기는 할까?
- 속담이나 격언 남용: 작가들은 언제나 "호미로 막을 것을 가래로 막는다."라는 말과 "급히 먹는 밥이 체한다."라는 말을 명심해야 한다.
- 복잡하고 추상적인 문장: 그들의 수필은 이론적으로 n차원 푸리에 변환 공간에 파묻힌 뫼비우스 띠처럼 구성됐다.
- 요점이 뭔가? 다음은 반드시 기억해 두어야 할 40가지 핵심 내용으로서…
- 물렁한 태도: 단호한 입장을 취하든가, 아니면 마냥 기다려 보는 것도 나쁘지 않고.
- 널뛰기: 독자들이 어디에 있는지 도통 모르겠다. 아니, 이제는 없는 건가? 뭐, 어쨌든 어딘가 있었다면 지금도 거기에 있겠지.
- 단문으로 이뤄진 단락:

    모두들.

    예외 없음.

    여기도 아니네.

    아마도 꾸며 냈겠지.

    때로는.

    읊조리듯.

    "아니면 대화해?"

    "물론."

- 두서없는 두운 반복: 두각을 드러내려면 두 번 다시 두서없이 두운을 덧붙이는 답답한 짓은 그만두라.
- 축약어 연발: 거긴 넘사벽인데 무슨 근자감으로 덤벼들다 이렇게 안

습이냐?²

- 말이 안 되는 연결: 무릎뼈가 목뼈와 연결되어 있으므로 작가들은 모두 왕에게 무릎 꿇어야 한다.
- 독일어 같은 표현: 하이픈으로-길게-늘여-연결한 낱말이나 마음 내키는 대로 하염없이 길게 늘여 쓰고 더 길게 쓰고 싶으면 언제까지고 길게 늘여 쓸 수 있는 명사구 같은 것을 써서 독자들을 불편하게 하는 일은 피해야 한다.
- 흐름을 끊는 참조: 우리는 흐름을 끊는[웹스터 대학생용 사전 참고] 참조를 거는 일은 피해야 한다는 말[C. Columbus, 1492]을 자주 듣는다.
- 외국어 낱말, 구절 명칭: Gemutlichkeit, et quelque chose comme ca.
- 근거 없는 강요조의 결론: 명심하라. 모든 작가는 반드시 이 규칙을 따라야 한다.
- 불분명한 지시 대명사: 그가 말했듯이 그들이 그것을 원치 않는 한 그녀도 그것을 원치 않았음이 분명했다.
- 작가의 감정 개입: 27의 세제곱근은 3으로, 이 사실은 확인할 때마다 정말 짜증이 난다.
- 문장 내 시제 변환: 어딜 가나 그걸 발견해 왔었고, 그것 때문에 앞으로 속이 상할 테지만, 그래도 소설에서는 간간히 그걸 사용하고 있다.

의미 문제

앞에서 토의를 통해 도출된 항목들 중 일부는 글의 의미에 관한 내용으로, 낱말 연결에 문제가 있어서 엉뚱하거나 무의미한 문장이 된 경우이

---

2 (옮긴이) 원문은 '긴 낱말 사용: 공개 발표자(promulgator)라는 낱말이 다음 절 명사화에 대한 사례 제시 아닐까?'라는 문장이나 우리말에서 길이가 긴 낱말은 대부분 한자 합성어이고 띄어쓰기로 극복할 수 있어서 '축약어 연발'이라는 항목으로 바꿨다.

다. 이해하기 어려운 문장, 특히 내가 쓴 글인데도 이해하기 어려운 문장을 보면 나는 다음 연습을 해 본다.

> ✏️ **연습: 그 말뜻은…?**
>
> 이 연습은 작가이자 가족 문제 상담사인 버지니아 사티어가 가족 구성원 사이의 의사소통 문제를 풀기 위해 애용했던 방법에서 빌려 왔다. 다만 여기서는 치료가 아니라 자신의 글과 다른 사람의 글에 대한 비판 능력을 키우는 데 목적을 두고 있다. 특히 독자들로부터 나올 법한 온갖 해석을 유추해 내는 능력을 향상시키고자 이 연습을 꾸며 봤다.
>
> 1. 자기가 쓴 글에서 문장 하나를 선택한다.
> 2. 자신의 문장에서 의외의 의미를 찾는 데 도움을 줄 짝을 선택한다. 짝과 마주 보고 앉아 자기 문장을 소리 내서 읽는다.
> 3. 짝은 문장에 대해 구두로 반응을 보여야 하는데 이때에는 주장에 대한 동의나 반대보다는 가급적 글쓴이가 인식하지 못한, 문장에 내포된 개연성 있는 의미를 최소한 3가지 이상 알아내려고 노력해야 한다. 전체 과정은 다음과 같이 구성된다.
>   a. 짝은 들으면서 넘겨짚은 뜻을 질문하는데, 물어볼 때에는 "그 말뜻은…?"으로 시작한다.
>   b. 대답은 "예", "아니오", "어느 정도는" 이 세 가지로 제한한다. 진행 내용을 작문 일지에 간단히 적어도 좋다.
>   c. 짝은 암시, 내포, 오해를 살 만한 부분 등을 두루 짚어 본다. 짝이 "예" 대답을 세 번 듣고 나면 역할을 바꿔 다시 한다.
> 4. 시간을 들였는데도 "예" 대답을 세 번 듣지 못했다면, 짝은 글쓴이에게 문장을 고쳐 쓰게 한 다음 처음부터 다시 한다.
> 5. 둘 다 만족했으면 모두 모여 깨달은 내용을 함께 나눈다.
> 6. 작문 일지에 다음 질문에 대한 답을 적는다.
>   a. 자신이 미처 생각하지 못한 의미를 짝이 이야기했을 때 어떤 느낌이었나?

> 비판받는다는 느낌이었나?
> b. 정해진 3가지 대답보다 더 긴 대답을 하고 싶은 느낌이 들었나? 그런 느낌이 들었을 때 어떻게 했나?
> c. 의사소통이 잘되지 않아서 다시 써야 했을 때 어떤 느낌이었나? 상대방에게 다시 써 달라고 요청했을 때에는 어떤 느낌이었나?

다음 예제를 살펴보자. "Henry dabbled in stocks."[3]라는 문장이 주어졌다면 다음과 같은 질문이 나올 듯싶다.

- 그 말뜻은 헨리가 뭔가 잘못해서 창고에 갇혔다는 의미인가요?
- 그 말뜻은 다양한 재료로 수프를 만들려고 시도해 본 주방장이 헨리라는 의미인가요?
- 그 말뜻은 헨리가 주식 시장에 푼돈을 투자했다는 의미인가요?
- 그 말뜻은 헨리보다 주식을 진지하게 생각하는 사람이 있다는 의미인가요?
- 그 말뜻은 헨리가 투자로 얻을 이익을 신경 쓰지 않는다는 의미인가요?

대개 세 번에 한 번꼴로 무의미하거나 동시에 여러 가지 의미를 지닌 문장에서 문제점이 드러난다. 나중에 원고를 구성할 때 이 정보를 활용하는 방법에 대해 살펴보겠다.

낱말 놀이

아직까지 '그 말뜻은' 연습을 짝 없이 하는 방법을 생각해 내지는 못했으나 자연석 비유를 통해 이와 비슷한 연습을 구상한 적이 있다. 돌을 사

---

3 (옮긴이) stock: 재고, 창고, 주식, 수프 재료, dabble: 장난(취미)삼아 해 보다

용할지 말지, 또 사용한다면 어디에 사용할지 결정할 때면 석공은 그 돌을 이리저리 돌려보고 다양한 각도에서 요모조모 살핀다. 낱말이라는 돌도 다양한 방법으로 가지고 놀다 보면, 잘 쌓은 돌담에서 발견되는 짜임새를 갖추게 된다. 나는 도널드 고즈와 함께 다음 연습을 구상해 《Exploring Requirements》[4]라는 책에서 컴퓨터 프로그램 명세를 이해하기 위한 목적으로 다양하게 변형해 썼다. 그러나 쓰다 보니 원래 목적보다는 글의 의미를 찾아내는 데 좀 더 효과적인 방법임을 알게 됐다.

> ✏️ **연습: 낱말 놀이**
>
> 1. '문제가 있는 문장'을 선택한다.
> 2. 둘씩 짝을 지어 다음과 같이 낱말 놀이를 한다.
>   a. 낱말을 강조하는 방식을 여러 가지로 바꿔 가면서 의미가 어떻게 변하는지 살펴본다.
>   b. 긍정어를 부정어로 바꿔 보고 그 반대로도 해 본다.
>   c. 극단적인 낱말을 반대말로 바꿔 본다.(예를 들어 '모두'를 '아무도'로 바꿈)
>   d. 완고한 표현을 완곡한 표현으로 바꿔 보거나(예를 들어 '반드시'에서 '가급적'으로 바꿈) 그 반대로 해 본다.
>   e. 부사와 형용사를 반대말로 바꿔 본다.
>   f. 설득조의 낱말('명백하게', '따라서', '분명히', '당연히'와 같은 것들) 대신 그 낱말을 동원해 설득하고자 하는 주장으로 바꿔 넣는다.
>   g. 가장 긴 낱말을 짧은 낱말로 바꿔 본다. 이 단계를 여러 번 반복한다.
>   h. 짧은 낱말을 긴 낱말로 바꿔 본다. 두어 개 더 해 본다.
>   i. 그림으로 문장의 의미를 표현해 본다.
> 3. 지금 당장 읽고 싶은 대로 문장을 고쳐 쓴다.

---

[4] D.C. Gause, G.M. Weinberg, 《Exploring Requirements: Quality Before Design》(New York: Dorset House Publishing, 1989), pp. 92-103

4. 작문 일지에 다음 질문에 대한 답을 적는다.
  a. 글로 놀이를 할 때 어떤 느낌이었는가? 재미있었는가? 혹시 지루했다면 그 이유는 무엇인가?
  b. 특정 문장의 의미에 대해 무언가 깨달은 것이 있는가?
  c. 글쓰기 전반에 있어 무언가 깨달은 것이 있는가?

사람들은 대부분 이 연습을 재미있어한다. 혹시 지루했다면 전체 검사 가운데 가장 인상적인 검사에 자신이 어떻게 반응했는지 떠올려 보자. 글쓰기가 재미없다면 글쓰기 과정에 문제가 있어서다.

이어지는 내용이 글쓰기 재미를 다시 찾는 데 도움이 되길 바란다.

Weinberg on Writing

11장

가지치기로 더 간결하게
Dicimating Your Work

돌담을 쌓는 데는 옥석을 가리는 일이 무엇보다 중요하다. 가장 큰 돌이 무려 6미터가 넘는 스코틀랜드 스테니스 선돌은 5000년간 굳건히 서 있었다. 원래는 12개였지만 어느 어리석은 농부가 그중 8개를 넘어뜨렸다. 돌을 모을 때에는 이와 같은 어리석음을 저지르지 않기를 바랄 뿐이다. (사진: 피오나 찰스)

"대리석 안에 든 천사를 알아보고
돌을 쪼아 내서 자유롭게 풀어 주지.
그때는 오, 나의 님아!
끌로 쪼아 낼수록
다듬지 않은 차가운 돌덩이가
살아 있는 형상이 되어 가지.
대리석을 쪼아 낼수록
형상이 드러나지."
— 미켈란젤로 부오나로티(1475~1564)

미켈란젤로가 자신의 주된 업적은 불필요한 돌을 쪼아 없애 버린 일이라고 밝혔지만 그가 곧이곧대로 말했는지는 미술사가들도 궁금해한다. 어쩌면 정말 만들고 싶은 형상을 마음속에 온전히 그려 두고 그 형상을 바탕으로 작업했을 수도 있지만 그렇지 않을 수도 있다. 마음속 형상을 바탕으로 작업을 시작했다손 치더라도 역시 엄청나게 많은 돌을 가지고 시작해서 내면의 형상을 세상에 내놓는 과정에서 수많은 돌을 버렸어야만 했을 것이다.

돌 버리기가 수집 단계의 끝인지, 구성 단계의 시작인지에 대해 의견이 분분하지만 조각가든, 작가든 일을 진행하는 과정은 동일하다. 작품을 세상에 자유롭게 풀어 주기 위해서는 무수히 많은 돌을 버려야 한다.

신출내기의 가지치기

몇 년 전 나는 야스카와 노리에, 로버트 마커스와 함께 혁신적인 컴퓨터 프로그래밍 개론서를 써 보자고 의기투합했다.[1] 그 책에 담을 혁신적인

---

[1] G.M. Weinberg, N. Yasukawa, R. Marcus, 《Structured Programming in PL/C: An Abecedarian》(New York: John Wiley & Sons, 1973)

시도에는 마주 보는 양면에 단원 하나씩을 배치하되 컴퓨터 프로그램 예제를 오른편에, 설명이 담긴 본문을 왼편에 두는 것도 있었다. 이런 형식이라면 학생들은 예제와 본문을 번갈아 보느라 앞뒤로 뒤적일 필요가 없다.

우리는 각 단원을 한 면에 정확히 맞추려고 낱말 수를 세밀하게 조절했다. 당시에는 개인용 컴퓨터가 나오기 전이라서 조판을 하려면 인쇄소에 원고를 보내야 했다. 교정쇄를 받아 보니 한 면에 맞추려던 조판에 다소 계산 착오가 있음을 알게 됐다. 모든 과의 본문 길이가 한 면 분량보다 10%가량 길었다.

교정쇄를 돌려보내는 기한이 며칠 앞으로 다가오자 우리는 공황 상태에 빠졌다. 최초의 기획을 지켜 낼 방안이 도무지 떠오르지 않았기 때문이었다. 우리는 주말 동안 다른 일은 모두 제쳐 둔 채 우리 집 응접실에 틀어박혀 해법을 궁리하고 있었다. 우리가 뭣 때문에 고민인지 대니에게 설명해 주었더니 아내가 하는 말이 이랬다. "뭐, 간단하네요. 각 장마다 글을 10%씩 줄이면 되겠네요."

어림없는 소리! 기껏 공들인 낱말 중 하나라도 빼 버리면 책이 망가질 게 뻔해 보여 우리는 알은체도 안 했다. 우리끼리 옥신각신하는 사이, 대니가 교정본 한 부를 집어 들더니 줄을 긋기 시작했다. "내가 보기에는, 여기 이 낱말들은 빼 버려도 의미 전달에 전혀 문제가 없겠어요." 아내가 말했다.

남아도는 낱말을 버리는 이야기를 쓰고 있으니, 그에 걸맞게 중간 이야기는 각설하고 그냥 일단 대니의 제안을 진지하게 받아들였다고 하고 넘어가서, 월요일 아침까지 노리에, 로버트와 함께 모든 단원에서 10분의 1 분량을 가까스로 없애 보았다. 신기하게도 그 방식으로 내용까지 모두 더 나아졌다. 이제 우리는 이 방법을 대니의 가지치기라 부른다.

> **연습: 버림의 미학(대니의 가지치기)**
>
> 1. 자기가 쓴 글 중에서 훌륭하다고 생각되는 단락과 불만족스러운 단락을 하나씩 선택한다.
> 2. 각 단락에서 문장마다 N번째 낱말을 삭제해 본다.(작문 일지에 이 지시 사항을 처음 읽었을 때의 느낌, 가지치기하는 동안의 느낌, 가지치기를 끝내고 나서의 느낌을 적어 놓는다.)
> 3. 이제 N번째 문장을 삭제해 보자.(작문 일지에 이 지시 사항을 읽었을 때의 느낌, 가지치기하는 동안의 느낌, 가지치기를 끝낸 뒤의 느낌을 적어 놓는다.)
> 4. 글이 나아지기는 했지만 원래 글에 비해 중요한 부분이 빠진 듯한 느낌이 들면 낱말 3개를 더해 원래 품질로 끌어올려 본다.
>
> 이 연습은 원고에서 군더더기를 걷어 내는 데 쓰기 좋을 뿐 아니라 진정으로 전달하려 했던 내용이 무엇인지 알아보기에도 그만이다. 비율은 3분의 1에서 10분의 1까지 적절히 조절하면 된다. 웬만한 작가들은 3분의 1 정도면 적당하다.

대니의 가지치기 적용 사례

이번에 소개할 사례는 어느 수강생이 어떤 책에서 발췌해서 누가 쓴 글인지 알아볼 수 없게 고친 후 내게 분석해 달라고 준 글이다.(경고: 나쁜 예가 나온다.)

> "개개인은 (조직에 대한) 내적인 영향과 외적인 영향 모두를 통해 우리가 제시한 방법론과 그 방법론의 개념을 지각하게 된다. 외부 영향의 예로는 대중 매체, 다른 환경에서 일하는 면식 있는 사람들에게서 전해 들은 이야기, 일터 밖에서 겪는 개별적인 경험 등(예를 들어 대학 수업, 이전 직업, 기타 등등)이 포함된다. 우리가 제시한 방법론을 개인이 지각함에 따라 일어나는 내적인 영향에는 의도했든

의도하지 않았든 모든 메시지가 포함되는데(예를 들어 형식적이거나 비형식적인 의사소통) 이를테면 내부 훈련 프로그램, 조직의 수장이 하는 연설·발표회, 메모, 떠들썩하게 이점을 내세운 정책과 절차, 우리가 제시한 방법론과 유사하게 인식됐던 이전에 실시한 개선 프로그램에서 얻은 경험("아, 새로운 방법론은 제발 좀 그만!") 등이 있다.

우리가 제시한 방법론의 원칙에 대한 개개인의 인식과 이해는 이 방법론에 대한 개인의 과거 경험에도 영향을 받는데, 어떻게 행동했는가에 따라 영향 정도가 차이가 난다.(보기: [네 가지 참조]) 이런 배움의 효과는 방법론을 개선하려 노력한 단체 및 조직에서 발견된다.([참조]) 다음으로, 우리가 제시한 방법론의 현재 개념은 기대 효과 공식을 통해 얻어진 효과의 차이에 강한 영향을 미친다. 많은 연구 결과에서 기대치를 관리 실천 방안에 연결 짓고 있다.(보기: [네 가지 참조에 더해 다섯 번째 참조의 인용문])"

내 글쓰기 금기 사항들에 비추어 이 글을 비평해 보자. 학생들이 브레인스토밍을 통해 얻은 '금기 사항' 중 절반 이상이 이 두 단락에서 발견됐다. 문법은 서툴고 문장은 너무 길며(한 문장에 어절을 50여 개나 쓰다니!) 소재는 연관성이 없고 구성은 엉망이고 내용은 시시하고 뻔하고 주장은 뒤죽박죽이고 추상화는 과도하고 논점도, 특색도 없으며 낱말들은 다음절(多音節)로 되어 있고 연결은 부적절하고 참조도 부정확하다.

그러나 만약 이 글이 내 작품이라면 흔히 그러듯 이런저런 흠이 보이지 않을 것이다. 그때에는 이 글을 어떻게 평가할 수 있을까? 컴퓨터로 평가 알고리즘을 돌려 보면 이 두 단락은 플레시 문장 가독성은 0점, 독해 등급은 25등급, 코엔 혼탁도로는 '이해 불가' 등급임을 알 수 있다. 웬만하면 다시 쓰라고 말해 주고 싶은 결과이다. 그런데 컴퓨터에 이와 같은 측정 방법이 마련되어 있지 않다고 가정해 보자. 무슨 뾰족한 수가 없을까? 눈치챘는지 모르겠지만 대니의 가지치기 방법을 쓰면 된다. 다음에서 각 문장을 검토하고, 뒤이어 3분의 1로 '가지치기'한 문장을 적어 봤다.

원문: 개개인은 (조직에 대한) 내적인 영향과 외적인 영향 모두를 통해 우리가 제시한 방법론과 그 방법론의 개념을 지각하게 된다.
가지치기 후: 개개인은 소속된 조직 안팎에서 우리가 제시한 방법론을 습득하게 된다.

원문: 외부 영향의 예로는 대중 매체, 다른 환경에서 일하는 면식 있는 사람들에게서 전해 들은 이야기, 일터 밖에서 겪는 개별적인 경험 등(예를 들어 대학 수업, 이전 직업, 기타 등등)이 포함된다.
가지치기 후: 외부 영향에는 대중 매체, 친구, 대학 수업이나 이전 직업 같은 개인 경험이 포함된다.

원문: 우리가 제시한 방법론을 개인이 지각함에 따라 일어나는 내적인 영향에는, 의도했든 의도하지 않았든 모든 메시지가 포함되는데(예를 들어 형식적이거나 비형식적인 의사소통) 이를테면 내부 훈련 프로그램, 조직의 수장이 하는 연설·발표회, 메모, 떠들썩하게 이점을 내세운 정책과 절차, 우리가 제시한 방법론과 유사하게 인식됐던 이전에 실시한 개선 프로그램에서 얻은 경험("아, 새로운 방법론은 제발 좀 그만!") 등이 있다.
가지치기 후: 내적인 영향에는 우리가 제시한 방법론에 내재된, 형식적이거나 비형식적인 모든 메시지가 포함되는데 이를테면 훈련 프로그램, 연설, 메모, 정책 절차 등이 있다. 특히 우리가 제시한 방법

론과 유사하게 인식됐던 이전에 실시한 개선 프로그램에서 얻은 경험은 그 영향력이 실로 지대하다.

원문: 우리가 제시한 방법론의 원칙에 대한 개개인의 인식과 이해는 이 방법론에 대한 개인의 과거 경험에도 영향을 받는데, 어떻게 행동했는가에 따라 영향 정도가 차이가 난다.
가지치기 후: 우리가 제시한 방법론에 대한 이전 경험 역시 개개인의 이해도에 영향을 끼치는데…

원문: 이런 배움의 효과는 방법론을 개선하려 노력한 단체 및 조직에서 발견된다.
가지치기 후: … 사람들이 경험에서 배우기 때문이다.

원문: 다음으로, 우리가 제시한 방법론의 현재 개념은 기대 효과 공식을 통해 얻어진 효과의 차이에 강한 영향을 미친다. 많은 연구 결과에서 기대치를 관리 실천 방안에 연결 짓고 있다.
가지치기 후: 또한 사람들은 우리가 제시한 방법론에 어느 정도로 기대를 거느냐에 따라 영향을 받는다.

가지치기한 문장들을 한 단락으로 연결해 보니 다음과 같았다.(경고: 여전히 나쁘다.)

개개인은 소속된 조직 안팎에서 우리가 제시한 방법론을 습득하게 된다. 외부 영향에는 대중 매체, 친구, 대학 수업이나 이전 직업 같은 개인 경험이 포함된다. 내적인 영향에는 우리가 제시한 방법론에 내재된, 형식적이거나 비형식적인 모든 메시지가 포함되는데 이를테면 훈련 프로그램, 연설, 메모, 정책 절차 등이 있다. 특히 우리가 제시한 방법론과 유사하게 인식됐던 이전에 실시한 개선 프로그램에서 얻은 경험은 그 영향력이 실로 지대하다.

우리가 제시한 방법론에 대한 이전 경험 역시 개개인의 이해도에 영향을 끼치는데 사람들이 경험에서 배우기 때문이다. 또한 사람들은 우리가 제시한 방법론에 어느 정도로 기대를 거느냐에 따라 영향을 받는다.

85개 어절로 이루어진 이 단락은 적어도 내 눈에는 이전에 비해 좀 더 명료해 보인다. 계속해서 대니의 가지치기를 문장 단위로 적용해서 낱말을 바꾸고, 필요하면 전환 어구를 추가하는 식으로 간결하게 고치자 다음과 같이 됐다.(경고: 아직 끝나지 않았다.)

개개인은 우리가 제시한 방법론을 대중 매체, 친구 그리고 대학 수업이나 이전 직업 같은 개인 경험을 [통해] 배운다. [또한] 우리가 제시한 방법론을 떠들썩하게 홍보하는 메시지를 [통해 배우기도 하는데] 이를테면 훈련 계획, 연설, 비망록, 정책과 절차, [더불어] 유사한 [방법론] 등이 있다. 지난 경험 [역시] 개인의 이해에 영향을 끼치는데 경험에서 배우고 [그들이 가진 기대치에도 영향을 받기] 때문에 그럴 수밖에 없다.

대괄호 안에 있는 새로 추가한 낱말들을 포함하고도 전체 어절이 58개까지 줄었고 글쓴이가 글에서 말하고자 했던 내용도 한결 또렷해졌다. 이를 한 단락으로 줄이려는 궁리 끝에 결국 14개 어절짜리 문장 하나로 만들었다.

사람들은 다양한 방식으로 우리 방법론을 배우지만 그 방식이 반드시 우리 통제하에 있는 것은 아니다.

솜사탕 벽돌 쌓기

앞서 글쓴이는 개요에서 시작했으리라 짐작되는데 내가 앞에서 간추려 낸 마지막 문장이 아마 그 개요에 가까웠을 듯싶다. 글쓴이가 거기에 살을 붙이다 보니 아마도 영양가 없는 개념이 다음과 같이 자라났을 것이다.

    A. 사람들은 다양한 방식으로 방법론을 배운다.
      1. 영향
      2. 경험

그런 다음 하위 주제가 한 단계 더 확장된다.

    1. 영향
      a. 내적인 영향
      b. 외적인 영향
    2. 경험
      a. 과거의 경험
      b. 미래의 경험(기대 효과)

이런 식으로 개요를 확장해 가다 보면 다음과 같이 솜사탕처럼 부풀어 오른다.

    세상에는 두 부류의 사람들이 있는데 모든 것을 두 부류로 쪼개는 사람들과 그렇지 않은 사람들이다.
    그렇지 않은 사람들 중에는 모든 것을 세 부류로 쪼개는 사람들, 세 부류보다 작은 수로 쪼개는 사람들, 세 부류보다 큰 수로 쪼개는 사람들이 있다.

자연석 기법과 견줘 보면 개요 확장 방식은 벽돌을 쌓는 것과 같아서 전체적으로 뻔하고 고리타분하다. 숙련된 벽돌공이 다소 흥미로운 벽돌담을 쌓는 경우가 어쩌다 가끔 있기는 하지만 판에 박힌 듯한 방식으로 줄기차게 반복해서는 어림없다. 단단한 벽돌 대신 솜사탕으로 쌓아도 마찬가지이다.

왜 그토록 많은 사람이 솜사탕 벽돌 쌓기 기법을 사용할까? 주된 이점이라면 작가들이 쓸 말을 끄집어내기 막막할 때에나 별다른 영감이 없을 때에도 큰 어려움 없이 솜사탕 벽돌로 많은 지면을 채울 수 있기 때문이다. 또한 이 방법은 무척이나 안전하고 예측하기 쉬워서 쌓아 놓은 벽돌의 수를 헤아리거나, 앞으로 시간이 얼마나 걸릴지 어림잡기는 물론이고, 결과물이 정확히 어떤 모습일지 짐작하기도 쉽다.

자연석 기법은 그다지 안전하지도 않고 예측하기도 쉽지 않다. 외과수술 절차와 케이크 굽는 절차가 비슷하다는 어느 마취과 의사의 말이 기억난다. "절차가 무려 스물세 단계나 되는데, 최종 단계를 끝내야만 비로소 케이크인 줄 알게 됩니다. 중간중간 보면 그저 뒤범벅이나 다름없지요." 경험이 없는 사람들이 보면 자연석 기법 역시 중간에는 그저 뒤범벅처럼 보이다가 마지막 단계에 가서야 마법처럼 책이 탄생한다.

교사들이 솜사탕 벽돌 쌓기 방식을 선호하는 이유는 아마 이 때문일 것이다. 개요를 미리 잡고 책을 쓰면 만들어 가는 단계마다 책처럼 보인다. 유일한 문제라면 마지막 단계에 이르러서도 책은 만들어지지 않고, 책처럼 보이는 뭔가만 남을 뿐이라는 점이다.

사정이 이럼에도 사람들의 서재에는 솜사탕 벽돌 책이 한 권쯤은 꽂혀 있기 마련이다. 왜일까? 세상에는 두 종류의 책이 있기 때문이다.

1. 뭔가를 배울 수 있는 재미있는 책
2. 수면제가 듣지 않을 때 대용으로 쓰면 좋은 책

> ✏️ **연습: 소설이나 기타 문학 작품에서 가지치기**
>
> 대니의 가지치기는 기술 분야 글쓰기에서 비롯됐지만 문학 작품에도 적용할 수 있다. 그럼에도 나는 자기 작품에 이 기법을 적용하기는 불가능하다고 생각하는 '창조적인 작가들'을 심심찮게 목격한다. 솔직히 소설을 쓸 때면 나도 그런 느낌을 받을 때가 많다. 그래서 다음과 같이 변형해서 적용한다.
>
> 1. 자신이 쓴 글 중에서 마음에 들지 않는 절 하나를 고른다. 이 절의 복사본을 만들어 둔다. 이렇게 해 놓으면 연습 결과가 좋지 않더라도 소중한 원고를 되돌릴 수 있어 안전하다.
> 2. 각 단락에서 문장마다 적어도 하나 이상의 낱말을 솎아 낸다.(작문 일지에 이 지시 사항을 읽었을 때의 느낌, 가지치기하는 동안의 느낌, 가지치기를 끝내고 나서의 느낌을 적어 놓는다.)
> 3. 대화 장면처럼 한 문장으로 된 단락이 계속된다면 문장 10개마다 한 문장씩 솎아 낸다.(작문 일지에 이 지시 사항을 읽었을 때의 느낌, 가지치기하는 동안의 느낌, 가지치기를 끝내고 나서의 느낌을 적어 놓는다.)
> 4. 고친 글을 원래 글과 비교해 본다. 원래 글이 낫다면 부담 없이 원래 글로 되돌린다. 원래 글 중 일부 나은 부분이 있다면 그 부분만 원래 글로 되돌린다. 글이 전반적으로 나아지기는 했지만 원래 글에 비해 중요한 뭔가가 빠진 듯한 느낌이 들면 낱말 3개를 더해 끌어올려 본다.
> 5. 해당 절이 글 전체에서 최고라는 확신이 들 때까지 연습을 계속한다. 충분히 나아졌다는 느낌이 들면, 이 기법을 글 전체에 적용할 가치가 있는지 생각해 본다.

글의 초안을 잡는 동안은 가지치기를 적용하지 않는다. 그 대신 적어도 하루 정도 글이 머릿속에서 무르익을 때까지 기다린다. 나중에 가서 가지치기할 것을 알기에, 초안을 잡을 때에는 '군더더기 없는 글'을 써야겠다는 욕심일랑 제쳐 두고 마음껏 쓴다. 글쓰기란 느긋하면 재미가 더욱 쏠쏠해지기 마련이다.

Weinberg on Writing

12장

본격적으로 구성 작업에 들어가기

Beginning To Get Organized

같은 강가에서 구한 모양이 비슷한 돌을 써서 집을 증축했지만 원래 있던 부분과 새로 지은 부분의 구성 방식이 다르다는 사실이 쉽게 눈에 띈다. 이런 현상은 책도 마찬가지라서 저자가 여럿이거나 여러 시대에 걸쳐 여러 작풍으로 구성된 책은 독자들이 금방 알아챈다.(사진: 대니 와인버그)

"둥근 돌과 잡석으로 돌담을 쌓을 때에는 어떤 돌을 어디에 놓을지 판단하는 일에 일종의 직감이 작용한다고만 말해 두련다. 이는 경험으로밖에는 익힐 도리가 없다. 지금까지 꽤 오랫동안 이 일을 해 온 나도 딱 맞는 자리를 찾기까지 여전히 한두 번 맞춰 봐야 한다."[1]

여러분을 여기까지 인도하는 동안 한 가지 고백할 일이 생겼다. 나는 물론이요, 세상 누구라도 돌을 모아 짜임새 있는 돌담을 쌓는 데 필요한 타고난 감각을 가르쳐 줄 수는 없다. 문장이라는 자연석으로 짜임새 있는 글을 구성할 줄 몰라서 하는 소리가 아니다. 오히려 다양한 조각을 잘 어우러진 온전한 하나의 작품으로 짜맞추는 능력이야말로 내 가장 뛰어난 재능일 듯싶다. 그러나 이런 재능은 타고난 능력이자 잠재의식의 발현이므로 다른 이들에게 가르쳐 줄 수 있는 성질의 것이 아니다.

죽어라 연습하기

다행인 것은 내가 과정을 간파하는 재능도 함께 타고났다는 점이다. 어쩌면 이 두 가지 재능은 같은 것인지도 모른다. 어쨌든 나는 뭔가를 하고 있다는 사실을 인지하는 순간, 그 진행 과정을 떼어 내서 다른 이들이 명확하게 이해하도록 설명해 줄 수 있다. 어떤 때에는 잠재의식 속에서 이루어지는 작업 과정을 의식의 영역으로 끌어내기도 한다. 때에 따라서는 다른 이들이 이런 기지를 발휘하도록 도와주기도 한다.

나는 사람들이 체계적으로 글을 쓰도록 도와준 경험이 풍부하다. 사람들에게 내 글쓰기 과정을 떼어 내서 알려 주면 저마다 취향에 맞게 손을 봐서 자신만의 글쓰기 과정으로 엮어 낸다. 이번에도 같은 방법을 쓸 참이다.

---

[1] J. Vivian, 《Building Stone Walls》(Pownal, Vt.: Storey Books, 1978), p. 51

내 입으로 체계화하는 재능을 '타고났다'고 말은 했지만 내 능력이 정말로 타고난 것인지 의심스럽기는 하다. 남들 같지 않은 가정에서 자란 탓에 살아남으려면 세상 물정을 알아야 했고 따라서 연습을 바지런히 해야 했다. 귀띔이야 얼마든지 해 줄 수 있지만 결국은 카네기 홀 무대에 서는 비결과 다르지 않다. '죽어라 연습하면' 된다. 경험을 쌓다 보면 누구나 글을 구성하는 능력이 조금씩 좋아지는 법이다.

첫째도 수집, 둘째도 수집

쓸거리가 넘쳐 난다면 글을 구성하는 능력을 갖춰야 글이나 기사, 책 등을 쓰는 데 도움이 된다. 하지만 마땅히 쓸거리도 없이 그저 글이나 기사, 책 등을 내고 싶은 경우라면 구성을 배워 봤자 도움이 안 된다. 돌 없이 돌담을 쌓을 수 없다. 이런 시도의 결과가 어떤지는 앞에서 몇 가지 사례를 통해 이미 살펴봤다.

연극 무대를 세울 때에는 돌처럼 생긴 폼 블록을 쌓아도 되지만, 험한 현실 세계에 쌓은 폼 블록은 부드러운 봄바람에도 날아가 버린다. 마찬가지로 낱말들을 인쇄해 놓은 종이 뭉치를 제본해 마치 책처럼 보이게 할 수는 있지만, 사람들이 실제로 읽으려 하는 순간 바로 허물어져 버리고 만다. 그래도 정말 책을 찍어 내고 싶다면 인쇄소에 돈을 주고 백지를 한 뭉치 묶어 제본하게 한 다음 책등에 금박으로 이름을 새기고 책장에다 자랑스럽게 진열해 놓으면 된다. 진정으로 책을 쓰고 싶다면 돌이 필요하다. 정말 많은 돌이 필요하다. 그러므로 12장까지 와서 이 글을 읽는 순간까지도 단단하고 묵직하고 제대로 된 돌을 충분히 모으지 못했다면 되돌아가라! 자연석 기법의 출발점은 구성이 아니라 수집이다.

구성 원칙 사용하기

다행히도 12장의 이 글을 쓰고 있는 이 시점에 이르기 전에 구성에 관한 다양한 생각과 돌을 이미 모아 놓았다. 그러나 불행히도 너무 많이 모아 두었다. 원고를 가득 채울 만큼 많지는 않았으나 기억만으로 감당하기에는 벅찰 만큼 많았다. 도움이 필요했다. 이 모든 것을 어떻게 구성하면 될까? 생각을 대충 적어 놓고 보니 이처럼 뒤범벅이었다.

> 마무리 구성 도구 연습 상상하기 재배열 인용문 잠재의식 조합의 힘 활용하기 기반 구상 빠진 부분은? 개요 도구 활용하기 다시 시작하기 막힌 곳 뚫기 작은 돌 구성 도구 첫째도 수집, 둘째도 수집 독창적인 균형감 솔리테어 게임 다듬어 쓰기 계속 밀고 나가기 틈 메우기 연습 모든 돌을 다 쓰지 않아도 된다 작업 공간 구성 재배열 작은 돌 안에서부터 써 나가기 또는 밖에서부터 써 들어가기 참고 기다리기 틈 메우기

여기서 그만 꽉 막혀 버렸다. 조급하게 당장 해결하려는 강박을 떨치고 잠재의식이 문제를 풀도록 그냥 내버려두었다.(이 기법은 나중에 설명한다.) 불현듯 구성 원칙에 관한 몽상에 빠져들었다. 어떤 순서에 따라 돌을 놓을지 정해 둔 구성 원칙을 매번 갖춰 놓고 글을 쓰지는 않지만 이런 원칙을 갖출 경우 구성 작업이 훨씬 수월해진다. 그런 면에서 이번에는 운이 좋다.

12장부터 이후 몇 장에 걸쳐 사용할 구성 원칙은 다음과 같다.

> 구성에 관련된 주제들을 어떤 식으로 정리하는지에 대해 예제를 들어 설명함으로써 자연석 정리법을 보여 준다.

일단 이렇게 써 놓고 보니 전에는 한 번도 이렇게 해 본 적이 없었던 터

라 어떻게 접근해야 할지 막막했지만 진솔하고 직접적인 사례를 들어야 한다는 점은 분명했다.

구성 도구 활용하기

이번 단락은 앞 단락에서 정한 구성 원칙을 적용해 나머지 구성 관련 장의 초고를 모두 쓰느라 몇 달을 보내고 나서 이제야 쓰고 있다. 지난 작업 과정을 돌이켜 보니 지금 독자들이 읽고 있는 이 글의 최종 형태에 이르기까지 활용했던 중요한 구성 도구가 몇 가지 있었다는 사실을 알게 됐다.

모로 가도 서울만 가면 된다

수북이 쌓인 돌 더미를 구성하려고 막상 팔을 걷어붙이고 나선 자리에서 바로 굳어 버리는 작가들이 허다한데, 자고로 구성은 긴장을 풀어야 작업도 잘 풀린다. 나는 긴장을 풀 때 같은 소재라도 쓸 만한 구성 방법이 여럿이라는 사실을 상기하는 방법을 주로 활용한다. 소설이나 일부 실용문에서는 회상이나 기타 서술 방식을 활용해 시간 순서와 다르게 장면을 나열할 수 있다. 참고서, 요리책, 그림책처럼 줄거리를 바탕으로 하지 않는 실용문의 경우에는 나열 순서를 거의 임의로 해서 서술하는 편이 쉽고 결과도 오히려 더 좋다. 물론 구성할 수 있는 방법이 딱 한 가지밖에 없는 부분도 더러 있지만 그런 경우는 문제가 될 소지가 별로 없다.

독자들은 순서대로 읽지 않는다

긴장을 풀어 주는 또 다른 생각은, 어떻게 하든 독자들을 통제할 방법이 없다는 점이다. 작가가 어떤 방법으로 소재를 나열하든 독자들은 저마다 다른 방법으로 읽을 것이다. 추리 소설을 좋아하는 내 친구 아서는 항상 맨 마지막 장을 먼저 읽고서 누가 범인인지 알아낸다. 나는 실용문을 읽을 때 뒷장부터 앞으로 쭉 넘기면서 눈길을 끄는 뭔가가 나올 때까지 훑어보는데, 대개 그림이나 도표가 나오는 부분에서 멈추곤 한다. 그리고 거기서부터 책을 읽기 시작해 흥미가 떨어질 때까지 계속 읽는다. 그다음에 다시 책장을 쭉 넘기며 이 과정을 반복한다. 따라서 저자가 아무리 심혈을 기울여 책을 구성한다 해도 나 같은 독자들에게는 통하지 않는다.

처음부터 잘할 필요 없다

컴퓨터가 없던 시절에는 원고 구성을 바꾸는 일이 마치 돌담을 헐고 처음부터 다시 시작하는 듯한 지겹고 고통스러운 경험이었다. 그러나 요즘에는 낱말을 구성해 만든 돌담이 탐탁지 않으면, 모든 것을 재배열하는 데 키보드를 몇 번 두드리고 마우스를 두어 번 똑딱거리기만 해도 충분하다.

언제든 돌이킬 수 있다

낱말이라는 돌들을 재배열하겠다는 결심이 서면 먼저 예전 구성을 복사해 놓는다. 이렇게 해 두면 새로운 구조가 마음에 들지 않을 경우 복구할 수 있다. 복사본을 남겨 둠으로써 새로운 구성 원칙을 시도할 때의 위험을 피할 수 있다.

혼자 할 필요 없다

이 책의 초고를 작성한 뒤 몇몇 친구에게 원고를 보냈다. 소설 작가상을 받은 애냐 아치텐버그, 방대한 양의 기술 서적을 꼼꼼히 읽는 존 스즈키, 작가이자 자유 기고가인 요한나 로스먼, 자유 기고가이자 편집장인에스더 더비, 내 책 여러 권을 맡아 작업했던 전문 편집자 데이비드 맥클린톡, 이제는 내 조카사위가 된 작가상 수상자 테라 지포린 스나이더, 내 친구의 친구이자 글쓰기 능력 향상을 바라고 있어서 이 책의 주 독자층을 대표하기에 손색없는 조프 로리가 바로 그 친구들이다. 이들의 의견을 듣고 대니의 의견까지 더하고 나니 글의 구성을 어떻게 개선할지 새로운 관점을 얻게 됐다.

이미 알려진 방식을 따라 해도 된다

새로 시작하거나 다시 시작하는 데 어려움을 겪을 때에는 언제든지 표준 구성 기법 중에서 하나를 잡아서 시도해 봄 직하다. 참조에는 알파벳순이 적합하다. 간혹 시간순이 적절한 때도 있다. 용어를 처음 정의하는 단락은 당연히 그 용어를 사용하는 단락보다 먼저 나와야 한다. 이야기를 전개할 때에는 인물을 어떤 장면에 등장시키기 전에 미리 소개해 놓아야 한다. 이 책을 포함해 많은 실용문은 한 번에 한 단계씩 뭔가를 해 나가는 과정을 설명하는 내용을 담는다. 실용문일 경우에는 한 단원 안에서 주제별로 정렬해 가장 중요한 주제가 제일 먼저 나오게 해 보곤 한다. 그렇게 해 놓으면 기반이 되는 주제가 다른 것들보다 앞서게 된다. 중요도에 따른 구성은 어느 장이 너무 길어질 때 비중이 가장 떨어지는 주제를 빼 버리는 데도 도움이 된다.

독자들이 기대하는 바를 자문해 보자

소설을 읽는 독자들은 이야기의 굴곡 있는 변화를 기대하기 마련이다. 장르별로 독자들이 기대하는 바가 따로 있으므로 구성 작업에 이를 활용하면 된다. 연애 소설이라면 '소년이 소녀를 만나고', '소년과 소녀는 역경을 겪으며', '소년이 소녀의 사랑을 얻는'(관점에 따라 '소녀가 소년의 사랑을 얻는') 내용이 들어가야 한다. 일부 연애 소설 작가는 이런 전형을 성공적으로 변주해 내지만 그들을 따라 하려면 위험을 각오해야 한다. 모험 소설은 일찌감치 독자들의 흥미를 일으킨 뒤에 강도를 점차 높여 가며 주인공으로 하여금 갖은 고생을 이겨 내도록 해야 한다. 커다란 바위나 고정된 지형지물로 돌담을 단단히 고정시키듯 이런 장르 전형을 활용해 구성을 탄탄히 할 수 있다. 독자들이 무엇을 기대하며 책을 사는지 자문해 보고, 구성을 통해 독자들이 기대하는 바를 안겨 주어야 한다.

언제든 뒤섞어 놓고 다시 시작할 수 있다

감당하기 어려울 만큼 커다란 돌 더미를 마주했을 때, 방법이 정 없으면 돌을 되는 대로 뒤섞어 놓고 마음속에 떠오르는 생각을 들여다본다. 12장 끝에 가서 내가 '자연석 솔리테어'라 이름 붙인 기법을 시도해 볼 텐데, 그때에는 주로 8×13cm 크기의 노트 카드에 각 돌에 해당하는 핵심 낱말을 적고, 카드를 섞어 마루(개들이 거들겠다고 날뛴다면 탁자 위)에 펼쳐 놓는다. 새로 섞을 때마다 소재들을 어떻게 구성하면 좋을지 새로운 생각이 떠올라서, 어떻게 진행하면 좋을지에 대한 감을 새로이 얻어 컴퓨터 앞으로 돌아온다.

때로는 저절로 구성이 되기도 한다

내가 보기에 12장의 처음 몇 단락은 아귀가 잘 맞았다. 먼저 연습의 의의를 강조하고 나서 구성할 돌이 충분히 공급돼야 한다고 역설한 점이 자연스러워 보였다. 그러나 바로 앞 두 단락에서 카드 섞기를 설명하고 나자 내가 언제나 노트 카드에만 의존하지는 않는다는 생각이 들었다. 가끔씩은 컴퓨터에 설치된 개요 도구를 활용한다. 결국 미리 확보해 두었던 '개요 도구 활용하기'란 돌을 바로 투입해야겠다는 생각이 들어서 바로 다음 13장에서는 그 내용을 다룬다.

그러나 그 순간, 개요 잡기는 어떤 배치가 가능한지 파악하는 한 가지 방법에 불과할 뿐이라는 점을 독자들에게 미리 밝혀 두어야 할 필요가 있겠다는 생각이 들었다. 그래서 솔리테어 게임이라는 또 다른 방법을 먼저 설명하기로 결정했는데, 그러고 나니 그 돌이 13장의 주제로 올라섰다.

보통은 여러 도구를 한꺼번에 사용한다

구성을 다루는 장들의 초안은 생각이 자연스럽게 흘러가는 대로 순서를 잡았는데, 애냐가 내가 제시한 긴 주제 목록을 따라가면서 글을 써 보니 책을 계속 읽고 싶은 마음이 사라졌다고 말해 준 뒤 순서를 바꿨다. 목록을 짧게 줄이는 동시에 모든 연습에 대한 학습 의욕을 고취하기 위해 '재배열의 위력 활용하기' 절을 이 절 바로 뒤로 옮겨 놓았다.

12장의 세 번째 단락인 '구성 원칙 사용하기'는 내 원래 돌 더미에는 없었다. 하지만 이 단락이 12장의 핵심 주제라는 생각이 들어 추가했다. 한참 후 검토자들로부터 더 많은 의견을 받고 나서야 지금 읽고 있는 이 단락의 상위 단락인 '구성 도구 활용하기'를 추가했다. 이 단락도 마찬가지로 원래 돌 더미에는 없었다.

재배열의 위력 활용하기

초고를 처음으로 검토한 다음 12장에 쓸 돌 더미를 재배열해 보니 다음과 같았다.

- 연습
- 첫째도 수집, 둘째도 수집

- 구성 원칙 사용하기
- 구성 도구 활용하기
- 재배열의 위력 활용하기
- 솔리테어 기법 활용하기
- 개요 도구 활용하기

그러나 결국 마지막 두 단락은 13장에 더 잘 들어맞았다. 그리고 나니 뭔가 더할 게 떠오르지 않았고 또 떠올릴 필요도 없었다. 13장은 '맞지 않는 돌 빼내기'와 '참고 기다리기'라는 돌 2개로 끝맺으리라 마음먹었다. 갈수록 지루해진다는 애냐의 의견을 듣고 나니 후자를 쓰고 싶은 마음이 들었다.

돌 더미에 남아 있는 돌은 다른 장에 사용하거나 아니면 아예 안 쓸지도 모른다. 이런 초기 단계에서는 진도가 얼마나 나갔는지 파악하는 작업이 중요하다.

원래 돌 더미에는 구성에 관한 주제로 약 23개 항목이 있었는데, 2개를 추가하고도 남은 돌 더미 항목을 16개 정도로 줄였다. 이걸 구성하는 일이 얼마나 어려운지 수학적으로 따져 보기 전에는 그다지 감이 오지 않을 것이다. 수학적으로 계산해 보면 이 16개 항목은 대략 20조(兆) 가지 방식으로 재배열될 수 있다. 그러니 구성이 어려운 건 당연하다. 어려운 정도가 아니라 허리가 휠 지경이다. 돌이 23개였을 때에는 어림잡아도 200해(垓) 가지로 배치될 수 있다. 따라서 처음 몇 개 항목을 별반 노력을 들이지 않고 흘러가는 대로 재배열해 놓음으로써 남은 작업을 10억 배는 쉽게 만들었다.

언젠가 IBM에서 재배열의 위력을 극적으로 묘사한 광고를 내보낸 적이 있다. 광고는 길게 늘어뜨린 낱말들을 보여 주면서 다음과 같은 자막을 떠웠다. "누구나 이 4178개 낱말을 쓸 수 있었습니다. 윌리엄 셰익스피어의 손끝에서는 《리어 왕》이 탄생했습니다."[2]

> **✏️ 연습: 자연석 솔리테어**
>
> 구성을 시작하기가 힘들거나 글쓰기 소재를 생각해 내기 곤란할 때 이 기법을 시도해 보자.
>
> 1. 일반용 돌 더미에서 무작위로 돌 5개를 고른다.
> 2. 8×13cm(또는 원하는 크기)짜리 노트 카드에 각 돌에 대한 핵심 낱말을 두세 개 적는다. 멀리서도 글씨가 보이도록 마커 펜으로 큼직하게 쓴다.
> 3. 카드를 섞어 앞에다 일렬로 늘어놓는다.
> 4. 늘어놓은 순서를 바탕으로 수필이나 단원, 장면이나 짧은 이야기 등의 초안을 잡아 본다. 별도의 카드에다 초안을 써 보되 5분 안에 쓴다.
> 5. 카드를 다시 섞어 두 번째 초안을 잡아 보고 다시 세 번째 초안을 잡아 본다.
> 6. 초안 3개를 나란히 놓고 내면에서 솟아오르는 에너지에 주목한다. 이렇게 해도 본격적으로 작업해 볼 만한 초안이 없다면, 이번에는 돌 더미에서 무작위로 돌 10개를 골라 처음부터 다시 해 본다.
> 7. 연습을 마칠 때까지도 구미를 당기는 초안이 나오지 않으면 자신이 고른 돌들을 유심히 살펴보자. 아무런 에너지도 느껴지지 않는 돌은 빼 버리고 무작위로 다른 돌을 골라 채워 넣는다. 그런 다음 앞의 과정을 되풀이한다.
> 8. 모든 반복 과정이 끝날 때까지도 원하는 초안이 나오지 않으면 돌을 전부 치워 버리고 더 많은 돌을 모으러 나간다.
>
> 13장에서 글 개요에 이 자연석 솔리테어 기법을 적용할 생각이다.

---

2 사실 IBM 광고에 나온 낱말들은 아마 《리어 왕》의 일부 장면에서 뽑았을 것이다. 작품에 실린 낱말은 모두 2만 7806개다.

> ✏️ **연습: 초석**
>
> 에너지 넘치는 돌이 너무 많아 다루기가 버거울 정도일 때 이 기법을 사용한다.
>
> 1. 8×13cm 노트 카드에 돌에 대한 핵심 낱말을 두어 개 적는다.
> 2. 카드를 한 장씩 검토하면서 돌에서 느껴지는 에너지를 평가한다. 에너지를 0에서 10까지 등급으로 매기고 그 점수를 카드에 쓴다.
> 3. 10점짜리가 하나도 없다면 몇 장 찾을 때까지 에너지를 계속 평가한다. 여전히 보이지 않는다면 쓰고 싶은 글과 상관없이 돌 더미에서 10점짜리 돌덩이를 몇 개 찾아본다.
> 4. 처음에 10점이 오고 맨 뒤에 0점이 오도록 내림차순으로 카드를 정렬한다.
> 5. 0점인 카드를 제거한다.
> 6. 10점짜리 카드를 다른 색(가급적 밝은 색) 카드에 옮겨 적는다. 이 카드들이 초석 카드가 된다.
> 7. 원하는 순서대로 초석 카드를 앞에다 펼쳐 놓는다.
> 8. 이번에는 9점짜리를 집어서 주제에 속하는 초석 카드 옆에 놓는다. 8점짜리도 마찬가지로 놓고, 7점짜리도 있으면 옆에 놓는다.
> 9. 끝나고 나면 이차원 배열로 구성된 초안이 놓여 있을 것이다. 이제 글쓰기를 시작하면 된다.

Weinberg on Writing

13장

솔리테어 기법으로 글 개요 잡기

Outlining with Fieldstone Solitaire

역동적으로 돌을 쌓다 보면 여러 돌덩이를 단순히 뭉쳐 놓은 수준을 훌쩍 뛰어넘어 솟아오를 듯 휘어진 이런 멋진 돌담이 나온다.(사진: 얼 에버릿)

"원소들을 원자량에 따라 늘어놓으면 원소 특성이 주기적이라는 사실이 뚜렷이 드러난다. … 화학적으로 유사한 성질을 띠는 원소들은 Pt(백금), Ir(이리듐), Os(오스뮴)처럼 원자량이 거의 동일하거나 K(칼륨), Rb(루비듐), Cs(세슘)처럼 원자량이 일정하게 규칙적으로 증가한다."

원소 주기율표 발명은 구성의 힘이 만들어 낸, 인류사에 큰 획을 그은 업적이다. 러시아 출신 화학자 드미트리 이바노비치 멘델레예프는 원자량이 증가하는 순서에 따라 원소를 늘어놓은 주기율표를 고안했다. 1871년에는 주기율표의 빈자리에 들어갈 원소들의 속성을 예측하기도 했다. 그 원소들은 1875년과 1886년 사이에 발견됐다.

솔리테어 기법 활용하기

멘델레예프는 카드를 구성 도구로 활용했다. 카드 위에 원소를 올려놓고 성질이 비슷한 순으로 카드를 정렬했다. 멘델레예프는 솔리테어에 빠져 있었다고 전해지는데 주기율표를 구성할 때 평소 즐기던 솔리테어 게임인 파시엥스 비슷한 방식을 사용한 것이 우연은 아니리라 생각한다.

나도 솔리테어에 빠져 있기 때문에 멘델레예프 과라고 확신한다. 12장 연습 절에서 설명했듯이 나는 모아 놓은 돌 더미를 정리할 때 노트 카드를 사용하는 경우가 많다. 또한 마인드 맵 순서도, 그 외 여러 스케치 기법을 동원해 이차원 배열로 모아 정리한다. 가끔은 컴퓨터 화면이 비좁아 구성하려는 대상의 전체 모습이 보이지 않으면 종이에 출력해서 보기도 한다.

개요 도구 활용하기

책 앞부분에서 개요를 먼저 잡고 글 쓰는 방식의 단점을 모조리 밝혀 놓고는 컴퓨터용 개요 도구를 이따금씩 사용한다고 해 놨으니 배우는 입장에서는 적잖이 당황했으리라 생각한다. 다음 개요를 보면 알겠지만 사실 나는 개요 도구를 여러 방식으로 활용한다.

1. 내가 개요 도구를 활용하는 방식
    a. 구성을 마친 다음 내용을 확인하고 검증할 때
    b. 크게 덩어리진 글을 솔리테어 카드처럼 이리저리 옮길 때
    c. 글쓰기를 마치고 목차를 만들 때

마지막 용도만으로도 개요 도구를 활용할 가치는 충분하다. 목차 만드는 일은 중요하다. 서점에 들른 고객이 살 만한 책인지 아닌지 알아보기 위해 목차(개요)를 훑어보기 때문이다. 따라서 나는 개요를 만들어 목차로 활용한다. 마케팅 도구인 셈이다. 하지만 책을 완성하기 전에는 이런 마케팅 도구를 만들지 않는다.

이렇게 생각해 보자. 책 표지 또한 마케팅 도구로 쓰이지만 표지부터 만들고 책 쓰기를 시작하라고 권하는 이는 없다. 앞서 봤듯이 작가 지망생 상당수는 제법 기발한 제목을 잡아 놓고 시작하지만 대부분은 딸랑 그게 다이다. 흔히 빠지는 이런 함정을 피하려면 개요 도구를 쓸 때 내 방식을 따르면 된다. 나는 책을 처음부터 끝까지 한 번에 구성하는 대신 글쓰기 과정 중반쯤에 이르러 글의 일부분을 옮기거나 구성을 검증할 때 개요 도구를 활용한다.

모든 돌을 역동적으로 만들기

12장에서 봤듯이 구성 관련 장에서 사용할 돌을 다 모아 보니 양이 너무나도 많아 어떻게 손대야 할지 막막했다. 낱말 3개짜리 기억 환기용 구절부터, 초안을 이미 잡아 놓은 한 장 분량이나 되는 주석에다, 가치를

알 수 없는 숱한 작은 돌멩이까지, 온갖 크기의 돌 더미가 널려 있었다.

그때에는 나만의 글쓰기 방식으로 글의 방향을 잡아 나간다는 구성 원칙을 적용해 그 상황을 모면했다. 이번 장은 앞부분에서는 돌들이 자연스레 어우러지는 듯 보였으나 곧 궁지에 몰리고 말았다. 이 장을 개요와 솔리테어로 시작해서 또 다른 돌 2개로 끝내려는 계획을 세워 두었지만 나머지 돌이 정리조차 되지 않은 상태였다.

이런 경우 보통은 단락들의 '자연스런' 순서가 드러날 때까지 '자연석 솔리테어'를 한다. 그러면서 밝은 색 핵심 카드를 중심으로 연관된 돌들을 함께 묶어 패에서 빼낸다.

하지만 이번에는 남은 카드를 섞어 돌 더미를 나열하듯 한 줄로 쭉 늘어놓은 다음, 솔리테어 게임을 하며 여러 방식으로 재정렬했다. 목록이 지루해 보여 의욕이 생기지 않아 이럴 때 즐겨 쓰는 하나만 바꿔 보기 방식을 사용했다. '개요 도구 활용하기', '계속 밀고 나가기'처럼 행동을 명시해 놓은 돌이 있는 반면, '잠재의식', '작업 공간 구성'처럼 단순히 명사나 명사구로 이뤄진 돌도 있다는 사실을 알게 됐다.

이 같은 관찰 덕분에 소설 쓰기에서 구성 원칙 하나를 빌려 올 수 있었다. 이 원칙은 다음과 같다. 독자들은 아무 사건도 일어나지 않는 긴 상황 묘사에 지루함을 느끼기 때문에 소설을 쓸 때에는 모든 장면을 역동적으로 만들어 써야 한다. 비소설에서도 이렇게 해 보면 괜찮을 것 같아 항목 몇 개를 역동적으로 고쳐 쓴 다음 구성해야 할 돌들을 순서 없이 대강 늘어놓아 봤다.

- 모든 돌을 남김없이 써 버리지 않아도 된다.
- 상상하기
- 독창적인 균형감 갖추기

- 인용문 활용하기
- 잠재의식 활용하기
- 맞지 않는 돌 빼내기
- 조합의 힘 활용하기
- 기반 구상을 활용해 구성하기
- 안에서부터 써 나가기 또는 밖에서부터 써 들어가기
- 과감하게 허물고 다시 시작하기
- 빠진 부분 찾기
- 다듬어 쓰기
- 틈 메우기
- 참고 기다리기
- 계속 밀고 나가기
- 제때 마무리하기
- 작업 공간 구성

이제부터 이 돌들을 새로운 장이나 긴 구절, 나중에 사용할 소재로 나눠 정렬하려 한다.

안에서부터 써 나가기 또는 밖에서부터 써 들어가기

각 돌을 행동에 중점을 두어 고쳐 쓰고 나니 곧바로 재정렬해야 할 부분이 도드라졌다. 마침 솔리테어에 관한 글을 쓰고 있던 터라 '안에서부터 써 나가기' 단락을 이곳에 옮기고 보니 내가 '솔리테어'라 이름 붙인 도구를 다용도로 활용하고 있음을 깨달았다. 그래서 안에서부터 써 나가기와 밖에서부터 써 들어가기를 서둘러 소개할 필요가 생겼다.

내가 '솔리테어' 돌을 다루는 방식이 밖에서부터 써 들어가기의 예제이다. 나는 '솔리테어' 돌을 좀 더 작은 돌 3개로 쪼갠 다음, 15장을 비롯한 여러 장에서 다양한 주제를 다룰 때 참조 용도로 활용했다. 15장 '충분히 될 때까지 계속 밀고 나가기'뿐 아니라 넓게 보면 16장 '잠재의식 활용하기'까지를 예로 들 수 있다. 그뿐 아니라 '솔리테어' 돌은 12장의 '구성 도구 활용하기' 절과 연습 절에서 이미 다룬 돌이다.

'솔리테어' 기법이 내 구성 방식에서 매우 중요한 위치를 차지하기 때문에 안에서부터 써 나가기와 병행해서 사용하기도 한다. 이번 장의 제목도 그렇게 뽑아냈다.

'안에서부터 써 나가기 또는 밖에서부터 써 들어가기' 주제를 적절한 곳으로 옮기고 나니 남은 항목이 14개로 줄어 재조합 가능한 경우의 수가 80억 가지로 줄었다. 엄청난 수 같지만 14개 항목만 재배열하면 되기 때문에 실제로 작업이 쉬워졌다는 느낌이다.

돌을 대략 훑어본 다음 그중 다섯 개에 '긴 글' 또는 '장'이라고 써 넣어 새로운 장이 될지도 모르는 글 또는 마무리가 거의 끝난 돌이라는 표시를 남겼다. 그러고 나서 다음과 같은 순서로 늘어놓았다.

- 작업 공간 구성(장)
- 계속 밀고 나가기(장)
- 다듬어 쓰기(긴 글, 새로운 장이 될지도 모름)
- 틈 메우기(긴 글, 새로운 장이 될지도 모름)
- 제때 마무리하기(긴 글, 새로운 장이 될지도 모름)

이 '긴 글'과 '장' 돌을 초석으로 삼았다. 이 돌들이 서로 어우러지는 조합은 기껏해야 한두 가지밖에 없으므로 이제는 나머지 돌 9개를 초석 사이에 끼워 넣기만 하면 된다. 최선의 구성에 가까워졌는지 확신이 서지 않지만 좀 더 다루기 쉬운 문제가 됐다는 느낌이 든다. 수치상으로도 항목 9개를 조합한 경우의 수가 36만 가지 정도이므로 10억의 10억 배였던 원래 수치에 비해 엄청나게 줄었다.

이 과정은 돌을 재구성하는 두 가지 근본적인 방식을 보여 준다. 이 돌 더미에서 저 돌 더미로 이리저리 돌을 옮기며, 작은 항목에서 시작해 큰 항목으로 키워 가는 방식이 있다. 이는 바닥부터 시작해 꼭대기로 올라가는 상향식, 다시 말해 안에서부터 밖으로 써 나가는 방식이다. 반대로 큰 항목에서 시작해 작은 항목 여러 개로 쪼개는 방식도 있다. 이는 꼭대기에서부터 바닥으로 내려가는 하향식, 다시 말해 밖에서부터 안으로 써 들어가는 방식이다. 석공들 사이에서는 자연석 돌담을 구성할 때 어느 방식이 더 나은지가 논쟁거리이다.

> "이로써 돌담 논쟁이 표면화된다. 공간을 메워 들어가느냐, 공간을 채워 나가느냐. … 최고의 돌담 중 반은 공간을 메워 들어가며 쌓았고, 나머지 반은 공간을 채워 나오며 쌓았다. 자신에게 맞는 방식대로 하면 된다."[1]

작가도 마찬가지이다. 이리저리 바꿔 보며 자신에게 가장 잘 맞는 방식을 찾아 그대로 하면 된다. 일례로 내가 복잡한 구성 문제를 풀 때 두 가지 방식을 어떻게 사용했는지 살펴보자. 이제 남은 조각은 6개뿐이다. 마무리가 거의 끝난 돌담 일부(장)가 2개, 적어도 도입 부분은 그럴싸한 '긴 글'이 3개, 나머지 9개의 돌이 쌓여 있는 돌 더미 하나가 남았다. 이제 미완성 돌담에 9개의 돌을 바닥부터 위로 또는 안에서부터 밖으로 작업할 차례이다.

---

[1] J. Vivian, 《Building Stone Walls》(Pownal, Vt.: Storey Books, 1978), pp. 47-48

맞지 않는 돌 빼내기

"지형을 주의 깊게 살펴야 한다. … 멋진 돌덩이들이 수없이 굴러다니는 가파른 산비탈이 이곳저곳 많다. 하지만 하나같이 오르기 어렵다. 또 돌을 잘못 빼내면 산사태가 일어나 눈 깜짝할 사이에 파묻혀 버린다."[2]

가파른 산비탈에서 돌을 모으며 겪은 모험은 낱말을 구성할 때 생각지도 못했던 자산이 되기도 한다. 때로는 뭘 할지 몰라 막막할 때 돌 하나를 적절히 골라 빼내면 엉킨 것들이 저절로 풀리기도 한다. 보통 이런 돌은 문장의 시작 부분일 때가 많다. 단락의 첫 문장이거나 절의 첫 단락일 때도 있다. 때로는 전체 글의 첫 장을 통째로 옮겨야 하는 경우도 있다. 바로 이 때문에 나는 무턱대고 처음부터 글을 쓰지 않는다.

당연히 매번 시작 부분 때문에 작품 전체가 엉키지는 않을 텐데 그렇다면 어떤 돌이 문제인지 알아낼 방도는 없을까? 솔직히 말하자면 알아낼 수 없을 뿐더러 반드시 알아내야 할 필요도 없다. 원한다면 여러 도구를 십분 활용해 뭔가 변화가 보일 때까지 무작위로 이리저리 옮기면 된다. 무작위 방식은 역사적으로 유서가 깊다. 모차르트는 악상을 얻기 위해 주사위를 사용했을 뿐 아니라 미뉴에트 작곡을 위해 주사위 놀이를 직접 고안하기까지 했다.[3]

---

2 C. McRaven, 《Stonework: Techniques and Projects》(Pownal, Vt.: Storey Books, 1997), p. 25
3 볼프강 아마데우스 모차르트의 작품 〈음악의 주사위 놀이〉는 모차르트 사후 1791년에 출판됐다. 1793년 베를린과 암스테르담에서 J. J. 험멜이 출간했고 이후 여러 차례 다양한 형태로 재출간됐다.

참고 기다리기

> "돌을 다룰 때에는 서둘지 말라. … 돌이란 기다림 그 자체이다."[4]

이쯤 되면 최종적으로 어떤 순서로 돌이 놓일지 보고 싶어 안달이 나겠지만 구성할 때에는 절대 서두르면 안 된다. 언어란 시간과 공간을 뛰어넘는 법이다. 천 년 넘는 세월 동안 까마득히 잊혔던 낱말도 결국 재발견되어 곧바로 우리 곁으로 다가온다. 그러니 구성할 때에는 서둘지 말고, 조각을 하나도 남김없이 다 사용하겠다고 조바심 내지도 말라. 나는 탄광에 석탄을 지나치게 많이 넣으려는 경향 때문에 몇몇 독자로부터 불만을 샀다. 더 많은 가치를 주려는 의도였지만 들어 올리지도 못할 돌이라면 아무에게도 가치가 없다.

이쯤에서 잠시 손을 놓고 이번 장을 어떻게 마무리할지 고민해 봤다. 작업 중인 글을 배경에 두고 솔리테어 게임을 몇 판 해 보기로 했다. 게임을 하다 문득 '모든 돌을 남김없이 써 버리지 않아도 된다'와 '참고 기다리기' 두 주제는 사실 같은 주제라는 사실을 깨달았다. 하나면 충분했다. 참고 기다리면 이런 일이 일어나는 법이다.

기다리는 동안에는 솔리테어 게임이 제격이다. 구성 작업처럼 솔리테어도 고독한 게임이다. 그러고 보니 솔리테어 게임의 프랑스어 이름은 인내심을 뜻하는 '파시엥스(patience)'이다.

✏️ **연습: 돌 빼내기**

구성이 전체적으로 엉켰다고 생각되면 이 기법을 사용한다.

1. 긴 글 조각이라면 첫 장이나 첫 절을 삭제하고 그다음부터 읽기 시작한다. 좀

---

[4] McRaven, loc. cit. p. 25

나아졌나? 그렇다면 삭제한 부분에 혹시 다른 곳으로 옮기고 싶은 돌이 들어 있는지 살펴본다. 그 돌이 글의 결론이나 결정적 주제인 경우가 많다.
2. 짧은 글 조각이라면 첫 단락을 삭제하고 나아졌는지 살펴본다. 나아졌다면 삭제한 단락에 혹시 다른 곳으로 옮기고 싶은 돌이 들어 있는지, 아니면 아무 쓸모없는지 살펴본다.
3. 단락이라면 첫 문장에 대해 동일한 과정을 밟는다.
4. 문장이라면 처음 한두 낱말에 대해 동일한 과정을 밟는다.
5. 결과가 탐탁지 않으면 언제든지 원본으로 되돌리면 된다.

Weinberg on Writing

14장

작업 공간 구성

Organizing Your Work Space

샌 미겔 성당 근처에는 샌터페이시에서 가장 오래된 우물이 자리하고 있는데 그 시기가 1600년대로 거슬러 올라간다. 캐럴린 시그스테드의 '미션 카페 앤드 스위트 숍' 안마당을 공사 중인 석공들이 이 유서 깊은 우물 주변의 독특한 특성을 보존하면서 작업한다.(사진: 대니 와인버그)

"작업장은 오래 머무는 공간이라 대개는 어수선하다."[1]

글쓰기 실습이 있을 때에는 수업하기 몇 주 전부터 숙제를 내준다. 이때 내주는 숙제에는 마음에 쏙 드는 작문 일지와 고급 필기구 구해 오기가 들어 있다. 독자들도 이번 장을 읽기 전에 웬만하면 이 숙제를 마치기 바란다.

> ✏️ **숙제: 작문 일지**
>
> 개인 작문 일지를 쓰기 시작하자. 큰마음 먹고 끊임없이 펼쳐 볼 만큼 애착이 가는 공책을 마련하자. 또 항상 손에서 놓지 않을 만큼 애착이 가는 필기구도 마련하자. 우리는 하나같이 특별한 사람이고 특별한 사람이 글을 쓰는 일도 역시 특별하다. 특별한 사람에게 특별 대우는 당연하다.

학생들이 작문 일지와 필기구를 마련해서 수업에 들어오면 다음과 같은 숙제를 내준다.

> ✏️ **숙제: 스스로를 소중히 여기는 마음**
>
> 과제물로 구입해 온 공책과 필기구를 가지고 다음 상황에서 무얼 느꼈는지 적어 보자. 자신을 위한 특별한 공책과 필기구를 고른다는 생각을 했을 때 어떤 느낌이 들었는가? 자신을 위한 물품을 고르는 순간에 실제로 어떤 느낌이 들던가? 마음속에서 어떤 소리가 들려오던가? 숙제를 해 오지 못했다면 자신에게 따로 하고 싶은 말은 없는가?
> 이런 느낌은 글 쓰는 환경을 갖추는 능력과 크게 상관이 있다.

---

[1] C. McRaven, 《Stonework: Techniques and Projects》(Pownal, Vt.: Storey Books, 1997), p. 71

이 숙제를 시키면 언제나 몇 명은 마음에 드는 필기구나 공책을 사 오지 않는다. 그러고는 이렇게 말한다. "전 좋은 필기구를 늘 가지고 싶었는데 마침 마음에 드는 것을 찾았어요. 그런데 가격이 무려 22달러나 하더라고요. 저한테는 너무 비쌌어요."

내 대답은 뻔하다. "그렇다면 자네에게는 글쓰기가 22달러만큼의 값어치도 없나 보군. 그냥 하던 일이나 열심히 하지 그러나?"

이런 자린고비 행세는 그리 놀랍지 않다. 내가 처음으로 마련한 집필 공간은 시끄럽지만 않으면 더는 바랄 것이 없었던 공공 도서관에 비하면 초호화판이었다. 그 덕분에 전에는 한 번도 경험하지 못한 엄청난 열정과 집중력을 글 쓰는 데 쏟아부었다. 허리에 경련이 일어나 황홀경이 깨져 버리기 전까지 글을 써 댔다.

정형외과를 처음 찾았을 때 글 쓰는 일이 석공 일과 마찬가지여서 약간만 잘못해도 허리를 심하게 다칠 수 있다는 사실을 알았다. 허리가 아프다고 하면 동정해 주는 사람은 별로 없어도 입바른 말은 여기저기서 많이들 해 준다.

나를 걱정해 주는 친구들과 수없이 나눈 대화 중에서 이 질문이 또렷이 기억난다. "자네 어떤 의자를 쓰나?"

이 질문이 유독 기억나는 이유는 내가 대답을 못했기 때문이다. 어떤 의자를 쓰는지 생각나지 않았다. 이 이야기를 의사에게 하면서 낡은 의자라도 편하기만 하면 사용한다고 했더니 허리를 편안히 받쳐 주도록 설계된 사무용 의자 이름을 몇 개 받아 적으라고 했다.

집에 가는 길에 생각했다. '그래, 의자 그거 얼마나 한다고. 푹신한 방석이 딸려 있는 걸로 하나 장만하지 뭐. 그럼 허리 아플 일이 더는 없겠군.' 그 길로 의자를 사러 갔는데, 맙소사, 순 바가지였다!

그 비싼 등받이 의자가 나에게는 고급 필기구였다. 정말 필요하고 또

가지고도 싶지만 과분하다고 느껴지는 그런 물건이었다. 나는 온갖 변명으로 몇 달이나 늑장을 부렸다. 정말이지 글쟁이란 변명거리를 만들어 낼 때에는 머리가 비상해지는 족속이다. 그러다가 허리가 끊어질 것처럼 아파서 더는 글을 쓸 수 없을 지경까지 이르게 됐다. 오만 가지 체조를 다 해 봤지만 소용이 없었다. 의료 보험으로 가능한 한도에서 진통제란 진통제는 다 먹어 봤다. 하지만 의자를 바꾸지 않고는 나아질 수가 없었다. 조금 나아졌다 싶으면 미뤄 놓았던 글을 들입다 다시 시작하는 바람에 허리 통증이 재발했다.

아픈 데는 장사가 없다. 더디게 배웠지만 제대로 배운 셈이 됐고, 마침내 척추에 좋은 의자를 하나 장만했다. 도락에 돈을 헤프게 썼다는 생각에 한동안 속이 상했다. 하지만 놀랍게도 친한 작가가 허리가 아프다고 토로했을 때 그 친구를 위해 내가 의자를 새로 주문하는 게 아닌가! 그 친구가 가격을 보고 움찔하기에 선물이라고 말해 주었다. 그러고 나서 생각했다. 자신에게 시원하게 인심 쓴 만큼 남에게도 그리하라.

작가들의 심리에 대해 더 많이 알아 가면서 많은 작가들이 도락에는 인색한 습성이 있음을 깨달았다. 무엇보다도 글쓰기를 워낙 즐기기 때문일 성싶다. 실제로 우리 작가들은 과분한 안락함을 좇기보다는 특권을 누리는 데 대한 보답을 해야 한다는 생각이 강하다. 그러나 다른 분야의 장인들, 가령 석공들과 이야기해 보면 고수들은 자기가 쓸 연장을 가지고는 사치를 따지지 않음을 배우게 된다. 따라서 다른 곳에서는 사치하지 말고 아껴야 하겠지만 자기가 쓸 도구는 여력이 닿는 한, 아니 무리를 해서라도 반드시 제일 좋은 걸로 장만해야 한다. 수업을 시작할 때 학생들에게 고급 필기구를 장만하라고 권하는 이유도 바로 여기에 있다.

자기만의 환경 꾸미기

당연한 이야기지만 필기구는 단지 시험일 뿐이다. 글쓰기에 최적인 환경을 갖추는 일은 필기구를 마련하는 일부터 시작해서 글쟁이로 살아가는 동안 계속된다. 필기구 장만하기 연습의 나머지 과정은 다음과 같다.

> ✏️ **연습: 글쓰기 환경**
> 1. 평상시에 어떤 환경에서 글을 쓰는가?
> 2. 마음속으로 그 환경에서 글을 쓰고 있는 자신을 그려 본다. 환경을 개선하기 위해 하나만 바꾼다면 무엇을 바꾸겠는가?
> 3. 마음속으로 그 환경에서 글을 쓰고 있는 자신을 그려 보면서 앞에서 선택한 그 개선 사항을 적용했다고 상상하자. 어떻게 됐는가?
> 4. 이번 연습을 통해 배운 내용을 다 함께 공유한다. 다른 사람의 이야기에서 도움이 될 만한 내용을 찾아보자.

세상에 똑같은 사람은 하나도 없다. 예를 들어 나 같은 사람은 의자를 절실히 필요로 한다. 최근에 수업을 들은 한 학생은 시간을 인식할 수 없는 환경을 만들고 싶어 시계를 없애야 했다. 이 이야기를 듣고 매번 시간을 확인하고 싶지 않아 알람 시계를 가져다 놓으려 했던 다른 학생은 놀라움을 표했다. 그 외에 환경을 개선할 만한 내용(이 책에 쓰려고 모아 놓은 또 하나의 돌무더기)을 정리해 봤는데 그 내용은 다음과 같다.

- 음악
- 에어컨
- 약간의 햇빛
- 바깥 풍경

- 반려견이 누울 자리
- 최신 컴퓨터
- 최신 디스크 드라이브
- 최신 워드 프로세서
- 게임을 비롯해 집중을 방해할 요소가 없는 글쓰기 전용 컴퓨터
- 가구 재배치
- 손목 받침대

이런 것들은 그저 환경 개선의 시작에 불과하다. 여러분에게 필요한 것은 무엇인가?

음악 들으며 글쓰기

오랫동안 나는 글쓰기에 적합한 조용한 장소를 찾아다녔는데, 역설적이게도 정말로 원하는 환경은 음악에 파묻혀 글을 쓸 수 있는 곳이라는 사실을 깨달았다. 엘리베이터에서 나오는 음악 소리를 혐오하던 터라(이런 음악 소리는 글쓰기 엔진에 연료가 되지 못한다) 음악을 들으며 글을 쓰는 일을 한참 동안 꺼려 왔었다. 하지만 요즘 들어 음악이 글쓰기 작업과 긴밀한 관계가 있음을 알게 됐다. 이는 마치 숲속에서 숲 내음을 맡아 가며 돌 다루는 작업을 하는 것과 비슷하다.

래그타임, 블루그래스, 존 필립 수저가 쓴 행진곡, 백파이프, 클래식 기타 연주, 1850년 이전에 작곡된 클래식 작곡가들의 작품을 기분과 할 일에 따라 선택해 듣는다.(현재는 모차르트의 〈독일 무곡〉 작품 번호 509를 들으며 작업하고 있다.) 하지만 저마다 취향이 다르기에 다음 연습으로 학생들이 자신에게 맞는 음악을 찾도록 도와준다.

> ✏️ **연습: 음악 들으며 글쓰기**
>
> 1. 쓰고 싶은 글을 한 문단 생각해 낸 다음, 여러 가지 형식의 대표적인 음악을 몇 곡 선곡한다.
> 2. 선곡한 음악을 배경으로 깔고 생각했던 글의 초고를 작성한다.
> 3. 초고를 끝내고 나서 그 음악을 들으며 글을 쓸 때 어떤 느낌이었는지 작문 일지에 적어 둔다.
> 4. 매번 다른 종류의 음악을 들으면서 같은 내용으로 초고를 몇 번 더 작성하고 작성이 끝나면 느낀 점을 일지에 적는다.
> 5. 선곡해 둔 곡들을 모두 시도해 본 다음 모두 모여 느낀 바를 공유한다.

나는 모든 학생에게 연습 중에 가장 잘 맞는 음악이 무엇이었는지 나와서 발표하도록 시키는데 그때마다 뭔가 새로운 것을 배우게 된다. 물론 학생들도 마찬가지이다. 여러분도 한번 시도해 보기 바란다. 어느 학생은 이 단순한 연습이 기대 이상이었다면서 다음과 같이 밝혔다.

> "저를 글쓰기 공간 속으로 밀어 넣는 음악이 있더군요. 글이 잠깐 막혔을 때 도움이 되는 음악도 있었고요. 글을 고칠 때 제격인 음악도 있더라고요. 글쓰기, 글 고치기, 사무실 청소, 전자 우편 확인, 운동 등에 각각 맞는 음악을 선곡해서 … 이제는 음악 종류별로 모아 놓았습니다."

도전적인 자세로 자신의 작업 공간을 다각도로 꾸며 보자. 스스로 즐겁게 일할 수 있는 작업 공간도 만들어 내지 못한다면 무슨 수로 즐겁게 쓸 수 있겠는가!

글쓰기 중간 점검

가끔은 머릿속에서 한 장이 통째로 똑 떨어지게 잘 빠져서 어떻게 구성했는지조차 생각나지 않을 때가 있다. 14장도 그런 장이었다. 이번 장은 커다란 돌 하나로 초고를 잡았기 때문에 글 구성 과정상으로는 중요한 초석이 됐다는 의미 외에는 별다른 영향이 없었다. 아직 정리되지 않은 돌들을 사용할 기회는 없을까 해서 14장을 쭉 훑어봤지만, 초고 때부터 들어가 있던 돌들 외에는 따로 들어갈 돌이 없었다. 그리고 당연하지만 초고를 미리 써 둔 덕분에 전체적인 구성 작업이 간단해진 데다 본격적인 구성 작업이 필요한 앞뒤 두 장 사이에서 한숨 돌리기에도 좋았다.

Weinberg on Writing

15장

충분히 될 때까지
계속 밀고 나가기

Keep Moving Until You Have Enough

일이 얼마나 남았는지 알아보려면 잠깐씩 한 발짝 물러나 어디 빠진 부분은 없는지 조망해 봐야 한다. 그러다 보면 일을 마무리하기에 제격인 돌이 그냥 보이기도 한다.(사진: 대니 와인버그)

> "반쯤 쌓아 놓은 돌담이란 존재하지 않는다. 온전한 돌담이 아니면 그저 돌 더미일 뿐이다."[1]

반쯤 써 놓은 글도 아무런 의미가 없다. 나머지를 마저 끝내기 전에는 그저 돌 더미에 불과하다. 무슨 수를 써서라도 계속 이어 가야 한다. 막힌 채로 질질 끌지 말아야 한다. 자연석 기법은 막혔다는 느낌이 들더라도 글을 계속해서 이어 갈 수 있다는 장점이 있다.

이를 두고 한 학생은 이런 설명을 달았다.

> "내게 맞는 나만의 글쓰기 과정을 터득했다. 처음에는 전체 구조의 밑그림을 잡는 데서부터 시작한다. 그다음 의욕 넘치는 부분을 몇 군데 골라 쓰고 나머지 부분은 나중에 쓰도록 남겨 둔다. … 처음 이런 식으로 글을 쓸 때에만 해도 초고를 모두 완성하기 전에는 글을 고치면 안 된다는 '강박'이 마음 한편에 여전히 자리 잡고 있었다. 그러나 여기저기 건너뛰며 글을 쓰는 방식이 글쓰기 의욕을 고취하고, 글을 쓰는 순간이든 글을 고치는 순간이든 고도의 집중력을 유지하는 데 도움이 된다는 사실을 터득하게 됐다. 선택 유도법(nudge)에 감사를!"

작가들이 가끔씩 선택 유도를 필요로 하듯이 우리도 각자 자신만의 선택 유도가 필요하다. 이 책의 초고를 읽은 어떤 사람이 바로 전 인용문에서 학생이 추천한 '건너뛰며 글쓰기' 방식에 대해 다음과 같은 의견을 보내 주었다.

> "내 경우에 완벽하지는 않더라도 일단 전체 초고를 빨리 작성하는 식으로 선택 유도를 해 보면, 유용한 논리나 형식을 찾아내는 경우가

---

[1] J. Vivian, 《Building Stone Walls》(Pownal, Vt.: Storey Books, 1978), p. 2

많을뿐더러 다양한 생각과 관련 개념을 별다른 수고 없이 찾아내기도 한다."

어딘가에서 막힐 때면 나는 작업 공간을 정리하는 방법으로 돌파한다. 작업 공간은 조금만 소홀히 해도 산만해지기 쉽다. 사실 앞에 몇 장을 구성하면서도 약간 막히는 감이 든 적이 있었는데 그때에도 이 방법을 활용해 돌파했다. 그래서 내친김에 14장을 집어 들고 그 자리에서 완성해 버렸다. 작업 결과가 만족스러워 개요에 해당 장의 초고를 끝냈다는 표시를 해 놓았다.

구성 과정 중간 점검

남은 장들을 어떻게 채울지 좋은 생각이 떠오르자 전에 써 두었던 초고 중에서 긴 글들을 목록으로 만들었다. 미리 써 놓은 이 글들을 개요에 반영하고 나서 이번 '충분히 될 때까지 계속 밀고 나가기' 장을 작업하기로 마음먹었다. 어찌 보면 이 소재들이 모두 계속 밀고 나가는 데에 대한 것이므로 글발이 막힐 때 더 많은 글을 써내는 방법에 관해 좀 더 천착해 보기로 했다. 이런 생각을 하며 '정리 필요'로 분류해 놓은 주제들 가운데 여기에 어울릴 만한 주제로 일단 옮겨 갔다.

- 계속 밀고 나가기(장)
    - 중심 찾기-입신-전환[2]
    - 솔리테어 게임 하기
- 인용문 활용하기
- 조합의 힘 활용하기

---

[2] (옮긴이) 아이키도 용어로 입신(入身)은 앞으로 나아가는 몸놀림, 전환(轉換)은 앞발을 축으로 뒤로 180도 도는 몸놀림을 가리킨다.

- 빠진 부분 찾기
- 잠재의식 활용하기
- 솔리테어 게임 하기

이에 대해 좀 더 자세히 살펴보자.

막힐 때에는 '중심 찾기-입신-전환'을 활용하자

옴짝달싹 못하는 곤경에 처했을 때 대처하는 기술을 아이키도를 배우면서 습득했다. 아이키도의 '중심 찾기-입신-전환' 기술은 일대일이나 일대다로 적을 상대하기 위해 고안된 것이지만, '적'을 사람 대신 글쓰기의 어려움으로 바꾸면 글쓰기에도 이 기술을 쉽게 적용해 볼 수 있다.[3]

집중

첫 단계는 외부의 문제가 아닌 자신의 내면에 집중하는 것이다. 외부 세계를 다루기 전에 먼저 편안한 마음으로 잡념을 떨쳐야 한다. 다음은 수업 시간에 학생들이 집중력을 잃었을 때 (다시) 집중할 수 있도록 도와주는 연습이다.

> ✏️ **연습: 집중력 회복용 휴식**
>
> **목적:** 글을 쓰다 보면 뭔가 막히거나 걸리는 느낌이 들 때가 있다. 작가로 성공하려면 자기가 언제 막히는지 그리고 거기서 벗어나려면 어떻게 해야 하는지 알아야 한다.
>
> **준비:** 서너 명씩 조를 짠다. 조별로 한 가지 이상 '집중력 회복' 휴식 시간을 계획하되 다음과 같은 요건을 갖추도록 한다.

---

[3] (옮긴이) 글쓰기 맥락에 맞게 이후로는 '집중-진입-전환'으로 칭한다.

- 조원들이 글을 쓸 때 활용할 수 있어야 한다.
- 조원들 각자의 생각과 감정 유형에 다시 집중할 수 있는 것이어야 한다.
- 재미있어야 한다.

사례:

- 5분 동안 가볍게 맨손 체조나 몸풀기를 한다.
- 밖으로 나가서 바람을 쐰다.
- 2분 남짓 조용히 앉아서 명상을 한다.
- 일어서서 콧등에 연필을 올려놓고 되도록 오랫동안 균형을 잡아 본다.
- 책상 주변에 있는 사물을 하나 정해서 4분 동안 그림을 그린다.
- 커피나 차를 정성껏 끓여 마신다. 인스턴트는 안 된다!
- 공예용 찰흙으로 뭔가를 만들어 본다.
- 자기 팔다리를 주무른다.
- 음악을 틀어 놓고 거기에 맞춰 몇 분간 춤을 추거나 노래를 따라 부른다.

실행: 조별로 계획한 행동을 전체에게 소개하고 시범을 보인다.

수업 시간에 활용: 수업이 진행되는 동안 조원들은 조장이 집중력을 되살리자고 소리칠 때를 기다린다. 조장은 때가 됐다 싶으면 바로 일어나 휴식을 선언한다. 그런 다음 계획한 행동을 진행한다. 휴식 시간이 끝나면 무얼 경험했는지 그리고 그런 휴식 시간이 중심을 다잡는 데 도움이 되리라 생각한 이유를 밝힌다.

진입

집중력이 되살아났다는 느낌이 들면 바로 쓰던 글로 돌아간다. 그 글에서 뭔가 진전을 이루어 낸다. 창조적인 생각이 떠오르지 않는다면 다소 기계적인 방법이라도 써 본다. 계속 진행하다 보면 머릿속에서 창조적인 조합 과정이 일어나기도 한다.

가끔은 막힐 것이 뻔할 때가 있어서 모든 규모의 작업을 목록으로 준비해 놓는다. 본디 자연석 기법은 정해진 순서 없이 작업을 진행하는 것이므로 이럴 때 효과적이다. 즉, 작업에 들어가는 데 한 가지 일거리만 가져가지 않고 전체 작업 목록을 가져간다.

나는 다음 작업을 고를 때 그 당시의 기분, 시작 시점과 종료 시점, 자원, 주어진 시간 등을 고려해 결정한다. 컴퓨터만 있으면 작업은 대부분 몇 초 안에 시작할 수 있다. 준비 과정이 너무 복잡해지면 작업은 하지 않고 핑계부터 찾게 된다. 다음은 내 작업 목록인데 일부는 시간과 도구에 대해 설명을 덧붙여 놓았다.

- 맞춤법과 문법을 제대로 썼는지 검사한다.
- 정확한 참고 문헌을 찾아본다.(인터넷 접속이나 도서관 열람이 필요할 수도 있다.)
- 서식을 맞춘다.
- 잘 어울리지 않는 소재를 빼거나 다른 곳으로 옮겨 어색한 문장이나 군더더기를 정리한다.
- 인터넷에 들어가 필요한 자료를 찾아본다.(인터넷 접속만 되면 1분 내로 시작할 수 있다.)
- 문단 단위로 글의 품질을 측정할 수 있는 문서 편집기를 사용해 본다.
- 새로운 돌을 돌 더미에 옮겨 적는다.(책이나 공책이 필요할 수도 있다.)
- 돌 더미에서 돌을 몇 개 꺼내 읽어 보고 고친다.
- 돌 더미를 훑어보고 유사성 없는 돌들은 재분류하는데 가능하다면 새로운 돌 더미를 하나 이상 만들어 본다.

- 변경이 생긴 부분을 글 개요에 반영한다.
- 정말로 막막할 때에는 이미 써 넣었던 뭔가를 다시 써 넣는다.
- 문단을 하나 읽고 나서 기억을 되살려 다시 쓴 다음 원래 것과 비교해 본다.
- 자기 글을 마음속으로 하나 떠올린 다음, 다른 글을 읽고 나서 두 글 사이의 연관을 찾아본다.(1분 내외로 시작할 수 있다.)
- 바탕화면에 글을 펼쳐 놓고 솔리테어 게임을 한판 한다.

정신 차리지 않으면 이 작업들이 핑곗거리나 딴전 피우는 일로 변질될 우려가 있지만 잘 활용하면 하나같이 작품에 '진입'하는 데 도움이 된다.

 내가 하는 작업들은 크기도 제각각인 데다 모두 곧바로 시작할 수 있는 것들이라 시간이 얼마나 주어지든지, 아니면 얼마나 응집된 시간인지 상관없이 짬이 나는 족족 그 시간을 활용할 수 있다. 일부러 의도하지 않는 한 시간을 낭비할 일이 없다.(한 번은 한창 일에 열중하고 있는데 아내가 일기 예보를 틀어 하던 일에서 집중력을 잠시 잃은 적이 있었다. 자리에 눌러앉아 일을 못하게 한다고 투덜대는 대신 일기 예보를 들으면서 너끈히 할 수 있는 오타 교정으로 일을 바꿨다. 아내가 예보를 끄고 나서야 원래 하던 일을 다시 하게 됐지만 그 덕분에 쌓여 있던 오타가 많이 줄었다.)

전환

글쓰기로 들어간 다음에는 무언가 변화를 일으켜 작업을 진척시킬 준비가 되어 있어야 한다. 정말로 시작하기 어려울 때면 나는 발동을 걸어 주는 어쩌고저쩌고 써 보기 연습을 한다.

> **✏️ 연습: 어쩌고저쩌고**
>
> 1. 빈 종이를 한 장 준비하거나 컴퓨터에서 파일을 하나 새로 열어서 "어쩌고저쩌고…"라고 쓰기 시작한다.
> 2. 뭔가 다른 것을 쓰고 싶어질 때까지 계속해서 "어쩌고저쩌고…"라고 쓴다. 뭔가 쓰고 싶어지면 계속 쓸 수 있을 때까지 그 내용을 쓴다.
> 3. 작문 일지에 다음 질문에 대한 답을 적어 둔다.
>   a. 무의미한 글귀를 쓰면서 어떤 느낌이 들었는가? '올바른 행동'에 관한 옛 규범이 떠오르지는 않았나?
>   b. "어쩌고저쩌고…" 단계에서 벗어나게 된 계기는 무엇이었나? 작가 입장에서 봤을 때 그 계기는 자신에게 어떤 의미였나?
> 4. 이 연습에서 얻은 경험을 모두가 함께 공유한다.

집중-진입-전환 수순의 적용 사례

이번에는 집중-진입-전환 수순 전체를 따라가 보는 연습이다. 나는 이 훈련을 주기적으로 한다.

> **연습: 집중-진입-전환**
>
> 이 연습은 틀에 박힌 일상에서 벗어남으로써 틀에 박힌 사고에서도 벗어나는 데 목적이 있다.
>
> 1. '막혔다'는 느낌이 드는 문단을 하나 선택한다.
> 2. 선택한 문단을 한 번 이상 읽어 보고 나서 다음 단계로 넘어간다.
> 3. 주변에 다음과 같은 공간이 있는지 생각해 본다.
>   a. 한동안 발길을 끊었거나 아예 가 본 적이 없는 곳
>   b. 5분 안에 길을 건너지 않고 갈 수 있는 곳
> 4. 혼자서 그곳에 간다. 가서 평소에는 눈에 들어오지 않던 사물들을 되도록 많이

관찰한다. 거기서 몇 분간 머물며 그곳의 느낌을 가슴에 담는다. 돌아오는 길에는 새로운 소리에 귀 기울여 본다.
5. 돌아온 다음 아무 말도 하지 말고 편안히 자리에 앉아 단계 1에서 선택했던 문단에 대해 곰곰이 생각해 본다. 다시 읽지는 않는다. 작문 일지에 그 문단과 관련해 머릿속에 떠오른 생각을 모두 적어 둔다.
6. 작문 일지에 다 적었으면 기억나는 대로 그 문단을 다시 써 본다. 다 쓰고 나서 원래 것과 비교해 본다. 원한다면 그 문단을 다시 쓴다.
7. 모두 모여 이 과정에서 겪은 경험을 공유하고 필요하면 사용했던 문단에 대해서도 논의한다.
8. 작문 일지에 다음 질문에 대한 답을 적어 둔다.
    a. 이 연습을 하면서 어떤 느낌이 들었나?
    b. 문단이 나아지는 데 도움이 됐나?
    c. 혼자 있을 때에도 할 수 있겠나?
    d. 이것 말고 뭔가에 막혔을 때 평소에 쓰는 방법이 따로 있나? 이 방법과 비교해 본다면 어느 쪽이 효과적인가? 더욱 효과를 높이려면 어떻게 해야 할까?

구성 과정 중간 점검

여기까지 쓰고 보니 이번 장에 쓸 만한 돌이 이렇게 많이 남았음에도 벌써 상당한 분량이 됐다.

- 솔리테어 게임 하기
- 인용문 활용하기
- 조합의 힘 활용하기
- 빠진 부분 찾기
- 잠재의식 활용하기

남은 목록을 훑어보니 죄다 '잠재의식 활용하기'에 걸치는 내용이었다. 이런 중요한 주제는 별도로 장을 할애해 따로 다루는 편이 낫겠다는 생각이 들었다. 그래서 이번 장은 여기서 마치고, 새로운 장을 시작하려 한다. 새로 쓸 장의 개요를 다음과 같이 잡아 봤다.

- 잠재의식 활용하기
- 빠진 부분 찾기
- 조합의 힘 활용하기
- 인용문 활용하기
- 솔리테어 게임 하기

이제 페이지를 넘겨 실제로 그리 됐는지 확인해 보자.

Weinberg on Writing

16장

잠재의식 활용하기

Putting Your Subconscious to Work

미리 얼개를 잡거나 계획을 세우지 않고 지었을 텐데도 오랜 기간을 견디며, 비바람을 만난 행인에게 안식처 역할을 하고 있다.(사진: 피오나 찰스)

"돌을 다루는 기술은 창조적인 균형이 필요한 작업으로, 특이한 돌은 세로로 세우거나 이따금 특색을 내는 용도로 활용하고, 큰 돌은 삐죽 튀어나오지 않도록 제자리를 잡아 주어야 한다."[1]

빼곡히 쌓인 에너지 넘치는 돌들을 구성하다 보면 조금만 힘에 부쳐도 아무렇게나 해치우려는 유혹에 빠지기 십상이다. 그러나 진득해야 한다. 때가 무르익어야 제대로 된 구성안을 낳을 수 있다. 낳는다는 표현이 적절한 비유인지는 모르겠지만 말이다.

아기를 낳으려면 아무리 지극정성을 들여도 열 달이 걸린다. 그러나 생각을 낳을 때에는 양상이 사뭇 다르다. 생각이란 자신도 모르게 무의식 속에서 자라나지만 임신 기간을 줄여도 순산할 수 있는 단계적인 방법이 있다.

앞서 구성을 주제로 돌들을 배열하려 했을 때 엄두가 나지 않았던 적이 있었다. 그때 잠시 일손을 놓고 이번 장에서 설명하려는 기법대로 잠재의식에 일을 내맡겼다. 잠시 후 글을 구성하는 전반적인 원칙이 의식의 수면 위로 불쑥 떠올랐다. 의식 저 아래에서 어떤 일이 벌어졌는지는 알 수 없지만, 알 수 없기에 '잠재의식'이 아니겠는가? 아무튼 만족스러운 결과를 낼 만한 여건이 마련되면서 작업에 착수하게 됐다.

빠진 부분 찾기

글을 구성하는 데 문제가 생기면 잠자리에 들기 전에 마지막으로 한 번 더 소재를 검토한다. 그 덕분에 잠을 자는 동안 새로운 구성안이 자주 떠올랐던 듯싶다.

---

[1] C. McRaven, 《Stonework: Techniques and Projects》(Pownal, Vt.: Storey Books, 1997), p. 45

휴식을 취하면서 잠재의식을 불러내는 데는 음식을 먹는 것도 좋다. 어느 날 저녁 이 책의 주제 제목을 모두 다 개요에 올려놓고서 밥을 먹으러 주방으로 갔다. 식탁 의자에 앉아 일과표를 펼쳤는데 그 안에 독일산 셰퍼드 사진과 함께 개에 관한 명언이 실려 있었다. 거기 적힌 오늘의 명언은 배우 겸 저널리스트 로버트 벤츨리의 다음과 같은 말이었다.

"아이들은 개를 통해 충성심, 인내심, 포기하기 전에 세 바퀴를 도는 법을 배운다."

이 문장에 담긴 부조화에 킬킬대며 웃다가 내 글의 개요에 들어 있는 돌 하나가 번뜩 떠올랐다. '인용문 활용하기.' 하지만 글 구성 문제와는 아무 상관없는 벤츨리의 말을 어떻게 인용하면 좋을까? 골똘히 생각에 잠기자 '잠재의식 활용하기'라는 또 다른 돌이 떠오르더니 마침내 '빠진 부분 찾기'라는 돌이 퍼뜩 떠올랐다.

아하, 내 개요에 부조화에 대한 언급이 빠져 있었구나! '독창적인 균형감 갖추기' 돌이 있으므로 거기에 부조화에 관한 내용을 끼워 넣으면 될 듯했다. 그러다 다시 부조화를 이용해 균형이 잡히다 못해 정도가 지나친 글을 적절하게 균형을 잡아 주는 방법 하나만으로도 하나의 주제를 삼을 수 있겠다 싶었다. 그래서 저녁을 먹고 이런 생각이 전개된 과정을 작업 중인 장에 적어 넣었다. 독자들이야 이 절이 여기 있으니 그냥 읽겠지만 이 절 입장에서는 이곳저곳 얼마나 많은 자리를 옮겨 다니면서 살아남았는지 아마 상상도 못하리라.

이번 연습은 학생들에게 잠재의식을 불러일으켜 글에 빠진 내용이 없는지 살펴볼 때 쓰라고 시키는 방법이다.

✏️ 연습: 빠진 부분 찾기

주위 사람들과 의논하지 말고 다음 과정을 따라 해 보자.

1. 자신의 글 중에서 분량이 좀 되면서 따로 떼어 놓고 봤을 때 완성도가 어느 정도 있는 글을 준비한다. 하나의 장이나 기사 정도가 적당하다.
2. 작문 일지에 '빠진 부분 찾기'라고 제목을 쓴다. 그다음 직접 한번 소리 내서 읽어 본 후, 들어 있을 법한데도 없는 내용을 적어 둔다.
3. 글을 한번 쭉 읽어 본 후 다음과 같은 '눈 감기' 연습을 몇 차례 해서 그 밖에 빠진 부분은 없는지 살펴본다.
   - 자기가 글의 일부라고 상상한다. 몸에서 떨어져 나갔다는 느낌이 드는 부분은 없는가? 균형감이 떨어지는 부분은 없는가? 건강하게 제대로 구실하며 지내려면 알아 두어야 하는데도 잘 모르는 것은 없는가?
   - 익히 잘 아는 글 중에서 유사한 부분을 머릿속에 그려 보자. 비교 대상 글과 견주어 볼 때 자신의 글은 어떤 점이 모자라는가?
   - 예전에 뭔가를 빠트리는 바람에 누군가로부터 싫은 소리를 들었던 경험을 되살려 보자. 지금 이 글에는 그때처럼 빠트린 부분이 없는가?
   - 예전에 여행을 갔다가 뭔가 흘리고 온 경험을 떠올려 보자. 지금 이 글에는 그때처럼 흘린 내용은 없는가?
4. 이번에는 원본을 다시 읽어 본다. 뭐든 생각나면 바로 글에 덧붙여서 적는다.
5. 연습을 통해 얻은 경험과 고쳐 쓴 글을 다른 사람들과 공유한다.
6. 작문 일지에 다음 질문에 대해 답을 단다.
   - 연습은 어땠는가?
   - 연습을 하고 나서 글이 나아졌는가?
   - 개인적으로 봤을 때 이 연습을 혼자 하면 더 잘될까, 조를 짜서 하면 더 잘될까?
   - 이 연습 외에 빠진 부분을 찾아내기 위해 따로 쓰는 방법은 없는가?

빠진 부분이 눈에 띄는 족족 채워 넣을 필요는 없다. 독자들 눈에 띄지 않을지도 모르고 설령 눈에 띄더라도 저자의 과감한 생략에 찬사를 보낼지도 모른다. 어쩌면 독자들의 잠재의식을 불러내 빠진 부분을 채워 넣을 수도 있다.

또한 빠진 부분을 언급한 다음 관심 있는 독자들이 스스로 찾아보도록 참고할 곳을 밝혀 놓아도 된다. 예를 들어 나는 《컨설팅의 비밀》을 쓸 때 '보이지 않는 것 보기'라는 장을 배치했다.[2] 그 장에는 컨설턴트가 고객의 조직이나 고객이 제공한 문서에서 이가 빠진 부분을 찾아내는 방법이 들어 있다. 원고에서 빠진 부분을 찾아내는 것과는 다소 차이가 있었는데도 여러 작가로부터 많은 도움이 됐다는 이야기를 들었다. 그래서 여태껏 설명도 했겠다, '빠진 부분 찾기'에 관한 몇 페이지 분량의 소재는 이쯤에서 생략하려 한다. 이만큼 해 두면 내 책 《컨설팅의 비밀》이 서가에 없는 독자들은 이제라도 사 봐야겠다는 마음이 들지 않을까?

인용문 활용하기

> "이렇게 다듬어 놓은 돌만으로는 너무 반듯해서 답답한 감이 없지 않지만 자연석과 섞어 놓으면 그럴듯해 보인다."[3]

인용문은 다듬은 돌과 같다. 너무 반듯해서 과용하기 십상이다. 괜찮은 글쓰기 책이라면 너 나 할 것 없이 초심자에게 인용문에 너무 기대지 말라고 당부한다. 자연석 돌담을 쌓는 경우에도 역시 다듬은 돌을 과용해서는 안 되지만 적절히 섞어 쓰면 그럴듯해 보인다.

---

2 G.M. Weinberg, 《The Secrets of Consulting: A Guide to Giving & Getting Advice Successfully》(New York: Dorset House Publishing, 1985), pp. 69-86
3 McRaven, op. cit. p. 27

이번 절에 '인용문 활용하기'라는 제목을 붙였을 때에는 정말이지 저 인용문에 편승해 나 스스로 똑똑하고 글줄이나 읽은 사람인 체할 생각이 아니었다.(5장에서 글을 쓸 때 인용문을 제대로 활용하는 방법에 대해 몇 가지 설명했다.) 그 대신 이번 장에서는 인용문을 통해 잠재의식을 끌어내는 방법에 중점을 두고자 한다.

일과표에서 가져온 벤틀리의 인용문은 내가 구성 작업을 하기 위해 어떻게 잠재의식을 운용하는지 보여 주는 한 사례이다. 이런 종류의 인용문을 모아서 책으로 내기도 하는데 거기에 나오는 명언들은 하나같이 두고두고 회자되는 것들이라 뭇사람의 잠재의식을 자극하기에 충분하다. 이렇게 엄선한 인용문은 에너지를 흠뻑 머금고 있을 수밖에 없다. 따라서 인용문 모음집을 훑어볼 때 내 마음은 신선한 에너지로 달아오른다.

5장에서 언급했듯이 내 글에는 인용문 모음집에서 따온 내용을 넣을 생각이 결코 없다. 그리고 실제로도 거의 넣지 않는다. 그 대신 이런 소재는 글에 잠재의식적인 효과나 무의식적인 효과를 주는 데 쓴다. 일례로 이번 절에는 인터넷에서 인용문에 대한 인용문을 찾아보다가 발견한 마크 트웨인의 인용문에서 영감을 받은 부분이 들어 있다.

> "어떤 이야기가 두고두고 회자된다면 주저하지 말고 가져다 써도 된다."

이 인용문을 쓰지 않았더라면 독자들은 내가 두 단락 앞에서 '두고두고 회자된다'고 한 마크 트웨인의 말을 가져다 썼다는 사실을 모르고 넘어갔으리라. 어쨌든 나는 마크 트웨인의 말마따나 '두고두고 회자되는' 그의 말을 가져다 썼다.

하지만 인용문을 쓸 때에는 대부분 인용 구절을 그대로 가져오기보다는 잠재된 에너지를 끌어내는 데 힘쏟다. 예를 들어 오스카 와일드의 다음과 같은 말을 우연히 접한 적이 있다.

"인용문은 재치를 대신하기도 한다."

내가 쓴 다른 글에서는 아직까지 이 문장을 따오거나 가져다 쓴 적이 없지만, 쓸모 있는 돌덩이임을 알아보고는 영감을 얻을 수 있도록 화면 한편에 띄워 두었다. 그 덕분에 독자들이 벼르던 재치가 신통치 않을 때 영감을 다시 불러일으키는 용도로 인용문을 활용해 보라고 권할 마음이 생겼다.

글에 인용문을 넣을 때면 언제나 과용할 위험이 따르지만 글로 옮겨 적는 작업에서 인용문을 과용한 경우는 없었다. 마무리를 지은 글에는 잠재의식을 유발하는 요소가 등장하는 법이 없었기 때문이다.

솔리테어 게임을 하는 즐거움

솔리테어 게임과 잠재의식이 대체 무슨 상관인지 설명하고 넘어가야겠다. 독자들은 내가 솔리테어 게임으로 집중력을 되살린다는 사실을 이미 알고 있을 테지만, 이는 그저 여러 가지 활용 예 중 하나일 뿐이다. 내가 모은 솔리테어 게임이 아마도 50종은 족히 될 텐데, 그중에서 실제로 컴퓨터에서 하는 게임은 다음과 같은 엄선된 특징을 갖춘 것들에 한한다.

- 패가 모두 공개되는 것들이다. 숨겨진 카드도 없고 보이지 않던 카드들 중에서 행운의 패가 뜨는 경우도 없다. 패를 모두 드러내 놓고 하는 게임이 글 구성 작업과 더 잘 맞는다.
- 시시한 카드 옮기기 따위가 아니다. 모두 선택의 갈림길이 무수히 많

이 나오고, 선택을 잘못할 때 초래되는 결과도 매우 다양하다. 하나같이 이겨서 성취감을 맛볼 수 있는 것들이다.
- 선택의 갈림길에서 저장해 두었다 잘 안 되면 다르게 선택해서 다시 한다. 컴퓨터에서 자연석을 구성하는 일과 매우 비슷한 특징이다.
- 이론상으로 보면 모든 게임을 이길 수 있지만 질 것 같으면 초장에 그 판은 포기해 버린다. 이것도 역시 자연석을 구성하는 작업과 방식이 같다. '이기는' 돌이 내 손에 없다는 생각이 들면 돌을 더 모을 때까지 구성 작업을 미룰 수 있다. 이는 패를 다시 돌리는 것과 같다.

이런 특징이 있는 솔리테어 게임을 하다 보면 심리적으로 많은 이득이 생긴다. 이런 게임은 일단 즐겁기 때문에 장 번호를 다시 매기거나 참고 문헌을 찾아보는 일처럼 다소 지루하거나 재미없는 작업을 하고 나서 솔리테어 게임으로 스스로에게 모종의 보상을 주는 셈이 된다.

글을 쓰면서 좌절감이 들 때면 게임을 한두 판 하면서 좀 더 긍정적인 쪽으로 기분 전환을 해 본다. 쉽지는 않지만 게임은 언제나 이길 수 있기 때문에 몇 번 이기고 나면 해냈다는 느낌과 앞으로도 성공하리라는 확신으로 충만해진 채 글쓰기 작업에 매진하게 된다.[4] 설사 그렇지 못하더라도 내 정신 상태가 온전하다는 사실만은 확인하게 된다.

게임을 하는 중에는 작성 중인 글이 화면 한 귀퉁이에 보이게 해 둔다. 화면을 이렇게 배치해 두면 작업을 진척시키는 데 발목을 잡았던 문제를 잠재의식 속에서 숙고할 기회가 생긴다. 대개는 게임을 한창 하다가 머릿속에서 좋은 수가 떠올라 뒤에 열어 두었던 글쓰기 창으로 냅다

---

[4] 솔리테어 게임을 좋아하는 독자들을 위해 밝혀 두자면, 이 책을 쓰는 시점에 내가 하던 게임은 '체스보드'라는 것이었고, 당시 4601연승을 거두고 있었다. 다른 게임으로는 '삼엽(Trefoil)', '시혜븐 타워', '포위된 성' 등을 했다. 이번 장을 다듬을 때에는 '스파이더' 게임을 좀 더 쉽게 만든 '타란툴라' 게임을 2904회 연속 승리했다. '스파이더' 게임은 시간이 너무 오래 걸리는 데다 이기기 어려운 판도 있어서 '타란툴라' 게임으로 갈아탔다.

뛰어들게 된다. 가끔은 이런 수가 떠오르면 몇 시간 내리 글을 쓰기도 한다. 글을 다 쓰고 나서 화면에 반쯤 진행된 솔리테어 게임을 발견하고는 자주 놀라곤 한다.

솔리테어 게임과 글 구성 작업은 매우 흡사하기 때문에 솔리테어 게임을 하면 글을 구성할 때 쓰는 뇌의 부위와 동일한 곳을 자극하고 훈련하게 된다. 솔리테어 게임은 나에게 정신 단련장으로서, 무뎌진 정신을 가다듬고 더욱 예리하게 갈고닦는 장소인 셈이다.

작업을 바꿀 때에도 솔리테어 게임을 활용한다. 작업에 푹 빠져 있다가 다른 작업을 하려 들면 머릿속에 전에 하던 작업이 맴돌아 매번 멈칫하게 된다. 그래서 작업을 새로 시작하기 전에 짬을 내 솔리테어 게임을 한두 판 하면서 먼젓번 작업을 머릿속에서 말끔히 지운다.

솔리테어 게임으로 정신 상태도 판단한다. 나는 걸핏하면 근육통이 도져 그때마다 머릿속에 '만성 먹구름'이 낀다. 먹구름이 끼면 먹구름 속에 있으면서도 그 속에 있는지조차 모르기 때문에 그 정신 상태로는 글 구성처럼 어려운 작업은 금물이다. 이때 솔리테어 게임을 한판 해 보고 정신 상태를 가늠해 본다. 무심코 게임을 해 봐서 못 이기면 글을 구성하는 일에 손을 대서는 안 된다. 이럴 때에는 낮잠을 한숨 자거나 가볍게 체조를 해서 먹구름을 걷어 낸다.

다행히도 내게는 등 뒤에서 일거수일투족을 사사건건 간섭하는 상사가 없다. 상사는 오직 내 안에만 존재하면서 이런 '게임'의 가치를 인정해 주고 이해해 준다. 내 안의 상사는 솔리테어 게임이 글쓰기 작업에 큰 도움이 된다는 사실을 알고 있으므로 재미있고 생산적인 일을 하는 데 망설일 이유가 없다. 또한 내가 잠재의식이 시키는 대로 게임을 계속해도 '시간을 낭비'한다고 나무라지도 않는다. 나중에 좋은 결과로 돌아온다는 사실을 경험으로 알기 때문이다.

조합의 힘 활용하기

굳이 카드 게임을 하지 않더라도 솔리테어 게임의 장점을 십분 살려 잠재의식을 단련하는 방법도 있다. 구성하려는 돌들로 자신만의 솔리테어 게임을 만들면 된다. 담을 쌓는 돌로 구성하든, 책을 쓸 때 쓰는 낱말로 구성하든 상관없이 구성 작업의 이면에 깔린 기본 사상은 소재를 조합해서 그럴싸하게 만든다는 것이다. 이것이야말로 석공이 '독창적인 균형감'을 이루어 내는 비결이다. 쌓기 전에는 그저 아무렇게나 모아 둔 돌 더미에 지나지 않던 것이 쌓고 나면 천 년을 견뎌 낼 돌담이 된다.

그렇다면 어떤 담을 쌓아야 할까? 17세기 영국 왕당파 시인 리처드 러블레이스는 다음과 같이 썼다.

> "돌담은 감옥이 아니요,
> 쇠창살도, 새장도 아니며,
> 순결하고 조신한 마음이
> 은둔할 공간이라네."[5]

같은 돌로 감옥을 만들 수도, 은둔할 공간을 만들 수도 있다. 같은 낱말로 따분한 교과서를 쓸 수도, 명작을 쓸 수도 있다. 어떻게 구성하느냐에 따라 결과가 달라진다.

『타임』지가 20세기를 대표하는 인물로 뽑은 알베르트 아인슈타인은 많은 이에게 천재의 전형으로 인식된다. 그의 위대한 업적도 결국은 다른 사람들이 한 번도 같이 놓고 생각하려 하지 않았던 두 가지 대상인 빛과 전자기를 함께 연구한 데서 나왔다. 아인슈타인은 1000가지를 시도해 보면 한 번쯤은 뭔가 결과가 나오기 마련이라고 했다. 또 그의 성

---

[5] Richard Lovelace, 〈To Althea, from Prison〉

공 비결은 그보다 수십 배는 더 시도했다는 점이다.

내 과거를 돌이켜 봐도 성공했던 경험은 모두 그와 같은 비결에서 나왔다. 그 비결은 독자들의 것이 될 수도 있다. 예를 들어 내가 쓴 《프로그래밍 심리학》은 벌써 35년째 찍어 내고 있는데 그 어떤 컴퓨터 책보다 오래됐다. 이 책은 그저 그전까지 별개로 생각했던 두 가지 주제인 컴퓨터와 사람을 함께 놓고 다뤘을 뿐이다. 내게서 생각은 바닥이 날 수 있지만 생각의 조합이 바닥날 일은 없다.

따라서 성공한 작가가 되기 위해 반드시 무에서 유를 창조하는 방법을 알고 있을 필요는 없지만, 있는 것을 가지고 새로운 조합을 만드는 연습은 필요하다. 솔리테어가 바로 그런 역할을 한다. 다음은 조합을 연습해 볼 또 다른 '놀이'다.

✏️ 연습: 오려 내기

"제럴드 오빠, 이 책 정말 대단하기는 한데 장들이 너무 길다는 게 흠이야."[6]

"제럴드, 이 책 정말 대단하기는 한데 장들을 배치한 순서가 틀렸어."[7]

목적: 책처럼 분량이 좀 되는 글을 쓸 때에는 자꾸 되풀이해서 요리조리 구성해 봐야 한다. 이번에 소개하는 조별 연습을 통해 대비해 보자.[8]

1. 조원들이 낱말을 하나씩 생각한 다음 노트 카드에 적는다.
2. 전체 조원이 모두 다 한눈에 볼 수 있도록 카드들을 벽에 걸어 놓거나 탁자 위에 올려 둔다. 그다음 카드에 적힌 낱말들을 모두 사용해 조원마다 한두 문단씩

---

6 내가 쓴 《PL/1 Programming: A Manual of Style》의 초고를 검토한 내 누이 셰릴 플럼과의 대화 중
7 《Exploring Requirements: Quality Before Design》의 초고를 검토한 동료 주디 노와의 대화 중
8 N. Goldberg, 《Wild Mind: Living the Writer's Life》(New York: Bantam Books, 1990), p. 85에서 수정, 인용

글을 쓴다.
3. 조원들 앞에서 각자 자기가 쓴 글을 소리 내서 읽는다. 조원들과 이야기를 나누면서 구성에 대한 식견을 구한다. 조원 모두 이 단계를 거친다.
4. 각자 작업 중인 글이나 보고서, 책 등에서 고민 중인 부분을 가져와 조원들에게 읽어 준다.
5. 작업 중인 글 전체를 가져와 문단이나 장을 재배열해 본다.

활용:

1. 자기가 직접 쓴 글이든, 신문이나 잡지에서 가져온 글이든 상관없이 기존에 있던 글을 하나 가져와 가위로 한 줄씩 오려 낸다. 아니면 문서 편집기와 개요 도구를 활용해도 된다. 오려 낸 줄의 순서를 바꿔서 가져다 붙인다. 다른 곳에서 가져온 줄에다 추가로 덧붙여 본다.
2. 잡지 편집자를 하고 있는 내 학생 중 한 명은 약간 다른 방법을 쓴다.

> "내가 쓴 글을 구성할 때 나는 약간 변형한 형태의 오려 내기를 활용해 오고 있는데 잡지에 들어갈 기사를 편집할 때, 특히 기사가 좀 어수선할 때에도 이 기법을 활용한다. 구조나 논리적 전개가 눈에 잘 들어오지 않는 글을 만나면 문단 단위나 연속된 몇 개의 문장 단위로 종이를 오려 낸 다음 모아서 분류해 놓는다. 이렇게 하고 나면 재구성할 방법이 떠오른다."

상상하기

오려 내기 놀이가 실없어 보일지 모르겠다. 혹시 그렇게 보인다면 다음 경고를 되새기기 바란다. 실없는 사람이 될 각오가 없다면 글쓰기에서 손을 떼야 한다. 실없는 사람이란 이성적 판단이 느슨한 사람이다. 서로 관련이 없어 보이는 것들을 마음속으로든 실제로든 오려 내서 이어 붙이려면 확실히 이성적 판단은 유보해야 한다. 다시 말해 오려 낸 조각들의 조합이 실제로 어떤 의미가 있는지 따져 묻기보다는 어떤 의미가 있을지 상상해야 한다. 그러려면 잠재의식을 기꺼이, 안정적으로, 적극성을 띠고 불러일으켜야 한다. 이 말에 동의하기 어렵다면 아인슈타인이 했던 말을 되새겨 보자.

> "내 스스로 생각하는 방식을 돌이켜 볼 때마다 내게는 상상력이라는 재능이 새로운 지식 흡수 능력보다 훨씬 의미 있었다는 결론에 이른다."

구성 과정 중간 점검

여기까지 초고를 쓰고서 이번 장에 넣으려 마음먹었던 돌들을 재배치해 봤다. 또한 전에 다른 장에 넣을 생각이었던 돌을 몇 개 가져와 넣어 보기도 했으며 하위분류를 다시 하기도 했다.

남은 구성 작업은 다음과 같다.

- 다듬어 쓰기(긴 글)
    - 구체화
    - 공감을 불러일으키는 글쓰기
    - 인용문 다듬기
    - 추상과 구체
- 틈 메우기(긴 글)
    - 틈 메우기 기법
    - 돌을 구분하고 분류하기
    - 전환 어구
    - 기반 구상을 바탕으로 구성하기
- 제때 마무리하기(긴 글)
    - 과감하게 허물고 다시 시작하기

글을 구성하는 작업에 부담이 점점 사라지고 있음을 다시 한번 눈치챘을 것이다. 또한 돌들이 장별로 나뉘어 자리를 잡게 됐고, 따라서 개별 장 내에서 다시 구분하는 작업 외에는 따로 구분해야 할 돌이 남아 있지 않고, 개별 장 내에서 구분하는 작업은 산술적으로 봤을 때 훨씬 작은 일이라는 사실도 눈치챘을 것이다. 하지만 틀이 잡혔다가도 작업 진행 중에 새로운 돌이 나타나면 쉽게 바뀔 수 있음을 명심해야 한다.

Weinberg on Writing

17장

다듬어서 쓰자

Shaping Stones to Fit

글을 다듬다 보면 사진에 보이는 오크니섬의 '레이디 커크' 교회 같은 인상적인 글이 나오기도 한다. 이 교회 옛터에는 13세기에 자연석으로 지은 남쪽 담장과 1674년에 증축을 마친 나머지 부분이 함께 있다. 안정된 아치를 만들기 위해 돌을 어떻게 다듬었는지 눈여겨보자.(사진: 피오나 찰스)

"그리고 딱 맞는 돌을 찾기보다 다듬어서 쓰는 편이 빠를 때가 있다. 나는 세 번에 한 번꼴로 돌을 쌓기 전에 다듬는데 모서리를 살짝 쪼아 내기만 할 때도 있지만 솟아오른 부분을 깎아 낼 때도 있다."[1]

"여기는 자연석에 대해 논하는 자리이므로 오래된 상점이나 아치, 다리, 문, 창틀 따위에서 볼 수 있는 똑같은 모양으로 찍어 낸 벽돌은 논외로 한다."[2]

돌을 모아 놓고 보면 모양과 크기가 천차만별이라 어떤 때에는 모양이 독특한 돌을 쓰기에 마침맞은 자리를 찾거나 독특한 자리에 딱 맞는 돌을 찾는 일이 구성 작업이 되기도 한다. 하지만 가끔은 쌓을 담에 맞춰 돌을 다듬으면 구성 작업이 한결 쉬워지기도 한다.

인상적인 글쓰기

에이브러햄 링컨은 미국식 영어를 훌륭하게 구사하는 타고난 문장가였다. 그의 연설은 한 세기 반이 지난 지금도 여전히 커다란 공감을 얻을 만큼 인상적이다. 링컨이 한 말이라고 자주 인용되는 다음 문장은 인상적인 표현이 어떻게 나오는지 잘 보여 준다.

"인권과 재산권이 상충될 경우에는 언제나 인권이 우선이다."

링컨의 말에 나타난 논리적 구조는 내 글의 주된 독자층인 컴퓨터 프로그래머들에게 익숙한 구조이다. 프로그래머라면 '언제나'를 '만약'으로 바꿔 좀 더 수학적인 문장으로 표현할 것이다.

---

1 C. McRaven, 《Stonework: Techniques and Projects》(Pownal, Vt.: Storey Books, 1997), p. 4
2 McRaven, op. cit. p. 51

> 만약 A와 B가 상충되면,
> A를 택한다.

그러나 이 문장의 의미는 A와 B에 무엇을 대입하느냐와 독자의 어휘 수준이 어느 정도인지에 따라 불명확해지기도 한다. 가령 A와 B에 낯선 낱말이나 복잡한 낱말을 대입해 링컨의 말을 바꿔 보자. 낱말이 몇 개 없는 문장이라 구조는 여전히 명확하지만, 의미는 흐릿해지고 길이 남을 만한 가치는 사라진다.

많은 문장가처럼 우리도 외국어로 바꿔 먹물 냄새를 좀 풍겨 보기로 하자. 독일어를 몇 자 넣어서 그런 분위기가 나는지 살펴보자.

> menschlichenrechtsfragen과 eigentumrechtsfragen이 상충될 경우에는 언제나 menschlichenrechtsfragen을 택한다.[3]

놀랍게도 논리적 구조는 여전히 명확하지만 외국어를 이해하지 못하는 사람에게는 문장의 의미와 기억 용이성이 완전히 사라져 버린다.

더 단순하고 친숙한 낱말을 사용해 문체를 바꾸면 어떻게 될까? 이번에는 인용문을 고쳐 볼 텐데 사전에서 각 핵심 낱말을 정의하는 데 쓴 기본 어휘를 사용할 것이다.

> 법, 전통, 본성에 의해 인간의 외형, 본성, 품성을 지니거나 드러내는 인격체와 법, 전통, 본성에 의해 소유자가 법적 자격을 가지는 유형 또는 무형의 물체 사이에서 상호 배타적인 자극, 욕구, 경향에 대한 대립이나 동시 작용이 있을 경우에는 언제나 법, 전통, 본성에 의해 인간의 외형, 본성, 품성을 지니거나 드러내는 인격체가 더 큰 힘

---

[3] (옮긴이) 독일어로 menschlichen은 사람을, eigentum은 재산을, rechtsfragen은 권리를 말한다.

이나 영향력을 발휘한다.

이렇게 해 놓으니 기억하기 어려운 모호한 문장들이 난잡하게 흩어져 있는 법률 문서처럼 읽힌다. 이래서 법조문 하면 '깨알 같은 글자'가 떠오르고, 읽었다는 사실조차 기억하지 못하는가 보다. 결국 문장에 나오는 모든 낱말의 의미를 파악하는 것과 문장 전체의 의미를 파악하는 것은 별개의 문제인 셈이다.

링컨의 간결한 문장을 앞에 나온 장황한 사전식 정의와 비교해 보면 다음과 같은 결론에 이른다.

> 어휘의 부족함과 풍족함이 상충될 경우에는 언제나 부족함을 택한다.

그러나 링컨의 달변과 번역하기 어려운 우리의 독일어 문장을 비교해 보면 다음과 같은 결론이 나온다.

> 어휘의 풍족함과 부족함이 상충될 경우에는 언제나 풍족함을 택한다.

사실 이 두 결론은 모두 옳지 않은데 글쓰기라는 작업이 그렇게 단순하지가 않기 때문이다. 다음은 내가 내린 결론이다.

> 어휘의 풍족함과 부족함이 상충될 경우에는 언제나 작가에게 뭔가 할 일이 생겼다는 뜻이다.

그리고 이렇게 과하지도 않고 부족하지도 않도록 마침맞은 구체화 수준을 탐구하는 일이야말로 다듬기 작업의 진수이다.

단순하면서도 구체적으로 쓰기

이번에 소개할 내용은 안톤 체호프가 쓴 〈이오니치〉의 도입부다.

> 군청 소재지 S읍에 도착한 외지 사람들이 이곳이 따분하고 단조롭다고 불평하면 S읍 사람들이 변명 삼아 하는 말이 있다. "천만의 말씀! 이곳은 아주 좋은 고장이오. 도서관도 있지요. 극장도 있지요. 클럽도 있어 가끔 무도회도 열리지요. 게다가 아주 지적이고 재미있으며 유쾌한 집안도 많은데 그 사람들을 한번 만나 보구려." 이렇게 말하면서 가장 교양 있고 재능 있는 집안으로 투르킨 일가를 꼽았다.[4]

어떻게 하면 시골 마을의 모습과 거기 사는 사람들과 그곳의 삶을 이토록 인상적으로 묘사할 수 있다는 말인가? 거장은 한 문장으로 이를 그려 냈다. 체호프가 '클럽'이라는 평범한 붓놀림 한 번으로 얼마나 많은 의미를 그의 화폭에 담아냈는지 감상해 보자. 한 획 한 획 그어 가며 S읍의 사회상을 채워 가다가 투르킨 집안사람들의 면모가 제자리를 잡듯 간략히 두 번째 문단에 뒤따라오는 것을 우리는 선망의 눈길로 바라보게 된다.

어쩌면 제아무리 노력해도 체호프의 천재성 근처에는 얼씬도 못하고, 게다가 번역을 거쳐도 사그라지지 않는 번뜩임은 더 말할 나위도 없겠다고 생각할지 모른다. 자신의 이름을 체호프와 함께 언급하는 것조차 오만하다 여길지도 모른다. 그러나 글을 쓰겠다고 눌러앉았을 땐 자기 비하는 접어 두어야 한다. 거장과 비교하기를 그만두어야 비로소 거장의 작품을 연구하며 배울 수 있다.

하지만 체호프의 진정으로 위대한 점은 그의 작품이 읽기 쉽다는 데

---

[4] A. Chekhov, 《The Lady with the Little Dog and Other Stories》 중 〈Ionych〉(London: Penguin, 2002).

있다. 독자들에게 체호프의 작품은 그 자체로 속이 훤히 들여다보인다. 독자들은 단순히 시골 마을을 설명하는 낱말들을 읽는 것이 아니라 시골 마을 속으로 들어가게 된다. 우리는 읽고 즐기는 사이 흥미롭고 유익한 정보를 얻게 되는데, 이때 작품에서 작가의 간섭이 느껴진다면 그 작가는 실패한 셈이다. 이 작품은 마치 S읍으로 들어가는 길을 따라 세운 자연석 돌담 같다. 누가 쌓았는지 몰라도 한결같이 그 자리에 서 있다. 사람들은 돌담의 아름다움을 감상할 뿐, 거기에 쓰인 돌들을 일일이 살피지 않는다.

마찬가지로 실패한 글이라고 판단되면 아무리 잘 쓴 부분이 들어 있다 한들 일일이 살피지 않는다.

체호프가 실제로 S읍에 가 보고 글을 썼는지는 알 길이 없다. 어쩌면 수많은 마을을 돌아다니며 모은 돌이나 기억을 바탕으로 지어냈을지도 모른다. 방법이 어찌 됐든 간에 체호프는 독자들이 알고 있는 저마다의 시골 마을, 심지어 지구 반대편의 시골 마을에도 해당되는 보통의 기억을 찾아냈다. 자신의 천재성을 능숙하게 발휘해 일상 경험을 보편적인 수준으로 끌어올렸고, 그 덕에 그의 작품은 번역을 거쳐도 여전히 사랑받는 것이다. 체호프는 말하자면 보통 사람이 가지기 어려운 '보통 감각'을 가진 사람이었다.

누가 됐든 독자들의 일상 경험을 무시하는 작가는 반드시 실패할 뿐 아니라 그렇게 무시하다 보면 전동기 윤활유가 튀어 자연석 돌담이 더러워지듯 작품이 지저분해진다. 그러나 실패의 원인은 이 외에도 많은데 '보통'이 '간단'을 의미하는 경우가 별로 없기 때문이다. 작은 마을에 사는 가족 이야기를 좋은 글로 써내기는 난해한 수학 논문 쓰기보다 훨씬 어렵다. 독자층이 넓으면 넓을수록 글쓰기는 더 어려워진다.

공감을 불러일으키는 글쓰기

"나는 결과부터 따져 보고 일을 진행하는 편이다. 이처럼 분명하고 손에 쉽게 잡히는 관심사를 간과하는 우를 범하는 사람은 자신에게 불성실한 사람이라 생각하기 때문에, 작품을 시작할 때면 언제나 독창성을 염두에 두는 동시에 '감성이나 지성, 좀 더 일반적으로 말해 영혼을 울리는 무한한 영향과 감동 중에서 현 상황을 고려했을 때 어느 것을 선택해야 할까?' 하고 처음부터 자문해 본다."[5]
— 에드거 앨런 포

문장을 인상적인 글로 다듬고 싶다면 작가의 개인적인 계기에 독자들이 반응하기만 기대해서는 안 된다. 따라서 많은 독자에게 다가서려거든 '감성이나 지성, 좀 더 일반적으로 말해 영혼에 무한한 영향과 감동을 주는' 보편적인 계기를 가지고 작업해야 한다. 다음 연습이 도움이 될 것이다.[6]

> ✏️ **연습: 공감을 불러일으키는 글쓰기**
>
> 1. 예전에 써 두었던 글 중에서 다른 사람들과 함께 이야기해 보고 싶은 글을 하나 고르거나 새로 쓴다. 한 문단 이상의 분량이 되는 절을 선택해 그 절의 주제를 한 문장으로 써 본다. 예를 들어 이런 식이다.
>
>   메리는 양을 한 마리 길렀다.

---

5 Edgar Allan Poe, 〈The Philosophy of Composition〉, 《The Oxford Book of American Essays》에 수록, ed. Brander Matthews(New York: Oxford University Press, 1914), Essay 11
6 D.C. Gause, G.M. Weinberg, 《Exploring Requirements: Quality Before Design》(New York: Dorset House Publishing, 1989), pp. 97–97에서 수정, 인용

2. 이 문장을 네 가지 형태로 다시 쓴다. 예를 들면 다음과 같다.
   - 비난조로: 양이 제대로 크지 못한 것은 메리가 늘 아무렇게나 먹이를 준 데 직접적인 원인이 있다.
   - 달래듯이: 메리의 양이 크기는 작아도 내 양보다는 낫다.
   - 지나치게 논리적으로: 메리의 양은 국립축산협회에서 정한 기준보다 표준편차 0.37 정도 밑돈다.
   - 뜬금없이: 메리의 치마는 고급 프랑스 식당의 어린 양 갈비 요리에 얹혀 나오는 작은 종이 장식처럼 생겼다.
3. 둘씩 짝을 이뤄 서로 상대방이 다시 쓴 글을 소리 내서 읽어 준다. 읽어 주는 문장을 하나씩 들을 때 어떤 느낌이 드는가?
4. 이번에는 문장을 다음과 같은 다섯 가지 방식으로 다시 써서 독자들의 또 다른 감정을 불러일으켜 보자.
   - 연민: 메리의 양은 얼마나 굶었던지 얼어 죽지 말라고 덮어 준 담요마저 먹으려 했다.
   - 재미: 메리의 양은 엄청 작아서 호주머니에 넣고 다니며 생각날 때마다 입을 맞춰 댈 수 있었다.
   - 슬픔: 메리의 양이 너무 작은 탓에 푸줏간에서도 양을 잡으려 하지 않았다.
   - 분노: 예전에 메리의 양을 키우던 주인들은 굶기고 때리다 양이 기력을 잃자 쓰레기장에다 버렸다.
   - 공포: 한밤중에 메리는 그 작은 양을 숲속 깊숙이 끌고 들어가 목을 자르고 제물로 바쳤다.
5. 짝을 지어 상대방이 새로 쓴 글을 소리 내서 읽는다. 각 문장을 들을 때 어떤 느낌이 드는가? 원하는 느낌이 우러나지 않으면 다시 쓴다.
6. 골라 온 글이 상대방에게 어떤 느낌을 주길 바랐는가? 의도했던 공감을 불러일으키도록 원래 글을 다시 써 본다. 쓴 내용을 짝과 함께 점검해 본다.

이 연습을 하면서 나누는 대화 속에서 자신의 글이 상대방에게 미치는 영향 중에 계속 고수하고 싶거나 바로잡고 싶은 느낌이 드는 부분이 있는지 관찰한다. 절대

> 로 글을 변호하지 말고 독자들이 어떤 느낌을 받기 바란다는 이야기도 하지 말자. 글은 그 자체로 의미를 전달해야 한다. 글 자체로 의미가 전달되지 않으면 고쳐 써야 한다.

인용문 다듬기

> "겉모양은 나무랄 데가 없지만 한쪽 끝이나 모서리가 삐죽 튀어나온 식으로 크기가 맞지 않는 돌을 만날 때가 흔히 있다. 그렇다면 굵은 줄로 갈아 … 쇠줄에서 불똥이 튄다면 화성암일 가능성이 크기 때문에 망치질로 시간을 허비하고 싶지 않다면 다른 알맞은 자리를 찾아보는 편이 좋다."[7]

다른 집 마당에서 가져온 돌을 어떻게 활용하면 좋을까? 5장과 6장에서 살펴봤듯이 그런 돌은 화성암과 마찬가지로 손대지 말고 그대로 놔둔 채 알맞은 참조를 걸어 두고 필요하면 저작권료를 지불해야 한다. 아니면 본인의 문장으로 고쳐 써내야 한다. 이도 저도 하지 않으면 표절이다.

　인용문을 사용하는 문제, 특히 다른 작품에 넣기 어려운 인용문을 되짚어 보자. 이번에는 존 러스킨이 쓴 고전 《건축의 일곱 등불》에서 다른 예를 하나 들어 보겠다.(저작권이 만료된 고전의 경우 저작권료가 들지 않는다. 물론 이 경우에도 참조를 제대로 달지 않으면 표절이다.) 5장에서 에너지 원칙의 부정적인 사례로 러스킨을 인용했다. 그의 글은 필독서인 데다 에너지가 넘치는 돌도 더러 담겨 있지만 읽다 보면 진이 빠져 버린다. 이제 러스킨의 화성암을 고치거나 글자 그대로 인용하지 않으

---

[7] J. Vivian, 《Building Stone Walls》(Pownal, Vt.: Storey Books, 1978), p. 31

면서 돌담에 맞게 다듬는 방법을 고민해 보자.

러스킨은 책을 시작하며 예술가들에게 질문을 던지는데, '완벽함의 원천은 어디인가'라는 첫 문장은 무려 33단어로 이루어졌다. 더구나 그 질문 뒤에는 다음과 같은 거대한 바윗덩어리가 따라 나온다.(경고: 나쁜 사례가 나옴)

"답변은 '해야 할 일을 찾아낸 후 한다.'라는 포괄적이면서도 간단한 것이었는데, 여기서 포괄적이라는 말은 이 답변이 잠정적으로 속한 예술 분야를 고려했다기보다, 인간의 손길이 미치는 모든 방면의 위대한 성공 원칙을 표현하자면 그렇다는 의미로, 내가 이렇게 생각하는 데는 수단 방법이 부족하거나 끝까지 해 보지 않고 쉽게 포기해서 실패하기보다, 실제 해야 할 일을 제대로 이해하지 못해서 실패한다고 믿기 때문이고, 따라서 실패란 조롱의 대상이며, 가끔은 비난의 대상이기도 하지만, 사람들은 스스로를 모종의 완벽한 존재로 착각하고, 제대로 상담해 보면, 이런 논리는 자신들의 재량하에 있는 수단 방법으로는 불가능해 보이는 경우가 있어서, 우리의 사고방식을 방해하는 수단 방법을 고려하는 더 위험한 오류일지도 모르고, 한편으로는 그 자체로 선이나 완벽에 대한 우리의 인식을 가로막는 일이 불가능하지 않다."[8]

5장에 나온 러스킨의 첫 번째 인용문과 마찬가지로 이 인용문도 플레시 문장 가독성 0점, 독해 등급 67단계이다. 다시 말하지만 내 기준에서 나쁜 사례로 써먹는 경우를 제외하면 이 정도 크기의 바위로 쌓을 돌담은 없다. 하지만 작은 바위 몇 개로 쪼개고 보니 쓸 만한 돌 4개가 눈에 띄

---

[8] 존 러스킨, 《건축의 일곱 등불》(고명희 옮김, 부북스, 2024)

기에 '설계' 더미에 보관해 두었다.

a. 해야 할 일을 찾아서 한다.
b. 올바른 일을 하는 것이 일을 올바로 하는 것보다 더 중요하다.
c. 초기 개념 설계에서는 물리적 제약은 신경 쓰지 않는다.
d. 불가능한 일이더라도 그에 대해 생각해 보는 일은 유용하다.

이 돌들을 다른 책에 활용하기 위해 여러모로 갈고닦았다. a는 구절을 집어서 낱말째 그대로 옮겼다. 이 구절은 화가 윌리엄 멀레디가 한 말이라고 밝힐 필요가 없었다. 왜 그럴까? 첫째, 멀레디는 러스킨 시대에 유명했을지라도 오늘날 내 글을 읽는 독자 대부분에게 아무 의미가 없다. 둘째, '해야 할 일을 찾아서 한다'는 말은 단순 명료해서 언제 누구의 입에서 나와도 이상하지 않다. 참조를 붙여 봤자 단순함의 미학을 해칠 뿐이다. 다음 문장과 마찬가지이다.

"X 잡지의 1999년 1월호(통권 17) 78쪽에 실린 나이키 광고에 나온 말처럼 '그냥 해 보는 거야(Just do it).'"

마지막 세 어절을 제외한 나머지는 멋진 바위에 들러붙은 푸석푸석한 먼지에 불과해 다 털어 내야 한다.

나머지 돌 3개(b, c, d)는 기술 분야 독자들이 공감하도록 현대적인 말로 다듬어야 했다. 어떤 독자가 대상인지에 따라 돌을 다듬는 방식도 달라야 한다. 이런 돌 다듬기에 익숙해지기 위한 간단한 연습으로, 한 가지 생각을 세 가지 이상의 완전히 다른 형식으로 다시 써 보는 방법이 있다. 예를 들어 "올바른 일을 하는 것이 일을 올바로 하는 것보다 중요하다."라는 문장은 다음과 같이 다시 쓸 수 있다.

- 쓸모없는 일은 제대로 할 만한 가치가 없다.
- 실패의 방정식: 잘못된 문제 + 완벽한 기술 적용
- 쓰레기를 예쁘게 포장하지 말라.
- 헨리는 1999년에서 2000년으로 넘어갈 때 소프트웨어 기능이 정확하게 작동하도록 지침서를 개정하느라 2001년 내내 바빴다.
- 폴란드 의학 협회는 세계 최초로 맹장 이식에 성공했다.(이 농담이 정치적으로 부적절하다는 생각이 들겠지만 나는 이 농담을 폴란드 학생에게 들었다.)

이제 직접 해 보자.

> ✏️ **연습: 다양한 형식으로 다양한 효과 내기**
>
> 다음 두 돌 중에 하나를 골라 최소 세 가지 이상의 형식으로 다시 써 본다. 자신의 생각이나 자신이 몸담고 있는 분야의 고전에서 내용을 가져와도 좋다.
>
> c. 초기 개념 설계에서 물리적 제약은 신경 쓰지 않는다.
> d. 불가능한 일이더라도 그에 대해 생각해 보는 일은 유용하다.

구성 과정 중간 점검

돌 더미를 되돌아보니 이번 장의 초안을 작성하면서 몇 군데 수정한 곳이 눈에 띄었다. 장 제목을 바꿨고, 돌 하나를 둘로 쪼겠으며, 몇몇 절 제목의 어구를 바꿨고, 이름을 붙이지 않은 조약돌 몇 개를 다음 두 장으로 넘겼으며, '추상과 구체' 돌은 더는 이 책에 어울리지 않아 플럽에 던져 버렸다. 이제는 부담이 덜 한 것들만 남은 덕에 복잡한 조각 그림 맞추기를 거의 마치고 이제 마지막 몇 조각만 남은 느낌이다. 구성이 잘 될 때에는 이런 식으로 술술 풀려간다.

Weinberg on Writing

18장

틈새 메우기

Filling the Cracks

이 담을 쌓은 사람은 점토를 과하게 써서 갈라진 틈을 메웠는데, 그보다는 더 견고한 구조로 다시 설계하는 편이 나았다. 점토는 자연석만큼 단단하지 않아서 사진에 보이듯이 결과적으로 구조물 전체에 걸쳐 세로로 큰 균열이 생기고 말았다. 글을 쓸 때 이런 일이 벌어지지 않게 하려면 점토 역할을 하는 낱말 사용에 신중해야 한다.(사진: 대니 와인버그)

"돌이 덜걱거리면 튀어나온 부분을 갈아 내거나 빼내고 비워 두거나 아랫돌에 이음매를 붙여 버팀돌로 삼는 편이 잔돌이나 굄돌로 덧대는 것보다 낫다."[1]

석공들에게는 자기가 쌓은 돌담의 품질을 가늠하는 수많은 품질 기준이 있는데, 대부분은 돌 사이에 생긴 틈새를 어떻게 처리했는지를 중요하게 본다. 점토 없이 쌓은 돌담은 맨돌담(drystonewall)이라 해서 점토를 바른 담보다 더 높게 쳐준다. 점토는 돌만큼 오래가지 않기 때문에 점토를 너무 많이 쓴 담은 계속 보수해 주지 않으면 오래지 않아 무너지고 만다.

맨돌담은 오래간다. 특히 언젠가 떨어져 나가기 마련인 잔돌이나 굄돌 없이 이를 딱 맞춘 경우에는 더욱 오래간다. 이런 사실은 석공들뿐 아니라 작가들에게도 시사하는 바가 크다.

낱말이라는 돌들을 초안 형태로라도 쌓아 놓은 다음, 그 돌들이 서로 어우러지게 해서 하나의 안정된 돌담으로 만들어야 한다. 이 작업을 하려면 여러 기술이 필요한데 잔돌과 굄돌은 물론 점토까지 써 가며 틈을 메워야 한다. 이런 기술을 적절히 활용하면 아무 돌이나 두세 개씩 뭉쳐 쌓아도 독자들 눈에는 한 덩어리처럼 보인다.

글을 쓸 때에도 자연석 돌담을 쌓을 때와 마찬가지로 점토를 과하게 쓰는 일은 피해야겠지만, 맨돌담은 이름 그대로 너무 맨 것이라 메마른 느낌이 날 때가 있다. 가끔은 글에 쓴 돌이 잘 들어맞지 않아 생각 같아서는 튀어나온 부분을 깎아 내고 싶지만 현실적으로 깎아 내기 힘들 때가 있다. 이럴 때에는 잔돌이나 굄돌을 쓰거나 점토를 써서 돌을 빈틈없이 맞춰야 한다.

이런 굄돌 중 하나로 전환 어구[2]가 있다. 이를 살펴보자.

1 J. Vivian, 《Building Stone Walls》(Pownal, Vt.: Storey Books, 1978), p. 29
2 (옮긴이) 문장과 문장을 연결해 주는 어구로 '또한, 게다가, 무엇보다도, 먼저' 등이 있다.

이어 쌓기

전환 어구를 붙이는 작업은 굳이 마지막으로 미뤄 둘 필요가 없다. 돌을 수집하면서 서로 잘 들어맞는지 염두에 둔다면 마무리에 쓸 점토량이 제법 줄어든다. 때로는 모아 놓은 돌무더기를 뒤지다가 전에 눈여겨봐 둔 돌과 왠지 어울릴 듯한 돌을 발견하기도 한다.

그럴 때에는 그 두 돌이 현재 쓰는 글과 그다지 관련이 없어도 같이 보관해 두는데, 이는 돌 자체도 중요하지만 돌을 어떻게 이어 쌓을지도 매우 중요하기 때문이다. 대응되는 쌍을 보관할 때면 나는 대개 파일 체계 내 동일 항목이나 동일 파일에 넣어 두거나 지시자(pointer)나 이중 지시자, 검색어를 붙여 돌 사이의 연결을 유지한다. 가끔은 두 돌을 그냥 하나의 돌로 합쳐 버릴 때도 있다.

예를 들면 문득 '일정 치킨 게임'[3]에 대한 기록을 찾은 적이 있었는데, 바로 전에 본 '잘못된 신념'에 대한 기록이 머릿속에 떠올랐기 때문이었다. 그 기록에는 사람들이 자기 작업을 논의하는 방법에 대한 고민이 담겨 있었다. 이 두 기록이 밀집하게 관련됐다는 사실을 깨닫고, 컴퓨터에서 잘못된 신념에 대한 기록을 일정 치킨 게임에 대한 기록 파일 쪽으로 옮겨 놓았다. 이렇게 하고 보니 기사 하나 정도 쓸 만한 분량이 되어 단숨에 써서 그다음 날 바로 기고를 했다.

틈을 메울 때에는 밀접하게 관련된 항목들을 이어 붙여 미묘한 관계를 좀 더 뚜렷하게 드러내되 거기서 그쳐서는 안 된다. 돌 맞추기에 능숙해지면 무슨 돌이든 끼워 맞출 수 있는데, 다음 연습을 통해 정말 그런지 시험해 보기 바란다. 함께할 동료가 없다면 자신이 쓴 글 또는 문학 작품에서 문단 3개를 직접 고른다.

---

[3] (옮긴이) 치킨 게임이 일정 준수와 관련해 벌어지는 경우, 다시 말해 프로젝트 진행 도중 일정을 지킬 수 없는 상황이 되었을 때 프로젝트 관련자들이 다른 누군가가(또는 다른 팀이) 먼저 말하기를 기다리며 버티는 경우를 일컫는다.

> 📝 **연습: 전환 어구**
>
> 글의 분량이 늘어날수록 하나의 발상, 문단, 장에서 다음 발상, 문단, 장으로 독자들을 끌어가는 방식에 더욱 주의를 기울여야 한다.
>
> 1. 3명이 한 조를 이룬다. 각자 연습에 사용할 글을 하나씩 준비해 온다.
> 2. 준비해 온 글에서 문단을 하나씩 고른다. 골라낸 문단 3개를 저마다 다른 순서로 나열하고 적절한 전환 어구를 써넣어 말이 되도록 글을 구성한다.
> 3. 각자 쓴 글을 조원들 앞에서 소리 내서 읽는다. 구성 방법에 서로 배울 점이 있는지 살펴본다.
> 4. 반 전체를 대상으로 각자 깨달은 바를 공유한다.
> 5. 준비해 온 글에서 절이나 장 단위로 뽑아 연습을 반복한다.
>
> **변형:** 동일한 과정을 문장 단위로 적용할 수 있다.

다음은 이 연습의 활용도를 보여 주는 예이다. 3명이 저마다 고른 문장 3개가 나오는데 모두 일종의 인용문이다.

1. 직접 쓴 글에서: "내가 밤에 태어났을지도 모르지만 간밤에 태어났을 리는 없다."
2. 웹사이트에서: "우리는 최근 응용 프로그램이 점점 더 복잡해지고 기술은 급격히 바뀌며 적기 시장 출시에 대한 압력이 높아진다는 사실을 안다."
3. 1895년 영국왕립협회 회장이었던 켈빈 경의 말에서: "공기보다 무거운 기계는 절대 날지 못한다."

연습 과정에서 다음과 같은 글이 나왔다.

> 라이트 형제가 키티 호크호를 타고 비행하기 7년 전인 1895년, 당시

영국왕립협회 회장이었던 켈빈 경은 공기보다 무거운 기계는 절대 날지 못한다고 확신에 찬 어조로 잘라 말했다. 분명히 말해, 급격히 바뀌는 기술에 대해 확신을 가지고 단언할 수 있는 단 한 가지는, 누구든지 그 같은 기술을 이해한다고 단언하는 사람은 무식하거나 거짓말쟁이라는 사실이다. 그래서 어느 판매원이 최근 응용 프로그램이 점점 더 복잡해지고 기술이 급격히 바뀌며 적기 시장 출시에 대한 압력이 높아지고 있음을 이해한다고 강변했을 때 나는 그를 쫓아내 버렸다. 내가 밤에 태어났을지도 모르지만 간밤에 태어났을 리는 없다.

문단 전체가 아귀가 맞고 온전히 말이 되는 것이 마치 소담스런 자연석 돌담을 보는 듯하다.

낱말로 틈 메우기

돌보다 점토가 눈에 더 들어오는 자연석 돌담이라면 서툰 솜씨로 쌓은 것이다. 자연석 기법으로 글쓰기도 매한가지이다. 이 책에 연결 기법을 사용한 문장이 많이 나오는데 그중 점토가 쓰였다고 눈치챈 문장은 몇 개인가?

아마 13장을 시작하면서 언급한 멘델레예프에 대한 내용을 떠올렸을 듯싶다. 이 책을 어떤 식으로 구성할지에 대해 쓰기 시작하던 시점에, 멘델레예프 예제 때문에 얼마나 고생을 했는지 모른다. 멘델레예프에 관한 자료 몇 가지를 인터넷에서 찾아보고 나서야 좀 더 자연스럽게 엮어 낼 수 있었다. 이는 마치 작은 돌들을 뭉쳐 놓는 것과 같아서 돌담의 주요 부분은 아니지만 소재들을 함께 묶고 독자들의 관심마저 묶어 준다. 점토가 보이는가?

가끔 전환 어구 같은 점토질 낱말 덩어리를 구절이나 문장, 문단 사이에 쓰기도 한다. 다음 문단부터 여러 가지 점토질 낱말을 사용할 텐데 특별히 굵은 글씨로 강조했다. 보통은 굵게 강조하면 독자들의 몰입을 방해하지만 이번에는 바로 그 점을 노렸다. 강조를 하지 않으면 독자들은 대부분 점토질 낱말을 알아보지 못한다. 점토질 낱말을 이렇게까지 많이 쓰면 곤란하지만 어쨌든 작가의 의도대로 독자들을 이끌고 가려면 전환 어구를 어떻게 써야 하는지 확실히 보여 줄 생각이다.

먼저, 돌담은 물리적인 연결 없이 **단지** 비슷한 돌이 여기저기 눈에 띄기만 해도 일관성이 느껴진다는 사실에 주목해 보자. **마찬가지로** 글쓰기에도 이런 식의 대구법(對句法) 관련 용법이 많다. 먼저 인상적인 낱말을 쓰고 나중에 이를 반복한다. **아니면** 인상적인 구절이나 문장 구조를 반복해도 좋다. **또는** 운율을 동일하게 맞춰 써도 된다.

역설적으로 유사성뿐 아니라 대조도 두 부분을 묶는 데 유용하다. **한편** 대조는 과용하기 쉽다. **그러나** 이 말이 반드시 대조를 사용하면 안 된다는 뜻은 아니다. **하지만** 작문에 대한 책에서는, 두 부분을 묶는 방법으로 대조를 사용할 때 신중한 편인데, **그렇지 않으면** 독자들은 내가 대조의 과용을 옹호한다고 생각해 버린다.

그렇다면 생각의 연결은 어떨까? 인과 관계는 강한 결합이다. '따라서'와 '결과적으로' 같은 말은 독자들의 마음을 다음 생각으로 끌고 가는 만큼 주의가 필요하다. 다음 예와 같이 납득되지 않는 인과 관계가 보이면 독자들은 갑자기 흐름이 끊김을 느낀다.

> 그는 녹색 양말에 파란 신발을 신고 있었다. **그래서** 그녀는 냅킨에 그의 전화번호를 적었다.

이 문장은 원인과 결과 사이의 연결에 의문점이 있기 때문에 **오히려** 독자의 마음을 끌고 있다는 점에 주목해야 한다. **따라서** 독자의 관심을 끌고 싶다면 이처럼 명백히 불합리한 추론을 사용하면 된다. **하지만** 이렇게 할 때에는 글을 읽어 가다 보면 혼란스러운 관계를 이해할 수 있으리라는 독자의 기대를 충족시켜 주어야 한다.(**예를 들어** 앞에 나온 명백하게 불합리한 추론 관계는 '그녀는 색맹인 남성에게 매력을 느꼈다'는 식으로 해명해야 한다.) **따라서** 추가로 설명할 생각이 없다면, 독자를 끌어들이는 수단으로 써서는 안 된다.

반대로 불합리한 추론으로 이야기의 인과 흐름을 깨기보다는 자연스러운 시간 흐름에 따른 독자의 기대 심리를 활용하는 편이 낫다. **예를 들어** 다음 문단은 서로 상관없는 사건 다섯 개를 엮어 한 편의 이야기가 되게 하거나 적어도 한 편의 이야기처럼 느껴지게 한다.

> 우리는 그 소프트웨어를 고쳤다. **그다음** 약간의 코드를 새로 짰다. **그러고 나서** 오퍼레이터에게 메시지를 남겼다. **그다음 날** 버그를 하나 발견했다. **이어서** 우리는 그 제품에 대해 불평을 했다.

확실히 사람들은 마음속으로 연결을 짓기 때문에 사건을 역순으로 나열해도 거의 같은 의미가 된다.

> 우리는 그 제품에 대해 불평을 했다. **그다음** 버그를 하나 발견했다. **그러고 나서** 오퍼레이터에게 메시지를 남겼다. **그다음 날** 약간의 코드를 새로 짰다. **이어서** 우리는 그 소프트웨어를 고쳤다.

이 문장들에서 연결이 반드시 필요한 문장은 하나도 없음을 눈여겨보자. 이번에는 좀 더 극적인 예제를 살펴볼 텐데, 똑같은 구조에 다른 내용을 임의로 집어넣었다.

시카고로 갔다. **그다음** 수정 구슬을 발견했다. **그러고 나서** 피가 솟구치는 느낌이 들었다. **그다음 날** 저녁에 양고기를 먹었다. **이어서** 찰리 채플린 영화를 봤다.

이처럼 관련 없는 행동들을 하나의 이야기로 꾸미고자 골머리를 앓지는 않았나? 점토질 낱말에는 이런 문장들을 하나의 이야기로 엮어 내는 힘이 있다. **바로 이래서** 이야기다운 구조를 만드는 데 많은 신경을 쓸 수밖에 없다.

마찬가지로 영화에서 사용하는 이야기다운 구조를 적용해도 되는데, 예를 들어 공간을 활용해 연결하는 기법이 있다. '**벤치로 걸어가면서⋯**'와 같이 장면을 차츰차츰 옮겨 갈 수 있다. 또는 '**한편 연구실에서는⋯**' 같이 급작스럽게 장면을 바꿀 수도 있다.

그 밖의 영화적 기법으로는 인물을 활용하는 방법이 있다. 실존 인물이냐 아니냐를 떠나 인물은 다른 어떤 대상과 연결 지어도 무리가 없다. 실존 인물의 내면적 독백을 인용하거나 가상의 인물을 만들어 대화에 참여시키기도 한다. **물론** 논픽션에도 꾸며 낸 화자들이 많이 등장한다. **게다가** 가상의 인물들도 실제 삶에서 따온 경우가 많기 때문에 허구와 비허구를 구분하는 기준조차 허구일 뿐 실제로 기준이란 존재하지 않는다.

끝으로 어떤 돌을 다른 돌의 예제로 사용함으로써 언제라도 서로 묶을 수 있음을 잊지 말자. **그런데 이 경우에는** 예제가 끝나고 다음 돌이 시작되는 부분이 어디인지 밝혀야 한다. **때로는** 절 제목 같은 구조를 끼워 넣어서 경계를 밝히기도 한다.

기본 구상 위에 쌓아 올리기

"높은 담일수록 기초가 깊어야 한다. ⋯ 그러려면 깊이 파묻혀서 잘 보이지 않는 부분에도 많은 공을 들여야 하지만, 그 덕분에 결과물의 품질이 좋아진다."4

이전 절에서 담에 접합제를 바르는 일이 얼마나 쉬운지 봤다. 그러나 움푹 들어가거나 때우거나 메운 부분이 지나치게 많은 담은 제대로 된 담이 아니다. 이런 담은 오래가지 못한다. 이어 쌓기에 아무리 능숙하다 해도 근본적인 흐름을 제대로 지켜야 하는데, 그런 흐름은 기본 구상이나 줄거리에 바탕을 둔다. 기초를 놓는다는 것은 이를 두고 하는 말이다.

앞서 풀어 본 연습 문제를 보면 전환 어구를 이용해 인용문 3개를 하나로 결합했는데, 그 결합이 튼튼한 이유는 "전문가의 예측을 어느 정도까지 믿어야 할까?"라는 명제가 하나의 기본 구상으로 바탕에 깔려 있기 때문이다. 다양한 점토질 낱말과 전환 어구를 활용한다 해도 어느 정도의 자연스러움이 우러나오기 위해서는 기본 구상을 찾아 독자에게 제대로 전달하는 작가의 능력이 필요하다.

소설을 쓴다면 기본 구상이 있어야 이야기가 독자에게 다가갈 수 있다. 기술 관련 글이면 기본 구상으로 정보를 전달한다. 따라서 작가는 모든 연결을 마쳤다고 생각될 때 한 발짝 뒤로 물러나 기본 구상을 지키고 있는지 확인해 봐야 한다. 다음은 내 수업을 들었던 학생이 이 확인 과정에 대해 설명한 글이다.

"이 글을 쓰면서 여러 가지를 얻었습니다. 수업 시간에 들었던 단순하지만 강력한 선택 유도법을 기억해 내서 '핵심' 내용 아래에 숨은 이야기를 파악해 애초에 이 글을 쓸 마음을 먹게 한 에너지와 다시

---

4 Ibid. p. 40

연결했습니다. 제가 '수용' 단계라 부르는 '느낌에 대한 느낌' 단계를 설명하는 절로 마무리 지었는데 당시에는 전율마저 느꼈습니다. 그 절을 쓰면서 이미 알고 있으면서도 미처 깨닫지 못한 소중한 무언가를 배웠는데, 다름이 아니라 올바른 의사소통을 위한 가장 강력한 무기는 느낀 그대로 받아들이는 것이라는 사실이었습니다."

달리 말해 딱 들어맞지 않는다는 느낌이 조금이라도 있으면, 즉 길을 잃고 헤매고 있다면 할 일이 좀 더 남았다는 뜻이다. 하지만 걱정할 필요는 없다. 일에는 그만한 보상이 따르는 법이다.

구성 과정 중간 점검

이번 장 초고를 쓰면서 이 책의 구성을 조금 바꿨다. 장 제목을 바꿨고 절 2개의 순서를 조정했으며 연습 문제로 절 하나를 채웠다. 그다지 큰 변화는 아니었고 이제 구성에 대한 마지막 남은 큰 돌인 '제때 마무리하기'라는 돌을 놓을 적당한 때가 됐다는 느낌이 왔다.

Weinberg on Writing

19장

제때 마무리하기
Knowing When to Stop

구성 작업은 완벽하지 않아도 괜찮다. 크고 단단한 돌은 차곡차곡 쌓기만 해도 꽤나 튼튼한 담이 된다. 그다음 일은 필수가 아니라 선택이다.(사진: 대니 와인버그)

"가장 평평하고 두께가 고른 돌은 맨 위에 쌓을 수 있게 따로 빼 두어야 한다. 크면 클수록 좋지만 너무 커서 맨 위에 쌓기 버거울 정도라면 아무리 평평하다 해도 따로 빼 둘 필요는 없다."[1]

이 책이 끝날 때가 되면서 글 구성 작업에 속도가 붙었다.

하지만 이와 달리 학생들 중에는 끝으로 갈수록 진행 속도가 더뎌지는 이가 많고, 일부는 아예 글쓰기를 중단하기도 한다. 원고를 마무리 짓기 힘들어하는 사람을 만나면 나는 문제의 원인을 먼저 살펴본다. 95%는 다음 세 가지 원인 때문이다.

1. 빙고 카드 현상을 겪고 있다.
2. 완벽하지 못할까 봐 두렵다.
3. 사랑받지 못할까 봐 두렵다.

19장에서는 이 세 가지 문제를 하나씩 살펴본다.

빙고 카드 현상

자연석 기법을 사용하면 끝으로 몇 조각 남지 않은 퍼즐 맞추기처럼 구성 작업에 속도가 붙어야 한다. 여기서 '구성 작업에 속도가 붙어야 한다'는 말을 눈여겨보자. 구성 작업의 완료가 책 쓰기 작업의 끝인 경우도 있고, 그렇지 않은 경우도 있다. 대부분의 돌은 제자리를 잡았을 테지만, 갈고 다듬고 메우는 큰일이 여전히 남아 있다. 소설을 예로 들면 마지막 장을 어떻게 쓸지 구상한 후에도 인쇄로 넘기기까지 퇴고를 여러 번 거치게 된다.

개요 잡기로 글쓰기를 시작하면 처음은 손쉽게 넘어가지만 끝으로 갈

---

[1] J. Vivian, 《Building Stone Walls》(Pownal, Vt.: Storey Books, 1978), p. 29

수록 개요의 빈 구멍들이 별개의 퍼즐에 속한 조각들처럼 서로 들어맞지 않음을 알게 된다. 거의 완성된 원고가 사장되는 일이 잦은 것도 바로 이런 이유 때문이다.

1장에서 빙고 카드 현상을 간략하게 설명했다. 또한 개미핥기 사육장을 짓는 다섯 가지 방법을 찾는 숙제를 예로 들어, 외부에서 자연석을 찾을 때 빠지기 쉬운 함정도 설명했다. 이번에는 그 설명의 연장선에서 경험담을 소개하겠다.

몇 년 전 나는 나오미 카튼, 제임스 바크와 함께 AYE(amplifying your effectiveness: 자기 능률 증폭) 학회에 쓸 요량으로 논문집을 구성한 적이 있다.² 학회 주최자 17명은 AYE를 대중에게 소개하기 위해 논문을 최소 한 편 이상 써내기로 했다. 하지만 아쉽게도 주최자 중 몇 명은 개인 사진과 이력 사항은 물론 논문 자체도 늦게 제출했다. 게으름을 피운 주최자들은 왜 늦었는지 저마다 아주 그럴싸한 변명거리가 있었다. 하지만 사태의 근본 원인은 그들이 늑장을 부렸기 때문이 아니라 논문집을 구성한 방법에 있었다.

모두가 논문을 한 편씩 제출해야 했기 때문에 책을 마치는 작업이 마치 빙고 카드의 마지막 숫자를 찾아내는 일처럼 되어 버렸다. 조금만 따져 봐도 이렇게 한 사람도 빠짐없이 모두 글을 쓰는 방식으로는 결국 편집자만 괴로워진다는 사실을 깨달을 것이다.

AYE 학회 논문집 출간은 결국 모든 주최자가 논문 한 편씩을 제출해야 한다는 요구 사항을 완화하고 나서야 괴로움이 사라졌다. 논문이 몇 편 모자라더라도 그다지 큰 문제는 아니라고 결론지었다. 이렇게 빙고 카드 요구 사항을 완화하고 나니 나를 비롯한 모든 편집자가 고민을 덜

2　G.M. Weinberg, J. Bach, N. Karten, eds., 《Amplifying Your Effectiveness: Collected Essays》(New York: Dorset House Publishing, 2000)

었을 뿐 아니라 묘하게도 사진과 이력 사항, 논문이 눈에 띄게 빨리 도착하기 시작했다. 결국 누군가를 빼겠다는 의지 덕분에 아무도 빠지지 않게 됐다.

개요 잡기 방식으로 글을 쓸 때에도 이런 식의 빙고 카드 현상을 자주 겪게 된다. 몇 년 전 내가 윈스롭 출판사의 컴퓨터 과학 도서 시리즈 편집자를 맡았을 때 컴파일러 관련 교과서를 내보자는 구미 당기는 제안이 들어왔다.[3] 저자로 나선 호러스는 이 분야 최고 권위자 중 한 사람이었으므로 전체 기획안과 맛보기 장(章) 하나를 첨부한 괜찮은 제안서와 그의 명성을 믿고 계약서에 서명했다.

호러스는 기획안에 맞춰 원고를 작성해 나갔다. 한 달에 한 번 시계처럼 다음 장이 순서대로 내게로 넘어와 검토를 기다렸다. 그렇게 이전 장보다 더 나은 다음 장이 계속 넘어오는가 싶더니 제안된 15장 중 14장이 마무리되고 나서는 흐름이 끊어졌다. 한 달 두 달 기다리다 한 학기가 지났다. 끝내는 윈스롭 편집장의 요청으로 호러스를 찾아가 넘겨받지 못한 마지막 장에 대해 이야기를 나눴다. 차를 몰고 호러스가 교수로 있는 대학교로 가서 함께 점심을 먹었다. 학생회관 구내식당에 마주 앉아 이야기하는 자리에서 호러스는 진즉에 마지막 장을 썼는데 막 끝내자마자 그 주제와 관련된 몇 가지 새로운 연구가 발표됐다고 말했다.

"그래도 괜찮아요." 내가 말했다. "세상에 어떤 책도 최신 정보만 담을 도리는 없어요. 책을 내는 바로 그 순간에도 이미 최신이 아닌 거지요."

"그렇지만 그 장의 제목이 '컴파일러 기술의 최신 동향'이란 말입니다. 나로서는 책에 담지 못한, 더 뛰어난 최신 기술이 있다는 사실을 알면서도 그대로 책을 낼 수는 없어요."

---

[3] 컴파일러를 잘 모르는 독자들을 위해 간단히 설명하자면 소프트웨어 언어를 하드웨어 언어로 변환하는 컴퓨터 프로그램이다.

"낼 수 있어요. 저는 언제나 그렇게 합니다. 그렇지 않았으면 이제껏 책을 한 권도 못 냈을 거예요."

하지만 그는 책을 낼 수 없었다. 새로 나온 '가장 뛰어난 최신' 논문을 반영하자마자 또 다른 논문이 발표됐고, 그 덕분에 그 분야는 또 한 차례 영역이 넓어졌다. 그리고 또 같은 일이 되풀이되고 또 되풀이됐다.

마지막 장을 넘기라고 아무리 구슬려도 호러스를 설득할 수 없었는데, 애초에 만들어 놓은 개요에서 최신 컴파일러 동향을 담겠다고 약속했던 탓이었다. 호러스는 자신이 한 약속을 저버릴 수 없었다.

이 끝없는 빙고 게임이 3년을 넘기자 우리는 손을 들고 말았다. 그 책은 끝내 출판되지 못했는데 3년을 묵히는 동안 책의 일부 내용이 시대에 뒤처져 버렸기 때문이다. 호러스는 자신이 만든 개요의 표면적 의미에 집착하느라 뛰어난 책을 세상의 빛도 보지 못하게 했을 뿐 아니라 자기 자신마저 묻히고 말았다.

편집자와 저작권 대리인들은 계약을 따내는 단계에서는 당연히 완성된 원고보다는 기획안을 보내야 한다고 충고한다. 그러나 자연석 기법을 사용하는 작가인 나는 실제 원고를 손에 가지고 있기 전까지 계약을 맺을 생각을 하지 않는다. 그런 덕분에 마무리 과정을 항상 내가 통제하고 출판사에 책을 팔려고 만든 빙고 카드식 기획안에 영향을 받지 않는다. 혹시 출판사가 완성된 원고 대신 기획안을 달라고 고집을 부리면, 그냥 완성된 원고에서 대강의 기획안을 뽑아 주고 나서 연락이 오기를 기다린다.

한편 기획안을 넘겨준 덕분에 계약을 하게 되더라도 기획안 그대로 쓰라고 강요하는 출판사는 거의 없다. 글을 쓰다 보면 책이 바뀌리라 출판사는 예상하고 있는데, 작가가 기획안을 고수하겠노라고 생고생할 필요가 있을까?

더불어 출판사가 특정 기획안을 따르라고 고집을 피운다 한들 굳이 따라야 할까? 출판사가 초보 작가에게 겁을 줄 때도 있지만 다음 장에서 보듯이 출판사조차 어떤 책이 특히 더 잘 팔리는 이유를 안다는 보장은 없다.

완벽하고 싶은 욕심

"자기가 할 수 있는 최선을 다해야 한다. 돌을 끼워 맞추다 보면 보통 좌절감을 느끼기 마련이고, 그러다 보면 쓰지 말아야 할 돌을 쓰는 순간이 온다. '적당히 괜찮은' 돌을 쌓아 놓고 끝내려는 유혹을 떨쳐 내야 한다. 그런 돌은 시간이 지날수록 더 형편없어 보인다. 엉성한 작품은 마음에 상처로 남는다."[4]

아마 대부분 '적당히 괜찮은' 정도에 만족하지 말라는 종류의 충고를 들어 봤을 것이다. 훌륭한 조언이지만 완벽해야 한다는 말로 오해하면 곤란하다. 엉성한 작품은 완벽한 작품의 반대말이 아니다. 엉성한 작품은 그 순간에 최선을 다한 작품의 반대말이다.

호러스는 빙고 카드 처리뿐 아니라 완벽에 대한 병적인 추구와 사랑받고 싶은 욕구 때문에 마무리 작업을 한층 더 어려워했다. 완벽하고 싶은 욕심이야말로 최신 동향을 담아내고자 했던 그의 고민의 근원이었다. 학생들 중에도 발표할 글을 완성하려 씨름할 때 비슷한 감정을 느끼고 어려움을 호소하는 이가 많다.

"마무리하기가 두렵습니다. '틀렸다'거나 '제대로 되지 않았다'는 두려운 마음이 듭니다. 행여 '실수'라도 하면 어쩌죠? 글 쓰는 법을 연

---

[4] C. McRaven, 《Stonework: Techniques and Projects》(Pownal, Vt.: Storey Books, 1997), p. 55

습하면서 새로운 것들을 계속 배우는데, 개중에는 득이 되는 것도 있고 해가 되는 것도 있잖아요. 사실 어떻게 보면 제가 쓰는 글은 전부 과거의 것들이잖아요. 그러다 보니 현재보다 뒤처진 생각이나 방식, 경험을 바탕으로 쓴 글이 출간되면 나중에 창피할 거란 말이죠."

출간한 글에서 오류가 발견될지 모른다는 두려움을 떨치는 방법을, 작가를 위한 실용적인 접근법으로 정리하면 다음과 같다.

"웹사이트에 정오표를 올리면 되니까 별 문제없을 거라 마음을 다 잡는다."

완벽하지 않을 거라는 두려움을 떨쳐 내라는 말은 적당히 얼버무려도 된다는 뜻이 아니다. 엉성한 작가가 책을 내는 경우는 드물다. 하지만 완벽한 작가는 결코 책을 내지 못한다. 완성된 책은 모두 어딘가 잘못된 구석이 있기 마련이다. 나도 책을 내고 첫 쇄를 받아 펼칠 때마다 떡 하니 자리 잡은 오류를 발견하곤 한다. 한 번은 맨 첫 페이지에 인쇄 오류가 있었다. 아주 중요한 낱말에 잉크 방울이 번져 읽을 수 없었는데, 마침 그 책이 다루는 내용이 공교롭게도 품질이었다. 내가 하고 싶은 말은 엉성한 작품을 만들라는 말이 아니라 완벽한 작품은 존재할 수 없다는 말이다.

자연석으로 쌓은 돌담은 불완전함과 엉성함의 차이를 보여 주는 좋은 예이다. 벽돌담이라면 완벽하게 쌓을 수 있을지도 모르지만 자연석 돌담은 절대 그럴 수 없다. 또 그렇게 완벽하지 않은 모습이야말로 그 자체로 아름다움을 발하는 중요한 요소이기도 하다. 불완전한 요소들 중 일부는 책을 망칠 수도 있다. 하지만 그런 작은 부분을 손보느라 출간을 3년이나 미룰 이유는 없다.

오스카 와일드는 "시인은 어떤 문제라도 이겨 낼 수 있지만 오타만큼은 이겨 내기 어렵다."라고 했다. 이 말은 시인들에게는 맞을지 모르겠지만 산문을 쓰는 작가들에게는 맞지 않는다. 그들은 수십, 수백 개의 오타를 이겨 내고 성공했다.

산문 작가들은 어떤 문제라도 이겨 낼 수 있지만 끝없이 오타를 찾아다니는 일만큼은 이겨 내기 어렵다. 따라서 또 한 명의 위대한 작가인 제임스 터버가 제안했듯이 '올바로 고칠 생각을 하기 전에 일단 써낼 생각을 해야' 한다.

사실 작가는 원고를 마무리 지을 의무가 없다. 신경 쓸 필요조차 없다. 마무리는 출판사와 편집자가 작가를 위해 할 일이다. 작가가 할 일은 가치 있는 내용을 제대로 담아 엉성하지 않은 원고를 써내는 일이다.

완벽이란 작가에게 적합하지 않은 기준이다. 작가의 기준은 '지금 최선을 다하고 있는지'가 돼야 한다. 편집자에게도 좋아하는 일을 할 여지를 남겨 주자. 행여 완벽한 원고를 쓰는 불가능한 일을 해내더라도 편집자는 어떤 식으로든 원고 일부를 바꾸고야 만다.

사랑받고 싶은 욕심

다음에 소개하는 어느 학생의 편지에 마무리에 실패하는 세 번째 주요 이유가 들어 있다.

> "책은 저자를 '미치게' 만듭니다. 스스로 아무리 확신이 있더라도 '귀여운 내 새끼'가 대중의 사랑을 받지 못할까 두려울 수밖에 없습니다.(이는 선생님이 수업 시간에 출판사를 잡는 일에 대해 설명하면서 그렇게도 강조했던 문제입니다.) 추신: 마무리를 하지 못하는 두려움에 대해 글을 쓰고 있지만 그 와중에 정작 써야 할 글은 쓰지 못하고 있네요!"

작품이 독자들의 사랑을 받지 못할까 두렵다면 아무에게도 보여 주지 않으면 된다는 사실을 명심하자. 혹시 보여 주기로 하더라도 언제 누구에게 보여 줄지 선택할 수 있다. 나는 시를 쓰지만 남에게 보여 주는 일은 극히 드물다. 시를 쓰면서 생계를 꾸릴 생각은 꿈에도 없기 때문에 보여 주지 않아도 아무 문제없다. 하지만 전문 작가를 꿈꾼다면 자신의 글을 언젠가 누군가에게는 보여 주어야 한다.

글을 세상에 내보내고 나면 비평을 받아넘겨야 한다. 예를 들어 내가 쓴 《테크니컬 리더》라는 책에 대한 서평 2개를 골라 결론 부분을 살펴보자. 하나는 악평이고 하나는 호평이다.

- "이 책은 추종자들, 정확히 말해 와인버그 추종자들을 위한 책이다. 선도자가 되고자 하는 이에게는 권하기 어려운 책으로…"
- "한마디로 이 책이 정말 마음에 든다. 책을 읽으면서 더 나은 선도자가 됐으니 한 번 더 읽어 볼 생각이다. 와인버그의 주장에 전부 동의하지는 않지만 그런 동의하지 않는 부분이 아마 그를 좋아하는 이유인지도 모른다."

어느 쪽이 옳을까? 어느 쪽이든 상관없다. 모두에게 사랑받아야 만족한다면 첫 번째 서평으로 작가 생활을 접게 될 것이다.

작가 생활 초기에 내가 그럴 뻔했다. 냉혹한 서평 하나 때문에 거의 몇 달 동안 글을 쓰지 못했다. 그러다 '시더스의 문장 살리기'라는 글을 알게 됐다. 이 글은 편집자의 행태를 관찰한 글이지만 교사나 도서 검토자는 물론이고 심지어 문서 파쇄기에도 쉽게 적용할 수 있는 이야기이다.

편집자는 사람을 퇴짜 놓지 않는다. 다만 그 사람이 써 놓은 종이 몇 장을 퇴짜 놓을 뿐이다.[5]

지난 경력을 돌이켜 보면 내 글에 대해 수많은 검토와 비평이 있었고 그중 상당수는 부정적이었다. '시더스의 문장 살리기'를 내 것으로 체득하기 전에는 부정적인 서평들 때문에 몇 년 치 글쓰기 시간을 허비해 버렸다. 이제는 부정적인 서평을 받으면 하루 정도 묵혀 두고 마음이 담담해지기를 기다렸다가, 한두 시간 정도 그 비평에서 쓸 만한 내용이 있는지 살펴본다. 이런 식으로 생각하고 또 실천하다 보면 남의 책에 부정적인 서평을 쓸 때에도 도움이 된다. 이 방식은 자연석 기법의 일부이기도 하다. 서평을 또 다른 자연석이라고 생각하자. 에너지가 부족해 쓸모없다면 그냥 버리면 된다.

다 마무리된 지 어찌 아나?

글쓰기를 마무리 짓기 힘든 일반적인 이유가 하나 더 있는데 바로 자연석 기법으로 글쓰기에 재미가 붙어서다. 때로는 재미가 굴레가 되기도 한다. 책이 너무 재미있어서 끝없이 계속됐으면 좋겠다고 생각해 본 적이 있는가? 글을 쓸 때에도 너무 재미있어서 끝내고 싶지 않은 경우가 있다.

  이런 굴레에서 빠져나오는 방법은 사람마다 다르다. 대다수 작가는 책이 출판된다는 흥분으로 이 굴레를 벗어난다. 하지만 내 경우에는 처음에 비해 책이 나올 때의 감흥이 많이 떨어졌다. 요즘은 보통 다음 책을 홀가분하게 시작하고 싶다는 생각으로 책을 마무리 짓는 경우가 많

---

5 G.H. Scithers, D. Schweitzer, J.M. Ford, 《On Writing Science Fiction》(Philadelphia: Owlswick Press, 1981), p. 10

다. 이렇게 하는 데는 위험도 따르기 때문에 검토자들에게 보이는 시간을 가짐으로써 한숨 돌리면서 책을 끝내도 될지 판단한다.

가끔은 끝을 보지 못한 채 끝내기도 한다. 예전에 '버그(잘못 짠 컴퓨터 코드)' 예제를 모아 컴퓨터 프로그램 디버깅에 대한 책을 쓰려고 했던 적이 있었다. 근 20년간 정말 멋진 예제를 아주 많이 모았지만 막상 시작해 보니 책을 쓰기가 너무 어렵다는 사실을 알게 됐다. 개별 버그는 단편 추리 소설 같았지만, 그 사고뭉치를 발견할 당시의 고초를 어떻게든 책에다 다시 풀어내기가 도저히 불가능했다. 글솜씨가 모자란 탓에 결국 포기하고 말았다.

글쓰기 자체를 포기한 건 아니었다. 해당 시점에 해당 방식으로 해당 책을 쓰는 일을 포기한 것이었다. 자연석 기법을 따르는 작가에게 책 하나를 포기하는 일은 그다지 대수롭지 않다. 시간과 관심을 쏟아부을 다른 일거리가 넘쳐 나기 때문이다. 내가 중간에 접은 책들 중에는 그저 해당 주제가 식상해져서 그만둔 것도 있고, 쓰려던 주제를 다른 사람이 좋은 책으로 먼저 써 버려서 그만둔 것도 있다.

반대로 사장시켰던 책을 되살린 적도 있다. 다른 사람이 낸 책이 해당 주제를 생각만큼 잘 다루지 못했다는 생각이 드는 바람에 다시 써 보고자 하는 열정과 영감이 생겼기 때문이다. 언제든 되살릴 수 있음을 알기에 쓰던 책을 잠시 접어 두기를 주저할 필요가 없다. 또한 언제나 책 여러 권을 동시에 진행하게 됨을 알기에 돌을 남겨 두기를 주저할 필요도 없다. 책 단 한 권에 모든 것을 쏟아붓지 않아도 된다. 이런 생각은 빙고 카드 현상과 정반대이다. 이런 생각을 가지고 글을 마무리 지으면 편하다.

마지막으로 한 가지만 더 짚고 넘어가자. 가끔 첫발을 잘못 떼는 바람에 얽히고설켜 결국 마무리를 짓지 못하는 경우가 있다. 이럴 때에는 과감히 담을 허물고 방식을 바꿔 처음부터 다시 쌓아 올린다. 자연석 기법을 사용하면 개요를 다시 잡기 쉬울 뿐 아니라 멋지고 에너지 넘치는 돌이 잔뜩 있어 든든하다. 두 번째 작업은 훨씬 더 빠르게 진행된다.

마지막 돌 몇 개

> "마지막으로, 어울리지 않는 돌은 주저 없이 버리거나 구석으로 치워야 한다."[6]

궁극적으로는 글을 마무리 지어야 하는 이유를 스스로 찾아야 하지만 끝에 가서 허둥지둥할 만큼 절박한 이유는 곤란하다. 마무리 지으려는 욕심과 최선을 다하려는 욕심 사이에서 균형을 잡기는 어렵다. 어떤 때에는 책을 끝내는 과정에서 벗어나려고 다음 책을 시작하기도 한다.

가끔은 최후의 돌 한두 개를 찾느라 책을 못 끝내기도 한다. 이때에는 일단 책을 멀리 치워 두거나 최후의 돌을 찾아 나서야 한다. 나는 대개 일단 멀리 치워 두지만 돌이 눈에 띌 때를 대비해 마음의 문을 열어 둔다. 또 가끔 쓰다가 만 글이 너무 많아져서 견디기 힘들 때면 급한 마음에 마무리에 쓸 돌을 찾으러 섣불리 나서곤 한다. 이 방법에는 두 가지 문제가 있다. 우선 작업이 제대로 마무리되지 않고 서둘러 땜질한 흔적이 보인다는 점이다.

그런데 오히려 그 때문에 서둘러 매듭지으려는 유혹을 억누르게 된다. 벌여 놓은 일이 끝날 때마다 이제 두어 편 또는 그 이상의 새로운 글을 구상해도 되겠지 하고 생각한다. 이렇게 되면 진행 중인 글이 모조리 완료되는 일이 일어날 수가 없는데, 나로서는 얼마나 다행스러운 일인

---

6 K. Gardner, 《The Granite Kiss: Traditions and Techniques of Building New England Stone Walls》(New York: W.W. Norton & Company, 2001), p. 47

지 모른다. 공들여 매듭지어야 할 글이 없는 삶은 상상하고 싶지 않다.

빨리 마무리를 지으려면 일부 소재, 특히 아직 찾아내지 못한 소재를 빼야 한다. 예를 들어 일부 내용을 빼고 참조를 달면, 관심 있는 독자들은 참조를 살펴보고, 관심 없는 독자들은 읽는 수고를 던다.

나는 이 기법을 마지막 장인 20장과 참고 문헌 목록에서 사용했다. 원래는 책을 실제로 출간하려면 어떻게 해야 할지 알려 주고 끝낼 생각이었지만, 조사를 하다가 다음과 같은 사실을 알게 됐다.

- 사람들은 대부분 책이나 한번 내볼까 하는 요행을 바라고 글을 쓰기보다 조직 내부 문서를 작성하거나 고객을 대상으로 보고서를 쓰거나 회사 지원으로 책을 쓴다.
- 출판사나 저작권 대리인을 찾는 방법을 상세히 설명한 좋은 책이 시중에 이미 많이 나와 있다.
- 책을 내는 일이 내 주특기이고 학생들이 제대로 된 글을 쓰도록 많이 도왔지만, 출판 분야에 대한 전문 지식은 그 분야 전문서를 쓴 저자들에게 못 미친다.

이런 사실을 고려해 출판 경험담 몇 가지를 들려주고 다른 훌륭한 저자들의 책을 참고 문헌 목록으로 제공하는 선에서 마무리 짓기로 마음먹었다. 이렇게 하니 이 책을 마무리 짓기가 한결 수월해졌다.

출판 경험담은 왜 집어넣기로 했을까? 마지막에 가서 책의 내용이 점점 부실해지면 안 된다는 사실을 보여 주기 위해서다. 마지막을 멋지게 장식할 내용을 아껴 두어야 하지만 너무 커서 다루기 힘든 주제가 마무리 시점에 새로 등장해서도 안 된다. 끝까지 읽은 독자들은 상을 받아야 마땅하지, 한숨 돌리려는 차에 낯선 내용에 말려드는 벌을 받아선 안 된다.

그래서 출판 경험담 몇 가지로 책을 끝내기로 결정했다. 출판 경험이 부족한 독자들에게 출판이라는 미지의 세계를 엿볼 기회를 제공하려 한다. 신참 작가라면 안 보고는 못 배길 주제이기도 하다.

최종 결과물

자연석 기법에서는 미리 정해 놓고 글을 쓰는 법이 없다. 이 책 또한 돌을 한두 개 더 찾았거나 '가장 평평하고 두께가 고른 돌' 후보 중에서 하나라도 덜 찾았더라면 꽤나 다른 책이 됐을 것이다.

하지만 내가 글을 구성하는 과정을 직접 보지 못한 사람은 지금의 구성이 필연적이라고 생각하기 마련이다. 독자들이 이 구성 외에 다른 구성을 생각해 낼 수 있을까?

Weinberg on Writing

20장

마감 후의 삶
What Happens After You Finish

마감을 했다고 다 끝난 것은 아니다. 장엄한 자태를 뽐내는 성도 찾는 이가 없다면 그저 폐허에 지나지 않는다. 차라리 소박한 자연석 돌담이 더 값지다.(사진: 피오나 찰스)

어느 칵테일파티에서 오스카 와일드가 자기는 어떤 주제라도 아무 준비 없이 30분간 연설할 수 있다고 너스레를 떨었다. 그때 누군가 여왕에 대해 이야기해 보라고 한번 떠봤다. 오스카 와일드는 주저 없이 답했다. "선생, 여왕은 이야깃거리로 삼을 대상이 아닙니다."

원고를 돌담에 빗댈 수 있는 건 여기까지이다. 예를 들어 자연석 돌담은 옮기기가 대단히 어렵지만 오늘날 원고는 빛처럼 빠르게 옮길 수 있다. 나중에 팔아서 한몫 잡겠다는 생각으로 자연석 돌담을 미리 쌓는다는 이야기는 평생 들어 본 적이 없지만, 사 줄 사람을 정하지 않고 완성한 원고는 부지기수이다. 의뢰를 받아서 글을 쓴 것이 아니라면 원고를 끝마쳤다 하더라도 작가로서 역할이 끝난 것이 아니다. 석공들과 달리 작가는 작품을 끝내면 팔아야 한다.

출판하기

완성된 원고를 출판하는 일은 팽팽한 줄을 타는 느낌이다. 잠재 고객들로부터 의견이 오면 즉각 답을 줄 수 있을 만큼 기민해야 하지만, 비판적인 의견을 듣고 더 이상의 고객을 찾을 용기마저 잃을 정도로 예민해서는 곤란하다.

가령 귀담아들었더라면 내 저술 경력에 치명타를 입혔을 어느 출판사의 예측을 시작으로 몇 가지 예를 들어 보겠다. 지금까지 책을 내자 제안하고 계약을 맺는 과정을 40번 넘게 경험했고 결과적으로 40권 넘게 성공한 책을 냈지만, 이런 이력에도 불구하고 몇 권의 책은 판매 전망이 밝지 않다며 출판사로부터 거절을 당하기도 했다. 어떻게 해서 그런 전망이 나왔는지 아직까지도 모르겠다. 예를 들어 이제껏 출간한 책 중에서 가장 큰 성공을 거둔 《프로그래밍 심리학》은 만나는 출판사마다 책을 내야 할지 말아야 할지 망설이는 바람에 일 년 넘게 출간이 지연됐다.

맨 처음 원고를 보낸 곳은 내 책을 도맡아 펴낸 대형 출판사로, 전에는 내가 원고를 보내면 군말 없이 받아 주었다. 하지만 《프로그래밍 심리학》을 보고는 편집자가 이렇게 말했다. "이 원고는 더 해 봤자 가망이 없어 보입니다. 발상은 나쁘지 않지만… 표현이 산만하고 형식이 부적절합니다. 대대적으로 재정비해서 다시 쓰면 시장성은 있어 보입니다. 한편으로 생각하면 발상 자체를 깨끗이 지워 버리는 편이 더 현명한 선택일지도…."

비록 다른 출판사에서도 거절당했지만 책은 고치지도 덧붙이지도 않은 채 마침내 제대로 된 임자를 만났다. 《프로그래밍 심리학》은 이후 35년 동안이나 찍어 내고 있으며, 내 담당 출판사인 도싯 하우스에서 25주년 기념판도 출간했고, 영문판으로 20만 부 이상 팔렸으며, 거기에 더해 다양한 번역판으로 수천 부씩 팔렸다. 《프로그래밍 심리학》은 초판을 내준 출판사에 이후 베스트셀러 다섯 권을 합한 것보다 많은 판매고와 수익을 안겨 주었다. 돌이켜 보면 내리막길을 걷고 있던 두 출판사는 출간을 거절함으로써 예측 능력이 신통치 않음을 증명했던 셈이다.

두 번째로 크게 성공한 책은 《General Systems Thinking》이라는 책이다. 당연히 나는 이 책의 원고를 《프로그래밍 심리학》책 원고를 받아 주었던 안목 있는 편집자에게 제일 먼저 보냈다. 다음은 그가 한 말이다. "이런 종류의 책은 시장이 제한적이라고 사내 평가진이 판단했습니다. 저희가 출간하기에는 좀 부담되는 책이네요." 이 책은 지금까지 30년 동안 출판하면서 영문판으로 10만 부 이상 팔렸고 여러 번역판으로도 수천 부씩 팔렸다.

이런 양상은 세 번째 성공작인 《컨설팅의 비밀》에서도, 네 번째 성공작인 《대체 뭐가 문제야?》(도널드 고즈 공저)에서도 계속됐다. 다섯 번째 성공작인 《What Did You Say? The Art of Giving and Receiving Feedback》(찰스 시쇼어와 에디 시쇼어 공저) 역시 처음에는 거절당했다. 정리하자면 대성공을 거둔 내 책은 전부 한 번 이상 퇴짜를 맞았다. 반면에 다른 책들은 전부 한 번에 받아들여졌다.(지금 이 책은 예외이다. 그로 인해 다시 공전의 히트를 치지 않을까 기대 중이다.)

출판사는 책이 성공할지 아닐지 예측할 때 필요한 많은 지식이 있지만, 그건 이미 탄탄히 자리 잡은 주제를 다룰 때에나 의미가 있다. 가령 셰익스피어의 작품은 유행을 타기도 하고 시들해지기도 하지만 인기가 뜸할 때에도 꾸준히 팔린다. 대수학 책은 명시 선집이나 물리학, 철학 분야 입문서와 마찬가지로 기복 없이 안정된 시장에서 경쟁한다. 이런 전통적인 영역에 속한 책들은 예측이 쉬운 편이지만 그만큼 대박이 터지기도 힘들다.

그러나 새롭고 색다른 주제를 다루는 책일 경우, 출판사에서 예상하는 판매량은 보란 듯이 빗나가곤 한다. 해가 다르게 변해 가는 IT 분야에서는 출판사들이 당장 내일 베스트셀러가 될 주제가 무엇인지도 알지 못한다. 편집자들은 그 분야를 따르는 것이 아니라 그 분야 출판업계를 따라갈 뿐이다. 누군가 어떤 주제로 책을 출간하기 전까지 해당 주제는 거들떠보지도 않는 편집자가 허다하다. 이런 맹점을 알고 나면 내가 쓴 베스트셀러들이 처음에 거절당한 이유와 마침내 성공을 거둔 이유가 설명된다. 《프로그래밍 심리학》이 등장하기 전에는 컴퓨터 프로그래밍은 심리학에서 다룰 만한 거리가 아니었다.

저작권 대리인

원고를 받아 줄 출판사에 선을 대기 어렵다면 원고를 대신 팔아 줄 대리인을 찾게 된다. 하지만 대리인에 선을 대기도 쉽지 않기는 매한가지이다. 내가 지금까지 봐 온 대리인들은 기술적으로 뒤처진 데다 교섭 방식 선택에 있어서도 융통성이 없었다. 서면을 통한 의사소통을 선호하는 대리인들은 전자 우편을 무시해 버리기 일쑤이다.(입지를 굳힌 작가임을 미리 밝힌 나도 이런 대접을 피하기 어려웠다.)

하지만 이런 대접이 터무니없지만은 않다. 어느 대리인 이야기를 들어 보니 자기는 한 달에 600건의 원고를 받는데 그중 최종적으로 출판되는 원고는 6건에 불과하다고 한다. 100건당 1건 건지는 셈이니 대리인들이 자신이 가장 편한 방식을 고집하는 이유도 납득이 간다.

대학에서 숙제를 채점하던 기억을 떠올려 보면, 대리인들이 까다롭게 구는 행동이 날마다 밀려들어 오는, 형식도 갖추지 않은 허섭스레기 홍수에 대처하는 가장 효과적인 방법이라는 점에 수긍하게 된다. 느려 터진 우편을 요구하는 것은 그런 홍수를 관리 가능한 물줄기로 줄이기 위한 방편이다.(형식을 따지는 것은 그다음 방편이다.) 어쩌면 대리인들이 당찬 신예를 간혹 놓칠지도 모르지만 그 가능성은 희박하다고 보는 게 맞다. 따라서 대리인을 쓰고 싶다면 그 사람이 선호하는 방식을 알아내 거기에 따라야 한다. 보통은 《The First Five Pages》[1]를 읽어 보는 데서부터 시작하면 무난하다.

양식을 정확하게 맞춘 제안서와 퇴고를 완벽하게 마친 원고의 처음 몇 단원을 보내는 것도 좋지만, 대리인이나 출판사와 연결되려면 앞서 이야기한 의례적인 심사 과정을 건너뛸 수 있도록 개인적인 친분을 관리하는 편이 낫다. 다리를 놔 줄 출판 경험이 있는 저자를 아는 사람도 있겠지만 저자나 편집자, 대리인 모임이 열리는 학술회의에서 개인적 친분을 새로 만들어야 하는 경우가 더 많다. 항상 준비된 전문가라는 인

---

[1] N. Lukeman, 《The First Five Pages: A Writer's Guide To Staying Out of the Rejection Pile》(New York: Fireside Books, 2000)

상을 주도록 만반의 태세를 갖춰야 한다. 그래야만 교양을 갖춘 분별 있는 사람으로 대우받을 기회가 생긴다. 나도 그렇게 해서 첫 번째 책을 냈고 그 후로 나머지 책도 거의 다 같은 방식에 의존했다. 이와 달리 아예 바닥부터 시작한다면 제프 허먼이 쓴 출판사, 편집자, 저작권 대리인에 대한 책[2]의 최신판을 구해 거기 나오는 조언을 충실히 따라 보라.

나는 1984년에 딱 한 번 저작권 대리인과 일한 적이 있었는데, 당시 막 회사를 차린 도싯 하우스 편집진과 함께 일하던 시절로, 그때 편집자는 《컨설팅의 비밀》이 회사 판매 전략에 어울리지 않는다고 생각했다. 나는 한 학생을 통해 어느 여성 저작권 대리인을 만났는데, 그 학생은 그녀 덕분에 놀랄 만한 성공을 거둔 적이 있었다. 나는 내 원고를 팔아 보도록 그녀를 설득했다. 그녀의 배려와 헌신에도 불구하고 나는 결국 도싯 하우스로 돌아가 그 책을 내자고 편집진을 설득하게 됐다. 당시 초창기였던 출판사로서는 실패 위험을 무릅쓴 과감한 결정이었겠지만 지금은 그 결정을 후회하지 않으리라 생각한다. 1985년에 출판된 이래로 《컨설팅의 비밀》은 내 책들 중에서 최고의 베스트셀러 자리를 내주지 않고 있다.(그 대리인이 성공했더라면 적어도 5만 달러는 벌 수 있었다!) 2001년에 완성한 후속작은 도싯 하우스 편집진과 18번째로 낸 책[3]으로, 출판사에서는 책 원고를 번개처럼 낚아채서 오타를 비롯한 여러 문제를 단숨에 처리해 주었다.

---

2 J. Herman, 《Jett Herman's Guide to Book Publishers, Editors and Literary Agents: Who They Are, What They Want, How to Win Them Over》 16th ed.(Rocklin, Calif.: Three Dog Press, 2006)
3 G.M. Weinberg, 《More Secrets of Consulting: The Consultant's Tool Kit》(New York: Dorset House Publishing, 2002)

출판 이후 삶에서 벌어지는 마태오의 복음서 현상

일단 글을 써서 출판하고 나면 끝냈다고 해서 끝이 아니라는 사실을 깨닫게 된다. 대중이 작품을 읽고 나면 이른바 마태오의 복음서 현상이 일어나면서 사람들이 저자를 위해 돌을 모으기 시작한다. 마태오의 복음서 현상이란 신약 성서에 나오는 다음 구절에서 따온 것이다.

> 누구든지 있는 사람은 더 받아 넉넉해지고 없는 사람은 있는 것마저 빼앗길 것이다.(마태오의 복음서 25장 29절)

마태오의 복음서 현상은 최소한 두 가지 양상으로 일어난다. 먼저, 자기가 좀 더 널리 알려졌다면 다른 사람의 작품이 자기 작품인양 오인되는 일이 생긴다. 나는 친구인 빅터 와인버그가 사람들이 자기가 쓴 시스템 분석 관련 서적을 내가 쓴 줄 안다고 하소연하는 바람에 처음으로 이런 경험을 했다. 컴퓨터 관련 서적을 쓰는 사람 중에 와인버그라는 사람은 한 명만 있을 거라고 오해하기 십상이다.(마찬가지로 내 책 역시 좀 더 유명한 저술가이자 물리학자인 스티븐 와인버그가 쓴 것으로 오인되기도 한다.)

또 마태오의 복음서 현상은 명성의 사회 동역학에 따라 일어나기도 하는데, 이 경우 널리 알려진 사람이 그렇지 못한 사람들의 도움을 이끌어 낸다. 예를 들면 《딜버트》가 대중문화의 영웅으로 자리매김하자 스콧 애덤스는 예전처럼 자기 손으로 돌을 줍기 위해 동분서주할 필요가 없어졌다. 지구촌 곳곳에서 사람들이 자발적으로 돌을 보내오기 시작한 것이다.

나도 마태오의 복음서 현상 덕을 봤다. 책을 읽은 독자들이 돌을 모아 보낸다. 다시 말해 관찰한 결과나 기억을 끊임없이 선물해 준다.

지난 수년간 마태오의 복음서 현상에 대한 이해가 깊어지면서 작가로서 이런 현상을 이용할 줄도 알게 됐다. 처음에는 당연히 전 세계에서 편지를 받는다는 사실이 기뻤다. 하지만 조금 시간이 지나자 독자들이 시시콜콜한 내용까지 편지에 담아 선물로 보내 주는 데 진력이 났다. 그러다 마침내 선물에 담긴 정을 느끼게 되면서 차츰 내 몫의 돌을 줍는 일을 사람들이 거들도록 용기를 북돋아 주게 됐다.

요즘에는 쓸 만한 원석을 날마다 세계 각지에서 받는다. 독자들로부터 불필요한 편지도 많이 받지만 내가 어떤 식으로든 용기를 북돋워 준 데 대한 답례 편지가 대부분이다. 사람을 가르치면 가르침을 받은 사람은 언제나 지식의 선물을 보내온다. 내 학생 중 상당수가 궁극적으로 나와 돈독한 유대 관계를 맺어, 다시 말해 친구나 동료가 되어 서로 자유롭게 선물을 주고받는다. 내가 운영하는 웹사이트 *geraldmweinberg.com*에는 내가 이끄는 SHAPE(Software as a Human Activity Practiced Effectively) 포럼이 있다.[4] SHAPE 포럼은 그득한 원석을 기반으로 연달아 돌담을 쌓고 있으며, 그 결과로 SHAPE 대담 시리즈를 발행하고 있다.

다음은 내 친구이자 동료이며 SHAPE 포럼 구성원인 동시에 SHAPE 시리즈 공동 편집자이기도 한 제임스 불럭이 1권을 소개한 내용이다.

"내게 SHAPE는 시스템 개발 분야의 알공킨 원탁회의와 같다. 뉴욕시 알공킨 호텔 '원탁'에서 도로시 파커, 알렉산더 울콧, 헤이우드 브룬, 로버트 벤츨리는 몇 년 동안 오찬 모임을 했다. 그들은 모여서 잡담도 나누고 말장난도 하며 수다도 떨었다. 또한 자기들이 하는 일에 대해 이야기를 나눴고 그런 이야기가 일을 하는 데 도움이 됐다. 서로가 동료이자 소중한 경쟁자로서 자극을 주었다. 느긋이 오찬을

---

[4] (옮긴이) 저자는 오랜 투병 끝에 2018년 세상을 떠났다. 현재 SHAPE 포럼은 아카이브 형태(*https://www.geraldmweinberg.com/SHAPEStuff/shapepage.html*)로 살펴볼 수 있다.

하면서 나온 이야기가 씨앗이 되어 나중에 기사, 수필, 희곡으로 열매를 맺었다.

나는 정기적으로 모여 SHAPE 포럼에서 나오는 훌륭한 통찰과 조언에 감명을 받는다. … 대화 주제는 심리학, 인류학, 운영 관리, 모든 분야의 수학, 물리학, 과학적 사실이나 과학 소설, 역사, 음악, 문학, 사람을 다루는 기술을 비롯해 개나 말 훈련법까지 망라한다.

더욱 매력적인 것은 이것이 경험에서 비롯됐다는 점이다. SHAPE 포럼은 수천 년 치 시스템 구축 경험을 보유하고 있다. 이렇게 풍부하다 보니 제리가 SHAPE 소개 글에서 말했듯이, '잡음 대비 신호 검출 비율'이 엄청날 수밖에 없다.[5]

작가가 마태오의 복음서 현상을 통해 원석을 모으려면 유대 관계가 필요하다는 점은 충분히 설명했다. 혹시 SHAPE 포럼 참가자들이 마태오의 복음서 현상에 의거해 내게만 원석을 보낸다고 생각할지 모르겠지만, 그 과정에서 마태오의 복음서 현상이 연쇄적으로 퍼져 다른 SHAPE 포럼 참가자 수십 명에게도 마찬가지로 원석을 보내게 된다. 동시에 기여자들은 저마다 자연석 글쓰기와 그에 대한 의견을 받는 연습을 하게 된다.

덤으로 유대 관계를 맺고 있으면 출판사나 대리인의 이목을 끌기 때문에 개인적인 접촉이 좀 더 쉬워진다. 한동안 SHAPE 포럼 구성원들이 성공적으로 글을 쓰는 횟수를 꼽아 보다가 게재된 기사와 큰 반향을 얻은 책의 수가 100편을 넘어서면서부터 일일이 세는 일을 그만두었다. 그러니 글을 쓰겠다는 마음이 생겼다면 마태오의 복음서 현상이 일어나도록 사람들과 유대 관계를 맺어야 한다.

---

[5] J. Bullock, M. Benesh, G.M. Weinberg, eds., 《Roundtable on Project Management: A SHAPE Forum Dialogue》(New York: Dorset House Publishing, 2001) pp. xxiii-xxiv

세상이 마냥 달콤하고 따사롭지만은 않다

책을 출판하면 마태오의 복음서 현상이 일어나서 작가는 그 덕을 보게 되지만 반면에 몇 가지 성가신 문제도 생긴다. 《프로그래밍 심리학》이 대성공을 거두고 나서 "이 원고는 더 해 봤자 가망이 없어 보입니다."라고 했던 출판사 편집자가 나를 찾아왔다. 그는 기발한 생각이 있다고 말했다. 개인용 컴퓨터가 시장에 쏟아지기 시작하니까 '개인용 컴퓨터 프로그래밍 심리학'이라는 책을 내 보자는 이야기를 꺼냈다. 자기한테 출판을 맡기면 한밑천 챙길 거라고 했다.

"어렵겠습니다." 내가 말했다.

"무슨 문제라도?"

"그 방면은 문외한입니다."

"그건 걱정 마십시오. 그냥 똑같은 내용에서 조금만 바꾸면 됩니다."

"설사 그렇다 해도 할 수 없습니다. 시간이 나지 않아요."

"그것도 걱정 마십시오." 그가 알겠다는 표정으로 웃으며 말했다. "글을 쓸 만한 사람을 찾아보겠습니다. 선생님 이름만 빌려주시면, 책이야 독자들이 알아서 사겠죠."

그가 순진한 사람에게 도가 지나치게 마태오의 복음서 현상을 써먹는 듯한 느낌이 들어서 느낀 대로 이야기해 주었다. 그러고 나서 그에게 나가 달라고 했더니 그가 잠깐 버티며 한마디 덧붙였다. "그런데 이 제안을 왜 거절하시는지 이유를 전혀 모르겠네요."

나는 그를 세게 밀쳐 내보내며 대답했다. "당신과 일하고 싶지 않단 말입니다."

비록 이 사탕발림에는 혹하지 않았지만 언젠가 한 출판사에서 어떤 책을 써 달라는 부탁에는 넘어가 버린 적이 있다. 윈스롭 출판사에서 펴내는 컴퓨터 정보 시스템 시리즈의 시리즈 편집자를 맡았을 때 내 담당 편집자는 그 시리즈 중에서 《Computer Information Systems》라고 제목을 붙인 대표 교과서를 내가 써야 한다고 고집했다.[6]

비록 내 책 대다수를 소장파 교수들이 교과서로 채택해 쓰고 있지만 나는 기본적으로 교과서 저자가 아니다. 어쨌든 나는 동료인 데니스 겔러와 그 책을 쓰기로 합의를 봤다. 하지만 불행히도 그 과목을 가르치는 교수들이 교과서에 넣어 달라고 '요구'한 제목들로 책 개요가 이미 정해진 상태였다.

그래서 글을 끝맺기 전에 이 책을 시작하면서 던졌던 화두인 피치 못할 상황과 글쓰기 제1원칙을 다시 한번 되짚어 보려 한다.

> 관심 없는 내용을 쓰려 애쓰지 말라.

교과 숙제든, 글짓기든, 머큐리 프로젝트든 상관없이 관심 없는 내용을 쓰지 않을 자유를 다들 누릴 수 있기를 바라 마지않는다. 비록 《Computer Information Systems》 책이 꽤나 성공을 거두기는 했지만, 나와 데니스는 자연석 기법을 적용할 수 없는 책을 쓰느라 극심한 고통을 견뎌 내야만 했다.

이 책을 읽는 독자들이 그때 우리 둘이 겪었던 경험을 교훈 삼아 그같은 고통을 겪지 않기를 바란다. 자연석 작가로서 자기 마음에서 용솟음치는 열정에 몸을 맡겨야지, 머리를 굴려 타산에 맞춘 글을 써서는 안 된다. 자연석 기법을 지키면서 마음이 가리키는 대로 따르다 보면 난폭한 검토자, 편집자, 저작권 대리인의 돌팔매와 화살을 맞더라도 기가 꺾이지 않을 뿐더러 종국에는 반드시 성공할 수 있다. 끝으로 이 책이 어떤 식으로든 성공하는 데 도움이 됐다고 느낀다면, 즐거움과 배움을 함께 나눌 수 있도록 여러분의 성공담을 공유해 주기 바란다.

---

[6] G.M. Weinberg, D. Geller, 《Computer Information Systems: An Introduction to Data Processing》(Boston: Little Brown, 1985)

Weinberg on Writing

참고 문헌

Reference

좋은 돌을 찾는 일을 한시도 멈추지 말라. 우선 서재에서 시작하되 짬짬이 책상머리를 벗어나 밖으로 바람을 쐬러 나가자.(사진: 대니 와인버그)

"내 서재는 대귀족의 영지만큼이나 광대했다."
— 윌리엄 셰익스피어, 《폭풍우》

작가들도 책을 읽는다. 셰익스피어 시대에는 훌륭한 서재라 해도 갖춰 놓을 책이 얼마 없었다. 하지만 요즘은 글쓰기를 주제로 삼는 책만 해도 수천 권이며, 보고 따라 할 만한 사례를 찾아도 수만 권이어서 조금이나마 안내가 필요할 듯하다.

여기 뽑아 놓은 책들은 내가 글쟁이로 살아오면서 많은 도움을 받았을 뿐 아니라 즐겨 읽는 책들이다. 필요할 때 알맞은 책을 고르는 데 참고하라고 한마디씩 설명을 달아 놓았다. 주제 영역별로 책을 나눴고 대략 중요도에 따라 나열했지만 그중 상당수가 여러 영역에 속한다.

만사 제쳐 놓고 소개하는 책을 모두 독파하겠다고 따로 시간을 내는 것은 바람직하지 않다. 내가 가르치는 학생 중에는 한 달에 한 권씩 글쓰기 서적을 읽고, 더불어 각자 높이 평가하는 좋은 글을 두어 편씩 읽는 것으로 효과를 봤다는 이들이 많다.

기본

전문 작가가 아니라도 여기 소개하는 책들을 가끔 읽으면서 심기일전해 보자. 날림으로 쓴 글은 독자를 잃는 지름길이다.

- **Strunk, W., Jr., E.B. White. 《The Elements of Style》(New York: The Macmillan Company, 1959)**
  글을 좀 더 품격 있고 치밀하게 쓰려면 이 고전을 읽어 보기 바란다. 이 책은 '읽기 쉬운 영어에 대한 기본적인 요구', 특히 활용법이나 자주 틀리는 작문 규칙, 문체에 대한 접근법을 강조한다.

- Ross-Larson, B. 《Edit Yourself: A Manual for Everyone Who Works with Words》(New York: W.W. Norton & Company, 1982)

  편집자가 직접 쓴 이 책은 편집자들이 무엇을 추구하고 무엇을 버리고 바꾸는지 알려 주므로 책을 읽어 보면 그런 일을 당해도 초연해질 수 있고 또 작가가 그 일을 손수 해낼 수도 있다.

- Lukeman, N. 《The First Five Pages: A Writer's Guide to Staying Out of the Rejection Pile》(New York: Fireside Books, 2000)

  날마다 이 책에 15분씩 투자하다 보면 글쓰기 실력 향상은 물론이고 퇴짜 맞고 가슴에 멍드는 일을 피할 수 있다.

- Browne, R., D. King. 《Self-Editing for Fiction Writers》(New York: HarperCollins, 2001)

  요즘에는 초고를 검토할 때 교정 작업을 직접 진행하는 것이 대세이다. 따라서 원고를 그냥 재미로 출력하는 게 아니라 출간을 하려면 교정하는 법을 배워 두는 편이 좋다.

- Miller, C., K. Swift. 《The Handbook of Nonsexist Writing》(New York: Barnes & Noble Books, 1981)

  법적으로든, 규범적으로든, 개인적 기준으로든 성차별 논란에 휘말리지 않고 글을 쓰고자 할 때 꼭 필요한 책이다. 글을 쓰다 보면 '어쩔 수 없이' 성차별을 할 수밖에 없다고 생각하는 사람에게 올바른 답을 제시한다.

- Delton, J. 《The 29 Most Common Writing Mistakes, and How to Avoid Them》(Cincinnati: Writer's Digest Books, 1985)

  펜을 놓아 버리고 싶게 만드는 29가지 글쓰기 함정을 면밀히 살펴본다. 실수마다 생생한 사례를 들어 설명해 놓았다.

- Lerner, B. 《The Forest for the Trees: An Editor's Advice to Writers》(New York: Berkley Publishing, 2000)

  권위 있는 편집자가 들려주는 기본기에 대한 이야기가 많이 실려 있다.

문장력

문장력은 문법, 맞춤법, 구두법보다 우선하는 능력으로서, 정의하기는 어렵지만 가늠하기는 그리 어렵지 않다. 문장력이란 자기가 전달하고자 하는 바를 글로 옮기고 또 독자의 뇌리에 강렬하게 각인시키는 능력을 말한다.

- Gunning, R. 《The Technique of Clear Writing》 rev. ed.(New York: McGraw-Hill, 1973)

    거닝은 이 책에서 문장을 깔끔하게 쓰는 열 가지 원칙을 소개했는데 문장 짧게 쓰기, 익숙한 낱말 고르기, 동사를 쓸 때 행위 밝히기와 같은 지침이 들어 있다. 또한 글의 명확도 측정으로 유명한 거닝 연무 지표를 소개한다. 앞에서 소개한 스트렁크와 화이트가 쓴 《The Elements of Style》과 마찬가지로 이 책을 해마다 다시 읽어 보고 글이 흐트러지지 않도록 잡아 주는 데 이용해 보자.

- Provost, G. 《Make Every Word Count: A Guide to Writing That Works — For Fiction and Nonfiction》(Cincinnati: Writer's Digest Books, 1980)

    프로보스트는 기대를 저버리지 않는다. 이 책을 읽으면 독자의 시각에서 보는 법과 독자의 반응을 유도하는 법, 맥 빠진 낱말이나 '군더더기' 낱말 사용을 피하는 법, 따라야 할 규칙과 그 규칙이 오용되는 방식, 또 독자의 감각에 호소하는 법, 자신만의 개성을 이끌어 내는 법, 낱말의 숨겨진 작용을 인식하는 법을 배우게 된다.

- McClanahan, R. 《Word Painting: A Guide to Writing More Descriptively》(Cincinnati: Writer's Digest Books, 1999)

    맥클라나한은 감을 키우고 관찰력을 향상시키는 연습을 통해 다양한 형식의 설명문을 탐구한다. 이 책을 읽고 나면 설명문을 대충 넘어가는 고리타분한 문장이 아니라 작품에서 생동감 넘치고 흥미진진한 부분으로 변모시켜 활용할 수 있을 것이다.

- Kress, N. 《Beginnings, Middles, and Ends (Elements of Fiction Writing)》(Cincinnati: Writer's Digest Books, 1993)

    장단편 소설의 원고를 구성하거나 재구성할 때 참고하기 좋은 안내서이다.

- 어슐러 K. 르 귄 지음, 《르 귄, 항해하는 글쓰기》(비아북, 2024)

  우리 시대의 위대한 이야기꾼이 예제와 연습을 통해 이야기를 풀어내는 실력을 키우는 방법을 보여 준다. 내가 좋아하는 작가가 쓴 짧고 재미있는 책이다.

도구

인터넷이 작가에게 엄청나게 많은 도구를 풍부히 안내해 주는 매개로 성장하고 있는 터라 내가 도구를 직접 일일이 열거하기가 망설여진다. 나 역시 인터넷을 가장 많이 참고하지만 인터넷은 날마다 바뀌는 통에 여기 언급하는 자료들도 이 책을 찍어 낼 때면 벌써 한물간 정보가 됐을지 모른다. 각자 자기에게 요긴한 사이트 그리고 사이트를 모아 놓은 사이트를 목록으로 갈무리해 놓는 방법을 추천한다. 이런 사이트들은 유명 검색 엔진을 사용하면 금방 찾을 수 있다. 오늘은 'Websites for writers'라는 문장을 찾아봤다. 검색 엔진 한군데에서 보여 준 주소만 해도 평생 읽어도 못 다 읽을 양인 1만 개 이상이 나왔다.

비록 온라인 세상이 눈 깜짝할 사이에 바뀌더라도 나한테 여전히 쓸모 있을 도구를 여기에 소개해 본다. 책으로 출판됐거나 컴퓨터에서 이용할 수 있는 형태다.

- Fisher, D., J. Reginald Bragonier. 《What's What, A Visual Glossary of the Physical World》(Maplewood, N.J.: Hammond, 1981)

  이 책은 말하자면 '이게 뭐야 책'으로, 어떤 대상의 이름이 생각나지 않거나 사물의 정확한 이름을 확인하고 싶을 때 참고하면 좋다. 이 책은 사람이 상상할 수 있는 온갖 종류의 사물에 대해 부분별로 이름을 단 그림을 담았다. 집중력을 되살리고 싶을 때 심리적 자극제로 활용할 수도 있다. 또한 그림으로 되어 있기 때문에 생각이 막혔을 때 글자를 기반으로 한 검색보다 우수한 것으로 알려져 있다.

- Grambs, D. 《The Describer's Dictionary: A Treasury of Terms and Literary Quotations》(New York: W.W. Norton & Company, 1993)
  낱말을 따올 출처가 웹에 수두룩해서 이 책이 예전처럼 크게 필요하지는 않지만 작가는 언제나 낱말 출처에 목말라 있게 마련이다. 이 책은 무심코 지나가는 설명어에 초점을 맞췄다.

컴퓨터로 글을 쓰는 사람이라면 몇 가지 소프트웨어를 구비해 두고 싶을지 모르겠다. 내게는 안정적인 워드 프로세서(텔레비전이나 영화 자막처럼 특별한 형태로 문서를 꾸미려는 게 아니라면 조판 기능은 필요 없다), 사전 프로그램, 맞춤법 검사기(문법 검사기도 좋은 걸 찾으면 써 보고 싶다), 낱말을 찾아보도록 자극하는 동의어/반의어 사전들, 짤막한 글을 담아 둘 파일 시스템, 글에 넣을 그림이나 도표 등을 그리는 그림 그리기 프로그램 그리고 (당연하지만) 백업 시스템이 필수이다. 이 자리에서 특정 제품을 추천할 생각은 없는데 제품이 빠르게 변하기도 하려니와 시장에서 사라지는 경우도 다반사이기 때문이다. 예외적으로 엔드노트 하나만 소개한다. 이 제품은 내가 10년 넘게 사용해 왔고 앞으로도 계속 사용할 듯싶다.(그렇다고 더 나은 제품이 나오지 말아야 한다는 뜻은 아니다.)

- EndNote Plus: A Reference Database and Bibliography Maker(Emeryville, Calif.: Niles & Associates, 2003)
  이 참고 문헌 조판 소프트웨어 프로그램은 거의 모든 유명 워드 프로세서에서 작동한다. 참고 문헌을 데이터베이스에 저장해 두고 다양한 표준 형식은 물론, 직접 만든 특정 형식으로도 꾸밀 수 있다.

훈련

운동선수는 자기 기량을 유지하고 향상시키기 위해 꾸준히 훈련한다. 작가도 운동선수와 마음가짐에서 다를 바 없으니 훈련도 그리 해야 하지 않겠는가? 앞서 소개한 책들에도 유용한 훈련이 많이 담겨 있지만 이번에 소개할 책들은 오로지 작가의 훈련에만 초점을 맞춘 책들이다. 일주일마다 훈련 종목을 바꾸는 식으로 일정을 짜서 열심히 훈련해 최상의 상태를 유지하기 바란다.

- Rico, G.L.《Writing the Natural Way: Using Right-Brain Techniques to Release Your Expressive Powers》(Boston: Houghton Mifflin, 1983)

  이 책은 '창의력과 글쓰기 자신감을 향상시키는 과정'으로 꾸며져 있다. 전형적인 좌뇌 활용 글쓰기 서적에서는 다루지 않는 여러 가지 기법을 담고 있는데 연상 낱말 묶음, 반복, 다시 보기, 심상과 비유, 창의적으로 넓혀 가기, 시험 삼아 펼쳐 가기, 언어 음률 등 쓰임새 많은 기법이 들어 있다. 이 책은 특히 충분한 양의 어휘를 찾는 데 어려움을 겪는 작가에게 쓸모가 많다.

- 나탈리 골드버그,《뼛속까지 내려가서 써라》(한문화, 2018)

  골드버그의 다른 책과 마찬가지로 글쓰기가 정체에 빠졌을 때 되돌아보고 원기를 회복하는 책이다.

- Goldberg, N.《Wild Mind: Living the Writer's Life》(New York: Bantam Books, 1990)

  명저《뼛속까지 내려가서 써라》와 마찬가지로 작가가 지쳤을 때 원기를 회복하기에 좋은 책이다. 이 책은 작가에게 영감을 줄 뿐 아니라 여남은 가지나 되는 훈련을 담고 있어서 두고두고 계속 훈련하면 더 나은 작가로 성장하는 데 도움이 된다.

- Elbow, P.《Writing with Power: Techniques for Mastering the Writing Process》(New York: Oxford University Press, 1981)

  '힘차게 글쓰기(writing with power)'란 글에 힘을 불어넣고 작가에게 힘을 불어넣는 것을 뜻한다. 엘보의 책에서는 이 두 가지 힘을 증대하는 훈련을 강조한다. 내 글쓰기 수업에서도 엘보의 책에서 소개한 훈련 중 상당수를 채용하고 있다.

- Bernays, A., P. Painter. 《What If? Writing Exercises for Fiction Writers》(New York: HarperCollins, 1991)

    어떤 상황에도 대처 가능한 83가지 훈련을 통해 재능 있는 작가로 능력을 키워 나간다. 누구든 이 책에서 제시한 훈련 중 반의반만 실행해도 10배 이상의 향상을 맛볼 수 있다.

감정 문제

문법 사용에 서툴러 일을 그르치는 작가보다 감정 조절에 서툴러 일을 그르치는 작가가 더 많은데도, 작가들에게 대물림되는 교묘한 감정의 덫을 극복하는 방법을 다룬 책이나 강좌는 드물다. 다음은 그 드문 책들로 맨 앞장부터 맨 뒷장까지 정독하기 바란다.

- 하워드 S. 베커, 《학자의 글쓰기: 사회과학자의 책과 논문 쓰기에 대하여》(학지사, 2018)

    글쓰기, 특히 전문 연구 분야 저작에서 감정 문제를 다루는 책이다. 사회과학자인 내 아내 대니는 이 책을 구해 보고 매우 많은 도움을 얻었다.

- Bernard, A., ed. 《Rotten Rejections: A Literary Companion》(Wainscott, N.Y.: Pushcart Press, 1990)

    셔우드 앤더슨, 제인 오스틴, 귀스타브 플로베르, 토니 힐러먼, 얼 스탠리 가드너와 같은 대가들이 받은 터무니없는 거절 서신 모음. 《대지》로 노벨 문학상을 수상한 펄 벅도 불쾌한 거절 서신을 받았다. 출간 제안에 대한 거절 편지나 혹독한 악평을 받을 때마다 이 책을 손에 들고 슥 읽어 본다. 자신이 대가들과 다르지 않다는 사실을 깨닫게 되면 웃으며 다시 글을 쓰게 될 것이다.

- Weinberg, G.M. 《More Secrets of Consulting: The Consultant's Tool Kit》(New York: Dorset House Publishing, 2002)

    다른 사람들에게 조언하는 일을 업으로 삼는 사람들을 위한 여러 가지 감정 도구로, 버지니아 사티어의 자긍심 도구 상자를 바탕으로 한다. 많은 작가들이 혼란스럽고 자기 파괴적인 생각에 끊임없이 빠져들 때 이 책을 보면 매우 유용하다고 밝혔다.

- Lawler, J. 《Dojo Wisdom for Writers: 100 Simple Ways to Become a More Inspired, Successful, and Fearless Writer》(New York: Penguin Compass, 2004)

    롤러는 자신의 무술 수련 경험을 활용해 부제목에 밝힌 그대로 더 영감 넘치고 성공적이며 두려움을 모르는 작가가 되도록 도와준다. 무술에 관심이 없는 사람은 물론이고, 무술을 싫어하는 사람까지도 이 책을 읽어 보면, 작가로서 어려운 시기를 헤쳐 나가는 데 힘이 된다.

- Adams, J.L. 《Conceptual Blockbusting: A Guide to Better Ideas》(San Francisco: W.H. Freeman, 1974)

    사고와 계획을 방해하는 지적, 감정적, 사회적, 문화적 요소를 밝혀내고 이를 극복하는 방법을 다룬 명저이다.

실용문

- Poynter, D. 《Writing Nonfiction: Turning Thoughts into Books》 4th ed.(Santa Barbara, Calif.: Para Publishing, 2005)

    성공한 실용문 작가가 들려주는 경험담과 여러 가지 값진 요령을 설명한 책이다. 포인터가 운영하는 사이트 *www.parapublishing.com*도 둘러보자.

- Cohen, G., D.H. Cunningham. 《Creating Technical Manuals: A Step-By-Step Approach to Writing User-Friendly Instructions》(New York: McGraw-Hill, 1984)

    코엔 혼탁도 지수를 발명한 이가 들려주는, 사용자가 보기 쉬운 설명서를 작성하는 방법

- Weinberg, G.M. 《The Secrets of Consulting: A Guide to Giving & Getting Advice Successfully》(New York: Dorset House Publishing, 1985)

    이 책은 다른 사람의 요청을 받아 조언을 해 주는 사람들을 위한 안내서로, 거기에는 당연히 작가도 포함된다. 책에서는 오렌지 주스 테스트에 대한 완벽한 설명을 비롯해 여러 가지 주제를 다룬다.

- Holmes, N. 《Designer's Guide to Creating Charts and Diagrams》(New York: Watson-Guptill Publications, 1984)

    기술 관련 실용문을 작성하는 입장이라면 도표와 도식만으로도 하고픈 이야기를 웬만큼 전달하고 싶을 것이다.

- Robertson, B. 《How to Draw Charts and Diagrams》(Cincinnati: North Light Books, 1988)

    도표와 도식을 활용하는 작가들이 영감을 얻을 만한 또 한 권의 책이다.

- Tufte, E.R. 《The Visual Display of Quantitative Information》(Cheshire, Conn.: Graphics Press, 1983)

- Tufte, E.R. 《Envisioning Information》(Cheshire, Conn.: Graphics Press, 1990)

    터프티의 책은 도표와 도식을 사용해 기술 관련 문서를 작성하는 사람이 읽어야 하는 필독서이다. 터프티는 수치 정보 전달의 대가라고 할 만하다.

소설

- 오슨 스콧 카드, 《캐릭터 공작소 : 베스트셀러 작가 오슨 스콧 카드의 소설 창작 노트》 (황금가지, 2013)

    소설가를 꿈꾸는 이들에게 추천하고 싶은 책을 한 권만 고르라고 한다면 두말할 나위 없이 이 책이다. 카드는 글만 잘 쓰는 것이 아니라 문장력에 대한 생각도 매우 뛰어나다.

- Peck, R.N. 《Fiction Is Folks: How to Create Unforgettable Characters》(Cincinnati: Writer's Digest Books, 1983)

    이 책은 소설가를 주 대상으로 하지만 사람 냄새나는 책을 쓰고자 하는 실용문 작가도 읽어 볼 만하다. 어쩌면 사람 사는 이야기가 제일 훌륭한 소설일 테고 소설처럼 사는 것이 최고의 삶일지도 모른다.

- McKee, R. 《Story: Substance, Structure, Style, and the Principles of Screenwriting》(New York: HarperCollins, 1997)

  내가 아는 한 이 책은 글쓰기 중에서 이야기 요소를 다룬 최고의 책이다. 영화와 텔레비전 대본 창작에 치우치기는 했지만 소설 창작에도 잘 어울리는 책이다.

- Zuckerman, A. 《Writing the Blockbuster Novel》(Cincinnati: Writer's Digest Books, 1994)

  "숨 막히게 재미있는 소설의 긴장감에 빠져 시간 가는 줄 모르는 사람이나, 한번 손에 잡았다 하면 마지막 문장에 이를 때까지 손을 떼지 못하는 소설이 어째서 그런지 궁금해하는 사람을 위한 답이 바로 여기 있다. 이 책은 그 답을 아는 작가가 어떻게 하면 그런 소설을 쓸 수 있는지 설명해 놓았다." 책 뒤표지에 나온 말을 그대로 옮겨 봤다.

출간

출간이 목표라면 무턱대고 덤벼들 일이 아니다. 여기 소개하는 도구들로 채비를 갖춰야 한다.

- Curtis, R. 《Beyond the Bestseller: A Literary Agent Takes You Inside the Book Business》(New York: New American Library, 1989)

  부제만 봐도 눈치챌 것이다. 저작권 대리인이 출판 사업의 이면에 대해 소개하는 내용으로, 한 가지 아쉬운 점은 이 책이 출간된 이후로 상황이 다소 변한 감이 없지 않다는 점이다.

- Meyer, C. 《Writer's Survival Manual: The Complete Guide to Getting Your Book Published Right》(New York: Crown Publishers, 1982)

  서적 출간과 저작물 계약에 관한 가장 훌륭한 포괄적인 입문서이다. 이 책에서는 출판사를 잡는 법, 저작권 대리인의 역할, 출판사와 맺은 계약서를 이해하는 법, 출판사에서 책을 팔기 위해 하는 일, 작가의 기대 소득 등에 관한 주제를 다룬다. 이 훌륭한 책의 개정판이 나오지 않는다는 점이 조금 아쉽기는 하지만, 지금 있는 내용만으로도 매우 쓸모가 많아서 인터넷에서 헌책으로 사서 봐도 된다.

- Abbe, E., ed.《The Writer's Handbook 2004》(Waukesha, Wis.: Kalmbach Trade Press, 2004)

    매년 발간되는 이 책의 가치는 업계 현황 목록에 있었는데 이제는 목록이 꾸준히 갱신되는 인터넷에 밀려났다. 하지만 업계 현황 목록 외에 유명 작가들이 쓴 글쓰기에 관한 다양한 주제의 수필도 읽을 만하다.

- Poynter, D.《The Self-Publishing Manual: How to Write, Print, and Sell Your Own Book》14th ed.(Santa Barbara, Calif.: Para Publishing, 2003)

    자비 출판을 생각하고 있다면 먼저 이 책을 읽어 보자. 포인터가 운영하는 사이트 www.parapublishing.com도 둘러보자.

- WritersMarket.com

    각종 도구를 동원해 가장 풍부한 시장 접근 정보를 제공하는 사이트이다. 어느 곳보다도 많은 시장 정보가 날마다 갱신된다. 해마다 출간되는 인쇄본보다는 연간 구독료로 약 30달러를 내고 온라인으로 구독하는 편이 훨씬 낫다.

- Meredith, S.《Writing to Sell》(New York: Harper & Row, 1987)

    스스로 책을 써서 판매하고 싶은 이들을 위한 실용적인 안내서로, 미국에서 가장 성공한 축에 드는 저작권 대리인이 썼다. 이 책 지은이가 20여 년 전에 내게 개인적으로 해 준 충고에 조금만 더 귀 기울였다면, 나도 소설 창작 이력을 20년은 더 앞당길 수 있었을 것이다.

- Herman, J.《Jeff Herman's Guide to Book Publishers, Editors and Literary Agents: Who They Are! What They Want! and How to Win Them Over!》16th ed.(Rocklin, Calif.: Three Dog Press, 2006)

    이 책은 출판에 관한 정보를 제공하고 있으나 요즘에는 최신 정보를 인터넷에서 얻는 편이 더 낫다. 책은 급변하는 출판업계 사정을 따라잡기 벅차기 때문이다. 다만 인터넷에는 부정확하거나 철 지난 정보도 많다. 원고를 넘겨주기 전에 원고를 보낼 곳에 대한 최신 정보를 정확하게 파악하기 바란다.

작가의 삶

성공한 작가는 모두 다 자신의 삶에 대해 쓰고 싶어 하나 보다. 이런 전기문을 읽다 보면 너무 재미있어서, 죽치고 앉아 글을 써야 하는 작가의 일상을 오도할 때가 많다. 하지만 한 발짝 떨어져 읽어 보면 영감을 얻을 수도 있고, 정보를 얻을 수도 있으며, 무엇보다도 경종을 울리는 계기로 삼을 수도 있다. 여기 내가 좋아하는 전기를 몇 편 추려 봤다.

- Simon, N. 《Rewrites: A Memoir》(New York: Touchstone, 1996)

  희곡이나 영화 대본 창작에 마음이 있는 독자라면 닐 사이먼의 자서전을 읽어 보고 그 작업이 얼마나 손이 많이 가는 일인지, 다시 말해 얼마나 많은 퇴고를 거쳐야 하는지, 게다가 얼마나 많은 사람이 벗겨 먹으려 덤벼드는지 정보를 얻을 필요가 있다.

- Miller, J. 《Amarillo in August: An Author's Life on the Road》(Los Angeles: Cool Titles, 2004)

  이 책은 방랑을 떠난 작가나 8월의 애머릴로시(市) 같은 온갖 매력적인 곳에 남겨진 작가의 자필 원고에 낭만적인 환상을 품고 있는 이들에게 현실을 재미있게 일깨워 주는 책이다.

- 스티븐 킹 지음,《유혹하는 글쓰기》(김영사, 2002)

  유명 베스트셀러 작가가 자기 삶의 성공과 실패를 이야기하면서 책 곳곳에 무사태평한 작가들을 향해 조언을 남겨 놓았다. 스티븐 킹 애독자한테는 필독서이며 애독자가 아니더라도 일독해 볼 만하다.

- Welty, E. 《One Writer's Beginnings》(Cambridge, Mass.: Harvard University Press, 1984)

  미국의 위대한 소설가가 쓴 아름다운 자서전이다. 웰티는 설교를 배제한 채 작가의 삶에 관한 여러 중요한 교훈을 들려주려 애썼다.

옮긴이의 말

이 책은 《프로그래밍 심리학》, 《테크니컬 리더》 등을 비롯해 번득이는 지혜를 담은 수많은 책을 저술한 제럴드 와인버그가 자신의 글쓰기와 책 내기 비법을 풀어낸 책이다. 오래전 IT 서적 독서회를 하면서 와인버그의 《컨설팅의 비밀》을 처음 읽었을 때, '어쩌면 이렇게 재기 넘치는 아이디어를 곳곳에다 심어 놓을 수 있지? 역시 컨설턴트는 거저 하는 게 아닌가 보다!' 하고 감탄을 금치 못했다. 하지만 이제 보니 와인버그의 책이 재미있고 유익한 이유는 단지 오랜 컨설팅 경력에서 오는 입담이 아니라 이 책에서 소개하는 그만의 독특한 글쓰기 기법 때문이었던 것 같다.

이 책에서는 모두가 선망하지만 생각만 해도 머리가 지끈거리는 고행으로 보이는 글쓰기와 책 출간이 사실은 그렇게 고통스럽지 않을 뿐 아니라 오히려 즐겁고 재미있는 일일 수 있음을 역설한다. 그리고 그렇게 될 수 있는 비결로 '자연석 기법'이라 이름 붙인 독특한 선택 유도법을 제시한다. 선택 유도법이란 어떤 결과를 위해 (대체로 물적 또는 심적 비용이 많이 드는) 인위적이고 의식적인 방식보다는 행동 분석과 설계를 통해 원하는 행동이 무의식적이고 자연스럽게 일어날 수 있는 환경이나 여건을 조성하는 방식을 뜻한다. 와인버그는 이마를 타고 피가 흘러내리도록 지독하게 고통스러운 과정을 겪지 않고 손쉽고 편하게 글을 쓰고 책을 내는 행동을 유도해 낼 방법으로 이 자연석 기법을 소개한다.

자연석 기법에서는 자연석을 모아 돌담을 쌓는 일에 글쓰기를 비유한다. 당면한 돌담을 쌓기 위해 다급한 마음으로 돌덩이를 찾아 나설 것이 아니라, 평소에 산이나 들에서 마음이 가는 돌덩이들을 주워 모아 두었다가 그 모아 둔 돌무더기 중에서 서로 잘 어울리는 것들을 뽑아 절묘하게 조합해 돌담을 쌓는 방식을 글쓰기에도 적용할 것을 권한다. 인생이라는 들판을 거닐며 마음이 동하는(이 책에서는 '에너지가 감지되는'이라고 표현한다.) 낱말이나 구절, 문장을 한껏 주워 모아 두고 이를 잘 분류해서 칼럼이든 책이든 쓰고 싶을 때 써내는 식이다. 이 방법을 통해 와인버그 자신이 수많은 칼럼과 책을 써냈고 글쓰기 교실을 열어 많은 제자를 저자의 반열에 들게 했으니, 효과가 이미 입증된 방법이라고 할 수 있겠다.

책의 전반부에서는 먼저 자연석 기법이란 무엇인지(1, 2, 3장), 자연석 기법에서는 왜 (돌덩이에 비유된) 글감을 모아들이는 일이 중요한지 그리고 실제로 어떻게 하면 효율적으로 모아들일지(4, 5, 6, 7, 8장) 설명한다. 이어서 글을 구성하기 위해 모아들인 내용 중에서 불필요한 내용을 뽑아내고 다듬는 방법(9, 10, 11장)을 소개한다. 이후에는 이 책 자체를 구성해 나가는 과정을 사례 삼아 모아 놓은 돌덩이를 조합해 한 점의 완성된 돌담, 즉 한 편의 완결된 책으로 구성하는 과정(12, 13, 14, 15, 16, 17, 18장)을 다각도로 설명한다. 마지막 두 장에서는 이 책의 또 다른 미덕인, 책을 쓰는 과정뿐 아니라 실제로 출판하는 과정에서 필요한 마음가짐과 태도에 대해 조언한다. 일단 마무리하기에 적정한 지점을 찾아 매듭을 짓고 하나의 완성된 글과 책으로 내는 데 필요한 용기와 힘을 불어 넣어 주고(19장), 마감 후에 일어나는 독자들의 비판을 견뎌내고 발전적으로 승화할 수 있는 마음가짐(20장)을 짚어 본다. 마지막으로, 앞으로도 끊임없이 글쓰기 기량을 갈고닦는 데 도움이 되는 각종 조언이 담긴 책들을 소개하는 것(참고 문헌)으로 끝을 맺는다.

책의 분량이 그리 많지 않은 데다, 와인버그 특유의 재치와 오랜 실무 경험을 녹여 낸 흥미로운 이야기가 곳곳에 등장하기 때문에 쉽게 읽어 나갈 수 있을 것이다. 단, 이 책이 나온 취지가 자연석 기법을 익혀서 실제로 글쓰기에 활용하게 하는 데 있는 터라, 한 장에도 몇 가지씩 연습 과제가 등장하는데 이 과제들도 해 보면 좋겠다. 이 과제들은 와인버그가 운영하는 글쓰기 교실에서 실제로 수행한 것으로, 예컨대 끊임없이 펼쳐 볼 작문 공책과 한시도 손에서 놓지 않을 만큼 애착이 가는 필기구 마련하기 같은 숙제가 있다. 별다른 어려움 없이 수행할 수 있는 이런 연습 과제들을 하나씩 해 나가며 (무의식중에) 글을 쓰고 싶은 마음이 솟아나게 되기를 바란다.

대표 역자 송재하

찾아보기

※ 각주 색인은 쪽 번호 뒤에 'n'을 덧붙여(예: 152n) 나타냈다.

ㄱ

가독성 54, 207-217
감자튀김 원리 91
개미핥기 사육장 예제 17, 234
개요 187, 192, 233-237
　확장 138-139
개프니, 빌(Gaffney, B.) 3-6, 9, 11
거닝, 로버트(Gunning, R.) 54n
겔러, 데니스(Geller, D.) 258
고즈, 도널드(Gause, D.C.) 104, 127, 250
골드버그, 나탈리(Goldberg, N.) 266
골디락스의 질문 29-32
공정 이용 61-63
관념 18
　돌 75
구상 228
　기본 227
구성 과정 26, 28, 175, 180, 186, 202, 217, 229
규칙 77, 85
'그 말뜻은' 연습 125-126
근육통 198
글발 막힘 17, 25-32
글쓰기 과정 128, 131, 143-144, 158-160, 179, 241-243 → 초고, 자연석 기법, 자연석 모으기 참고
글쓰기 도구 75-81, 169-171
글쓰기 환경 75, 180
기억 43, 89-99, 108, 184
길브, 톰(Gilb, T.) 27

ㄴ

나쁜 예
　가지치기 133-137
　러스킨과 에너지 원칙 53-55
나사 10-11

낱말 놀이 연습 126-128
노, 주디(Noe, J.) 200n
노트 카드 157
　솔리테어 149, 152
　초석 153

ㄷ

다른 사람의 글 베끼기 39, 63
다시 쓰기 131-133, 199-202, 217
대공황 원칙 110
대니의 가지치기 133-137, 140
더비, 에스더(Derby, E.) 148
돌 다듬기 205-217
돌 빼내기 164-165
돌담 비유 21, 26, 58, 93, 116, 179, 221-229, 233
딜버트 35-36, 254
뗏목 비유 104-105

ㄹ

러스킨, 존(Ruskin, J.) 53-55, 215n
레어러, 톰(Lehrer, T.) 69
로리, 조프(Lory, G.) 148
로스먼, 요한나(Rothman, J.) 147
르귄, 어슐러 K.(LeGuin, U.K.) 264
리즈, 허브(Leeds, H.) 9
링컨, 에이브러햄(Lincoln, A.) 207-209

ㅁ

마커스, 로버트(Marcus, B.) 131-132
마태오의 복음서 효과 254-256
맥클린톡, 데이비드(McClintock, D.) 148
머리말 104
머큐리 프로젝트 10-11, 258
멀레디, 윌리엄(Mulready, W.) 216
멘델레예프, 드미트리

이바노비치(Mendeleyev, D.I.) 157, 224
모차르트(Mozart, W.A.) 97, 163, 173
목차 25, 158
무기력 검사 119-121
문장 가독성 점수 54
문체 68, 261
   대 주제 119
   훔치기 68
미켈란젤로 131

ㅂ

바크, 제임스(Bach, J.) 20, 234
발상
   인용 66
   표절 67
백업 265
벅시 코더 35-36
번즈, 로버트(Burns, R.) 120
베커, 하워드 S.(Becker, H.S.) 267
벤츨리, 로버트(Benchley, R.) 192, 195
복사본 29, 76, 147
불럭, 제임스(Bullock, J.) 255
비, 버나드(Bee, B.) 115
비판적 의견 249
비평 239-243
빙고 카드 효과 18, 237, 242
빠진 부분 찾기 연습 193

ㅅ

사티어, 버지니아(Satir, V.) 125
상표권 63
새로운 시작 연습 106-107
생각 76
   돌 20
   연결 225
   재배열 150
성폭행 예제 56, 62
세인트 캐서린 대학교 도서관 81
셰익스피어, 윌리엄(Shakespeare, W.) 152, 261
소리 내서 읽기 115-117, 201, 213, 223
소아과 첫 진찰 105
솔리테어 150, 160, 196-198 → 자연석

솔리테어 참고
   구성 157, 159, 160-162, 198
   글쓰기 164, 184, 196-198
솜사탕 벽돌 쌓기 138-139
수집 연습 47
수첩 29-30, 32
스나이더, 테라(Snider, T.) 148
스즈키, 존(Suzuki, J.) 70n, 147
스타, 댄(Starr, D.) 37
시더스의 문장 살리기 240
시쇼어, 에디(Seashore, E.) 251
시쇼어, 찰스(Seashore, C.) 251

ㅇ

아리스토텔레스 67
아인슈타인, 알베르트(Einstein, A.) 199-202
아치텐버그, 애냐(Achtenberg, A.) 147, 150-151
애덤스, 스콧(Adams, S.) 36, 40, 254
야스카와, 노리에(Yasukawa, N.) 131-132
어빈, 데이비드(Irvine, D.) 51, 53
어쩌고저쩌고 연습 185
에너지
   검토 241
   낱말 45, 47, 52, 57, 64, 69
   무기력 검사 119-121
   반응기 89
   원칙 37-39, 53-58, 93, 119
   인용 195
   초석 158-160
에버릿, 얼(Everett, E.) 2, 14, 34, 60, 156
엔드노트 81-84, 265
연무 지표 54n
영감 30
오려 내기 200-201
와인버그, 대니(Weinberg, D.) 29-30, 32, 88, 97, 102, 114, 142, 148, 168, 178, 184, 220, 232, 260
와인버그, 빅터(Weinberg, V.) 254
와인버그, 스티븐(Weinberg, S.) 254
와인버그, 해리(Weinberg, H.) 89, 91
와일드, 오스카(Wilde, O.) 196, 239, 249
원칙 107
음악 96-97, 172-174, 182

찾아보기 **277**

의회 도서관 81
인생 검사 119
인용 20, 56-58, 69, 194-196
    다듬기 214-217
    표절 61, 67
인터넷 18, 25, 65, 80-81, 84, 183, 195, 223, 264, 271
일상 29-32
읽는 순서 146-147

ㅈ

자연석 기법 26, 29-32, 42, 144, 183, 241, 245 → 자연석 모으기, 개요 참고
자연석 모으기 20, 26, 37-38, 64, 89, 115, 144
    5초 규칙 43
    구절 65-67
    대화 도중 44-46, 69-70
    소설 56-58
    자연 71
자연석 솔리테어 149, 152, 158-162
작문 일지 35-36, 42-43, 111, 185, 186, 193
저작권 대리인 251-253, 271
전자 우편 31, 81
    대리인 252
전환 어구 221-227 → 점토 참고
점토 220, 228
점토 역할 낱말 220
접착식 메모지 32, 43, 63, 76
제목 7, 83, 105, 158
제임스, 로비(James, R.) 56, 62, 65-66
중독의 악순환 15-16, 27, 32
중심 찾기-입신-전환 180-186

ㅊ

찰스, 피오나(Charles, F.) 24, 50, 130, 190, 206, 248
참고 문헌 81-84, 244
참고서 25
체호프, 안톤(Chekhov, A.) 210-211
초고 105-107, 109, 150-153, 173-174, 179, 229
초석 153, 161
촉발 기제 91-99
출간 270-271

출처 밝히기 65
출판사 244
    도싯 하우스 250, 253
    저작권료 93n, 214
    출판하기 40-41

ㅋ

카드, 오슨 스콧(Card, O.S.) 269
카튼, 나오미(Karten, N.) 234
켈러, 헬렌(Keller, H.) 51
코엔 혼탁도 94-95, 134, 268
코엔, 제럴드(Cohen, G.) 94-95
콕스, 샐리(Cox, S.) 36
키어시, 키츠(Kirsch, K.) 74
킹, 스티븐(King, S.) 15, 272
킹, 해리(King, H.) 89-93

ㅌ

타자 77-79, 84
탄광 37-38, 164
터버, 제임스(Thurber, J.) 239
트웨인, 마크(Twain, M.) 3, 40, 195

ㅍ

파울러, 진(Fowler, G.) 9
펜 43-44, 76, 169-171
포, 에드거 앨런(Poe, E.A.) 212
표절 61-67, 69, 214
프로젝트 구텐베르크 80
프루스트, 마르셀(Proust, M.) 51, 97
플럼, 셰릴(Plum, C.) 200n
플립(재활용 상자) 110-111, 117, 217
플레시 문장 난이도 평가법 94, 134, 215
필기구 29

ㅎ

허먼, 제프(Herman, J.) 253
형광펜 43, 76, 85
형식 6
훔치기 68-69 → 표절 참고

A-Z

IBM 9-11, 151, 152n
SHAPE 포럼 255-256